KiWi

1900

Das Buch

Es reichen heute fünf Buchstaben und ein Sternchen, um auf eine hitzig geführte Debatte zu verweisen: trans*. Dass trans* nicht einfach ein »kontroverses Thema«, sondern die Lebensrealität zahlreicher Menschen ist, wird dabei leicht übersehen.
Seit langer Zeit sind trans* Personen in unserer Gesellschaft psychischer, körperlicher und struktureller Gewalt ausgesetzt. Der unbedingt nötige Abbau dieser Diskriminierungen wird in den letzten Jahren öffentlich diskutiert und, etwa durch das geplante Selbstbestimmungsgesetz, sogar konkret in Angriff genommen. Diese gesellschaftlichen und politischen Prozesse führen zu Fragen, Kritik und Gegenwehr. Umso wichtiger ist Aufklärung: Dieses Buch enthält 18 Texte, von Aktivist*innen, Psycholog*innen, Wissenschaftler*innen und Betroffenen, deren Stärke darin liegt, dass sie ein differenziertes, unaufgeregtes Bild dessen entwerfen, was ein Leben jenseits der Geschlechternormen ist.

Die Herausgeberinnen

Janka Kluge, geboren 1959 in Stuttgart als vermeintlicher Junge. 1981 rettete ihr die Einführung des Transsexuellengesetzes das Leben, bald darauf gründete sie eine der ersten Selbsthilfegruppen des Landes. Sie arbeitet als Journalistin und Redakteurin für verschiedene Medien, hält Vorträge zum Thema trans* und ist im Vorstand der Deutschen Gesellschaft für Transidentität und Intersexualität (dgti e.V.).
Julia Monro, geboren 1981 und aufgewachsen in einer konservativen evangelikalen Glaubensgemeinschaft in Rheinland-Pfalz. Seit ihrem Zwangsouting im Zuge eines Gerichtsverfahrens 2016 ist sie in der trans*Community aktiv, macht Filme und Aufkläungsarbeit, berät Politik und Verbände in den verschiedensten Bereichen und ist Ansprechperson für zahlreiche Medien.

Janka Kluge
Julia Monro Hrsg.

Einfach selbst bestimmt

Texte zur Lebenswirklichkeit jenseits der Geschlechternormen

Verlag Kiepenheuer & Witsch

Der Verlag Kiepenheuer & Witsch hat sich zu einer nachhaltigen Buchproduktion verpflichtet. Gemeinsam mit unseren Partnern und Lieferanten setzen wir uns für eine klimaneutrale Buchproduktion ein, die den Erwerb von Klimazertifikaten zur Kompensation des CO_2-Ausstoßes einschließt. Weitere Informationen finden Sie unter www.klimaneutralerverlag.de

MIX
Papier | Fördert gute Waldnutzung
FSC® C014496

1. Auflage 2024

Covergestaltung Marion Blomeyer / Lowlypaper
Gesetzt aus der Bely und der Area
Satz Buch-Werkstatt GmbH, Bad Aibling
Druck und Bindung GGP Media GmbH, Pößneck
ISBN 978-3-462-00585-1

Inhalt

Einfach selbst bestimmt

Vorwort der Herausgeberinnen

Jedes Buch hat seine Zeit. Dieses war überfällig. Es stellt den Versuch dar, aus der Perspektive von trans*Menschen und derer, die mit ihnen arbeiten, sachlich auf die Auseinandersetzung um das geplante Selbstbestimmungsgesetz (SBGG) zu reagieren. Die folgenden Texte sollen zeigen, dass die Existenz von trans*Menschen weder eine Bedrohung noch ein Trend ist, sondern für die jeweiligen Menschen schlicht eine Lebensrealität, eine individuelle Situation und Herausforderung darstellt. Der Kampf um Selbstbestimmung ist auch ein Kampf um Gleichberechtigung einer kleinen Minderheit, die sich aus dem Würgegriff der (Psycho-)Pathologisierung und aus gesellschaftlichen Vorurteilen befreien möchte.

Die Beiträge in diesem Buch widmen sich verschiedenen Aspekten dieser Lebensrealität, aus der Perspektive von Expert*innen, Aktivist*innen, Wissenschaftler*innen und in persönlichen Geschichten und Gesprächen.

Der erste Text ist zugleich ein Rückblick und eine Einführung ins Thema: In ihrem Beitrag »Der lange Weg zur

Selbstbestimmung« zeichnet Nora Eckert die Entwicklung nach, die die gesellschaftliche und gesetzliche Situation von trans*Menschen in Deutschland genommen hat. In ihrem Text mit dem Titel »Warum auch trans*Personen Selbstbestimmung brauchen« widmet sich Julia Monro der Frage, inwiefern das verfassungsmäßige Recht auf Selbstbestimmung eine Grundlage unseres Zusammenlebens bildet.

Der konkreten Lebensrealität, dem Alltag von trans*Menschen, nähern wir uns über persönliche Geschichten von Thies Schönegge, Julana Gleisenberg, Katrin Zachmann und Eli Kappo. Zur Realität gehört, dass trans*Menschen, die sich erst spät in ihrem Leben trauen, zu sich zu stehen und ein Coming-out zu wagen, oft belächelt werden. Thies Schönegge erzählt davon, von der Entscheidung und ihren Folgen in seinem Text »Lieber spät als nie – Warum ich mich so spät geoutet habe«. Julana Gleisenberg, die ihrerseits schon früh im Leben wusste, dass sie ein Mädchen ist, erzählt im Gespräch mit Janka Kluge und ihren Eltern von ihren Erfahrungen als trans*Kind. In ihrem Text »Hilfe, mein Kind ist trans*!« schildert Katrin Zachmann, Gründerin der Selbsthilfegruppe »Trans* in der Familie« in Hamburg, die Erfahrungen mit dem Thema trans* aus Elternperspektive. Auch wenn die Zahl sehr gering ist, so gibt es jedoch auch Menschen, die ihre Transition aus unterschiedlichen Gründen rückgängig machen. Eli Kappo schildert im Beitrag »Das Recht auf Entscheidung – Über Detransition« den eigenen Lebensweg und berichtet davon, dass eine Detransition kein Fehler sein muss, sondern auf dem Weg zur eigenen Identitätsfindung einen weiteren Entwicklungsschritt darstellen kann.

Wie in allen gesellschaftspolitischen Debatten der letzten Jahre spielen auch in der Diskussion um das Thema trans* Begriffe und Mythen eine große Rolle. Unter dem Titel »Sprache ist nicht starr« unternimmt Felicia Ewert eine Bestandsaufnahme des sprachlichen Umgangs mit dem Thema in der medialen Gegenwart. Julia Monro widmet sich dem Komplex in ihrem Beitrag »Trans Mythen – Was Begriffe über Widerstände sagen«. Cornelia Kost setzt sich in ihrem Text »Was uns die Statistiken sagen« mit verschiedenen Zahlen auseinander, die in der Debatte kursieren. In der Auseinandersetzung über das Selbstbestimmungsgesetz taucht immer wieder das Argument der unsicher werdenden Frauenschutzräume auf. Ein solcher Schutzraum und die dortigen Erfahrungen mit trans*Frauen wird im Gespräch mit Katrin Frank in den Blick genommen, die im Auftrag des Paritätischen Wohlfahrtsverbands dem Vorstand der Frauenhauskoordinierung e. V. angehört. Die in der Debatte ebenso allgegenwärtige Aussage »Du musst deine Pubertät durchleben, um zu wissen, wer du bist!« hat Sabine Maur zum Titel eines Textes gemacht, in dem sie die Rahmenbedingungen der therapeutischen Arbeit mit jungen trans*Menschen untersucht. Aus dem konkreten Arbeitsalltag berichtet Katrin Bach, die eine der wenigen psychotherapeutischen Praxen in Deutschland betreibt, welche sich auf die Begleitung von trans*Kindern und Jugendlichen spezialisiert haben.

Immer mehr trans*Jugendliche bezeichnen sich als »nichtbinär«: Sie können oder wollen sich weder dem männlichen noch dem weiblichen Geschlecht zuordnen und bewegen sich außerhalb der binären Geschlechterordnung. Von den Herausforderungen, die damit einhergehen, schreibt Irina Nekrasov/a in »Warum ich nichtbinär bin«. Von diesen Herausforderungen und der Situation für Familien berichtet die Leitung des »Kompetenzzentrum Transidentität und Diversität« in Frankfurt a.M., Heik Zimmermann. Schließlich beleuchten die Rechtswissenschaftlerinnen Susanne Gössl und Hannah Sophie Stewe »Die rechtliche Situation von nichtbinären Personen in Deutschland«, wobei sie auch einen Ausblick auf den Reformbedarf geben.

Eine solche Reform fordern Verbände und Organisationen der trans*Community seit Langem. Das Transsexuellengesetz (TSG) wurde vom Bundesverfassungsgericht in mehreren Entscheidungen für verfassungswidrig erklärt, sodass es im Laufe der Jahre immer wieder Streichungen einzelner Passagen oder auch Änderungsaufträge an die Bundesregierung gegeben hat. Übrig geblieben ist lediglich ein Konstrukt, das als Gesetzesruine bezeichnet werden kann. Immer noch erhalten ist bisher jedoch die Praxis der psychologischen Begutachtung mit teils unwürdigen Fragen, gekoppelt an ein teures gerichtliches Verfahren. In zahlreichen Ländern weltweit wurde die rechtliche Situation für trans*Personen in den vergangenen Jahren reformiert, das erste Land, in dem eine solche Gesetzgebung realisiert wurde, war Argentinien. Die Journalistin Lea Marie Uría schreibt über die Auseinandersetzung rund um das Gesetz und die Erfahrungen, die die argentinische trans*Community in den vergangenen zehn Jahren damit gemacht hat. Ein großer Teil der Akteur*innen, die gegen ein neues Selbstbestimmungsgesetz kämpfen, sind einem religiösen bzw. christlich-fundamentalistischen Spektrum zuzuordnen. Die Theologin Dorothea Zwölfer widmet sich dem »Einfluss christlicher Religionen auf das Geschlechterverhältnis in der westlichen Welt«.

Das Selbstbestimmungsgesetz ist auf dem Weg. Wie es aussehen wird, inwiefern es die Situation von trans*Menschen in Deutschland kurz- und mittelfristig verändern wird, fragen die Herausgeberinnen Janka Kluge und Julia Monro in ihrem abschließenden Text.

Janka Kluge und Julia Monro im Sommer 2023

1 ! trans* Mann Warum dieses Ungleichgewicht? Es gibt zum. noch keine Größe im dt.spr Raum ...

1. Einleitung

Nora Eckert

Der lange Weg zur Selbstbestimmung

Nora Eckert (*1954 in Nürnberg) lebt in Berlin und ist Publizistin und trans*Aktivistin. Vorständin beim Bundesverband Trans* und bei TransInterQueer e.V., beschäftigt sich mit dem Thema trans* und Alter und arbeitet an dem Buchprojekt »trans*Geschichte BRD/DDR«. Zuletzt erschienen: »Außerhalb oder innerhalb der Binarität? Sind wir unsere Genitalien?« (Querverlag).

»Selbstbestimmung ist der Begriff, in dem die Freiheit des Einzelnen praktisch wird.«

Volker Gerhardt

Die Selbstbestimmung ist für trans*, inter* und nicht-binär lebende Menschen heute zum Greifen nah. Warum aber erst vierundsiebzig Jahre nach Inkrafttreten des Grundgesetzes? Warum erst jetzt die Verwirklichung elementarer Menschenrechte, wie sie die ersten drei Artikel unserer Verfassung formulieren, dem unbestritten Wertvollsten unserer Rechtsordnung? Die ehemalige Verfassungsrichterin Susanne Baer fand für jene Trias die schöne

Definition: »Du gehörst dazu, auch wenn du anders bist, und wir gehören in dieser Gesellschaft zusammen.« Waren sie nicht schon immer gültig und existierten wir nicht auch schon immer? Zum Greifen nah heißt: Noch haben wir das Selbstbestimmungsgesetz (SBGG) nicht sicher. Es ist noch nicht einmal im Parlament angekommen. Keiner der bekannt gewordenen Zeitpläne wurde vom Gesetzgeber bisher eingehalten, also bleibt es beim vorerst nicht eingelösten politischen Versprechen.

Zu erkennen ist daran: Das Grundgesetz beschreibt nicht unsere gesellschaftliche Wirklichkeit. Im Gegenteil. Gerade mit Blick auf die Lage von Minderheiten gab es von Anfang an ein krasses Missverhältnis von Anspruch und Wirklichkeit. Verwirklichungsdefizite aufzuspüren, um daraus neue Forderungen zu legitimieren, war deshalb nie schwer. Ich erinnere hier nur an den unseligen Paragrafen 175, der erst 1994 abgeschafft wurde, oder andere große soziale Themen wie Gleichberechtigung und Gleichstellung der Frau. Gleichwohl enthält das Grundgesetz das Versprechen auf eine gerechtere Zukunft, wie uns die Arbeit des Karlsruher Bundesverfassungsgerichts seit seinem Bestehen durch die fortwährende Stärkung der Persönlichkeitsrechte vermittelt. Mit der gesellschaftlichen Konkretisierung des Verfassungsrechts liefert es gleichsam politische Handlungsanweisungen – so auch im Fall des SBGG. Aber der Kampf um Anerkennung dauert an und Grundrechte sind nach wie vor keine Garantieleistung des Staates. Karlsruher Grundsatzentscheidungen setzen vor allem progressive Akzente und können der gesellschaftlichen Entwicklung auch voraus sein. Das SBGG wäre so ein Fall mit einem noch ausstehenden »Alltagstest«, denn ganz entscheidend ist für trans*Personen der gesellschaftliche Alltag, die Zugehörigkeit oder anders gesagt: das Mitgedacht-Werden in allen Lebensbereichen. Andererseits wissen wir, welche normative Kraft von Gesetzen und vom Rechtsdenken ausgehen. Diese »Vorreiterposition« steht nicht selten am Anfang eines gesellschaftlichen Mentalitätswandels – siehe Gleichberechtigung und Gleichstellung. Was freilich nicht bedeutet, dass mit einem Gesetz automatisch eine soziale Wirklichkeit geschaffen wird, aber es ist zumindest ihre Basis.

Das SBGG ist das Resultat eines Paradigmenwechsels, der darin besteht, der Geschlechtsidentität eines Menschen (alle Menschen besitzen eine solche, auch wenn es manche leugnen) bei der Frage nach der Geschlechtszugehörigkeit den Vorrang zu geben. Im Fall von trans*, inter* und nichtbinär weicht die Antwort bekanntlich von dem bei der Geburt zugewiesenen Geschlecht ab, wodurch eine Namens- und/oder Personenstandsänderung erforderlich werden. Die Tatsache, dass wir Geschlecht unabhängig von körperlichen Merkmalen definieren, ist auf jeden Fall dem Bundesverfassungsgericht gutzuschreiben. Das klingt zugegebenermaßen revolutionär, weil es die geschlechtliche Binarität im Sinne geschlechtlicher Vielfalt neu buchstabiert, tatsächlich aber bedeutet es die überfällige Anerkennung von Lebenswirklichkeiten. Man könnte auch sagen, wir sind endlich auf dem richtigen Weg in die Realität, in der es eine geschlechtliche und sexuelle Vielfalt schon immer gab. Es waren die verfassungsrichterlichen Entscheidungen, die seit 1978 Schritt für

Schritt die Voraussetzungen für den Paradigmenwechsel geschaffen haben und mit denen schließlich die Politik zum Handeln aufgefordert wurde. Ich werde hier die wesentlichen Stationen in aller Kürze darzustellen versuchen.

Wenn hier von Paradigmenwechsel die Rede ist, dann war und ist dieser überhaupt die Voraussetzung, um trans*, inter* und nichtbinären Minderheiten gesellschaftliche Gleichberechtigung und Teilhabe zu ermöglichen. Denn er bedeutet, die geschlechtliche Vielfalt als Tatsache anzuerkennen und mit der Anerkennung eine rechtliche Grundlage zu schaffen. Für die Mehrheitsgesellschaft ändert sich dadurch nichts, denn der Paradigmenwechsel beinhaltet ja nicht die Abschaffung von Geschlecht, wie zuweilen unterstellt wird, sondern eine erweiterte Wahrnehmung von Frau- und Mannsein über cis*-Normen hinaus sowie die Möglichkeit, in gleichwertiger Weise weder das eine noch das andere zu sein. An der Praxis der geschlechtlichen Schubladisierung bei der Geburt eines Menschen ändert sich nichts. Was sich ändert, ist jedoch der Umgang mit Menschen, die feststellen, geschlechtlich falsch einsortiert worden zu sein.

Doch zuvor noch die Frage. Worum genau geht es beim SBGG? Trans*, inter* und nichtbinär lebende Menschen soll der Zugang zu einem neuen Namen und dem richtigen Geschlechtseintrag (Personenstand) erleichtert werden, indem die betreffende Person ihre geschlechtliche Identität selbst erklärt. Bisher regelt dies das sogenannte Transsexuellengesetz (TSG), aber eben nicht durch Selbsterklärung, sondern stets als Entscheidung durch Dritte. Der gravierende Unterschied zwischen beiden Gesetzen erschöpft sich jedoch nicht in der niederschwelligen Zugänglichkeit, indem künftig die Standesämter für die genannten Änderungen zuständig sein werden und die langwierigen Gerichtsverfahren entfallen. Der wesentliche Kern besteht vielmehr in der diskriminierungsfreien Zugänglichkeit durch den Wegfall der Begutachtung und damit in der Achtung der Würde des Menschen. Ein großes Wort, das leider allzu oft mit kleiner Münze gewechselt wird.

Das Ziel des SBGG ist es, wie es im Entwurf heißt: »[...] die personenstandsrechtliche Geschlechtszuordnung und die Vornamenswahl von der Einschätzung dritter Personen zu lösen und die Selbstbestimmung der betroffenen Person zu stärken« sowie »das Recht jeder Person auf Achtung und respektvolle Behandlung in Bezug auf die Geschlechtsidentität zu verwirklichen«. Die Geschlechtsidentität ist nicht länger verhandelbar, sondern wird als das unzweifelhafte Wissen eines Menschen anerkannt. Der Grundsatz ist dabei die Achtung der menschlichen Integrität, während das TSG mit der gutachterlichen Praxis die Pathologisierung von trans* fortschreibt und trans*Menschen in der Unmündigkeit belässt. Wir brauchen uns nur anzuschauen, in welchen Fällen die Rechtspraxis psychologische Gutachten verlangt, um zu erkennen, welchem Geist das TSG seit nunmehr über vierzig Jahren verpflichtet ist. Psychologische Gutachten werden für gewöhnlich nur bei der Frage der Sicherungsverwahrung und bei der Frage der Zurechnungsfähigkeit im Fall schwerer Delikte verlangt. Mit Blick auf die Praxis des TSG bedarf dies wohl keines weiteren Kommentars.

2017 stand eine Klage gegen die Gutachtenpraxis des TSG beim Bundesverfassungsgericht in Karlsruhe zur Verhandlung an, die dort jedoch zurückgewiesen wurde. Die Gelegenheit blieb ungenutzt, eine unwürdige Behandlung von Menschen zu beenden. Die Argumentation folgte einem legalistischen Denken nach dem Motto: Recht ist, was der Staat als Gesetz beschließt. In der deutschen Geschichte hat das legalistische Denken schon verheerende Folgen gezeitigt. Gerade deshalb gilt in besonderer Weise, was der Philosoph Omri Boehm so formulierte: »Die Menschenwürde bezeichnet exakt die Grenze der Souveränität des Staats.« Gesetze wie das TSG, die massiv in das Persönlichkeitsrecht und in die Autonomie von Menschen eingreifen, sind eben nicht dadurch gerechtfertigt, dass der Staat nach Gutdünken Gesetze beschließen kann. Berührt ist stets die Frage der Legitimität, für die das allgemeine Menschenrecht verpflichtend ist. Und um noch einmal Boehm zu zitieren: »[D]ie Existenz von Recht [ist] eine notwendige Voraussetzung für die Wahrung der Menschenwürde. Aber die Verpflichtung entsteht aus der Menschenwürde und nicht aus dem positiven Recht des Staates.«

Natürlich hätte das Gericht wissen können, dass die Begutachtung noch nie etwas anderes als eine Farce bedeutete. Das bestätigen zunehmend auch Psycholog*innen, die sich bewusst aus der gutachterlichen Tätigkeit verabschiedet haben, weil sie die fortgesetzte Psychopathologisierung durch das TSG nicht länger mit ihrem Berufsethos vereinbaren können, während die anderen weiter gut daran verdienen. Immerhin hatte das Bundesverfassungsgericht in der Vergangenheit nicht ausgeschlossen, dass trans* etwas Angeborenes sei, wovon die Neurowissenschaften mittlerweile ausgehen. Wie aber kann etwas Angeborenes durch psychopathologische Erkundungen nachgewiesen werden? Identität ist nicht verhandelbar, wer es dennoch tut, macht freie Subjekte zu fremdbestimmten Objekten – und ich weiß, wovon ich spreche.

Alle Bemühungen von trans*Personen um eine gerichtliche Namens- und Personenstandsänderung liefen in der Bundesrepublik bis 1978 ins Leere. Selbst wenn die erste Instanz positiv entschied, was in einzelnen Fällen geschah und mit entsprechenden Entscheidungsspielräumen ein keineswegs homogenes Rechtssystem in unserem Land erkennen lässt, wurde der Amtsgerichtsbeschluss in der zweiten Instanz wieder aufgehoben mit der Begründung der »Unwandelbarkeit des Geschlechts«. Und damit kam schließlich das Bundesverfassungsgericht ins Spiel, denn nur dort konnte, wenn überhaupt, der Rechtsgrundsatz durch eine verfassungsrechtliche Prüfung gekippt werden. Und so geschah es. Nach einem jahrelangen Rechtsstreit durch alle Instanzen landete der Fall einer Berliner trans*Frau in Karlsruhe.

Wir dürfen an dieser Stelle die prekäre Lebenssituation für trans*Menschen in den ersten Jahrzehnten der Bundesrepublik nicht unerwähnt lassen. Denn nach dem Untergang der NS-Diktatur hat sich nach 1945 für sie wie auch für andere Minderheiten so gut wie nichts geändert – weder an der Kriminalisierung noch an der Pathologisierung. Letztere wurde durch die sich neu etablierende Sexualwissenschaft konsequent weiterbetrieben. Das hat eine negative Fremdwahrnehmung von trans* als nachhaltige Stigmatisierung verfestigt. Dass es einmal eine andere, auch solidarischere sexualwissenschaftliche Sicht auf das trans*-Sein gab, bezeugt Magnus Hirschfelds entpathologisierender Ansatz in den 1920er-Jahren deutlich. Zu bedauern bleibt, dass die Sexualwissenschaft von diesem progressiven Erbe keinen Gebrauch machte. Bis in unsere Zeit hinein blieben deshalb auch strukturelle Benachteiligungen und Vorurteile gegenüber trans*Menschen wirksam – daran hat die deutsche Sexualwissenschaft keinen geringen Anteil. Volkmar Sigusch als einer ihrer Koryphäen hat das später zwar unumwunden zugegeben und darüber Reue bekundet, aber an der Pathologisierung hatte er zuvor ebenso maßgeblich mitgewirkt.

Im Grundgesetz spiegelt sich die Allgemeine Erklärung der Menschenrechte von 1948. Die ersten drei Artikel geben den elementaren Menschenrechten Raum und verleihen ihnen an prominenter Stelle Gewicht. An der intoleranten, ausschließenden gesellschaftlichen Praxis gegenüber Minderheiten bis hin zu ihrer Überwachung und regelrechten Verfolgung änderte das allerdings lange Zeit nichts. Da half auch kein universalistischer Anspruch. Die Mehrheitsgesellschaft und ihre konservative politische Repräsentanz blendeten diese Widersprüchlichkeit in den Fünfziger- und Sechzigerjahren konsequent aus. Doch Ende der Sechzigerjahre zeichnete sich allmählich ein Mentalitätswandel ab, ablesbar etwa an der großen Strafrechtsreform von 1969 und einer ersten Entschärfung des Paragrafen 175. In den Siebzigern erhielt das Thema geschlechtliche und sexuelle Vielfalt zudem mediale Präsenz. Trans* gewann an Sichtbarkeit und sichtbar wurde zugleich die Rechtlosigkeit und soziale Benachteiligung.

Mit dem schon erwähnten Karlsruher Beschluss von 1978, mit dem nun Geschlecht für wandelbar erklärt wurde, veränderte sich die Situation schlagartig. Ein bitterer Beigeschmack blieb dennoch, weil das Gericht die Beschwerde an den Bundesgerichtshof mit der Maßgabe zurückverwiesen hatte: Personenstandsänderungen seien nur möglich, sofern ein »irreversibler Fall von Transsexualismus« vorliege, was in jedem Fall eine Begutachtung voraussetzt, und eine geschlechtsanpassende Operation durchgeführt worden sei. In den weiteren Ausführungen wird deutlich, dass Karlsruhe an obsolet gewordenen wissenschaftlichen Meinungen festhielt, anders übrigens als das Berliner Kammergericht (als eine der beteiligten Instanzen in dem Prozess). Von dort kam bereits ein anderer Ton: Es ging nämlich von der Erkenntnis aus, »daß die Geschlechtlichkeit eines Menschen nicht allein durch die Beschaffenheit der Geschlechtsorgane und -merkmale, sondern auch durch die Psyche« bestimmt sei. »Die Rechtsordnung darf diese Gegebenheit nicht unberücksichtigt lassen [...].« Anerkannt wurde der Vorrang der sozialen Funktion von Geschlecht mit der Klarstellung, dass »der Gegenstand der auf das Geschlecht abstellenden Rechtsnormen ebendiese soziale Funktion« sei.

Zu erinnern ist hier auch an den frühen Aktivismus des aus Hamburg stammenden trans*Mannes Gert Christian Südel und seines von ihm initiierten Arbeitskreises TS, der in den frühen 1970er-Jahren Petitionen startete mit dem Ziel der rechtlichen Anerkennung von trans*Personen. Den

Arbeitskreis gründete er 1972 als »Interessengemeinschaft für Transsexuelle und Transvestiten« und als einen Versuch, trans*Menschen aus ihrer sozialen Isolation zu befreien. Gedacht war er als Anlaufstelle, um Wissen zu vermitteln und Beratungen anzubieten. Parallel entstand ein mit »Manuskripte« betiteltes Periodikum, über dessen Verteiler und Reichweite jedoch nichts bekannt ist. Es sollte ein Medium des kommunikativen Austauschs werden: »Viel mehr Anregungen und Hilfe erwarten wir jedoch aus euren Reaktionen. Wir wollen vor allem möglichst vielen Menschen klarmachen, daß es sehr gesund und normal ist, das zu sein, als was man sich fühlt. [...] Im Klartext. Dadurch, daß wir uns selbst verständlich machen, daß unser Weg zumindest für uns selbst richtig ist, wollen wir zu jener durchaus angebrachten Unbefangenheit beitragen, mit deren Hilfe wir auch anderen unser Handeln und unsere Entwicklung verständlich machen können.« Nicht unerwähnt sei, dass Südel und sein Arbeitskreis zum SPD-Parteitag 1977 mit einem Redebeitrag eingeladen waren. Darin hieß es zum Schluss: »Merkt, liebe Genossinnen und Genossen: Der Wert eines demokratischen Staates wird daran gemessen, wie er mit Minderheiten umgeht! Daher werden wir keine Ruhe geben, bis wir die absolute Legitimität erreicht haben!«

Die Petitionen, die auf den Widerspruch zwischen Grundgesetz und dem mit Blick auf trans* veralteten Personenstandsrecht verwiesen, blieben nicht wirkungslos. Die beiden SPD-Bundestagsabgeordneten Claus Arndt und Rolf Meinecke wurden 1976 in Sachen Verrechtlichung aktiv und legten dem Bundestag und dem Bundesrat erste Vorschläge zur Ergänzung des Personenstandsgesetzes und des Namensänderungsgesetzes vor. Daraus entstand die Erarbeitung eines Sondergesetzes, das wir als TSG kennen und das 1978 schließlich als Referentenentwurf vorlag. Um dieses Vorhaben weiter verfolgen zu können, bedurfte es aber des bereits erwähnten Beschlusses durch Karlsruhe von 1978, mit dem Geschlecht für wandelbar erklärt wurde. Dass diese Bemühungen schließlich in ein maximal repressives Gesetz mündeten, kann man nur fatal nennen. Übrigens nahm das Bundesverfassungsgericht 1978 dezidiert auf den Entwurf zum TSG Bezug, wo bereits von der sogenannten »kleinen« und »großen« Lösung die Rede ist. Seinen Beschluss wird man deshalb nicht als eine eigenständige Entscheidung bezeichnen können, sondern er orientierte sich eins zu eins an dem Ungeist des Gesetzesentwurfs.

Seit dem Inkrafttreten des TSG 1981 gab es zahlreiche Verfassungsbeschwerden, die sich auf bestimmte Regelungen des Gesetzes bezogen. Zuletzt 2011, als festgestellt wurde, dass die Forderung nach einer dauerhaften Fortpflanzungsunfähigkeit als Voraussetzung für eine Änderung des Geschlechtseintrags nicht mit dem Grundgesetz vereinbar sei, da sie gegen das Recht auf körperliche Unversehrtheit verstoße und gegen die Unantastbarkeit der Würde des Menschen. Nebenbei: Dreißig Jahre brauchte es zu dieser Erkenntnis. Damit wurde Geschlecht nun explizit unabhängig von körperlichen Merkmalen definiert. Dass das trans*-Sein ein Spektrum von Selbstverständnissen und Lebenswirklichkeiten darstellt, wurde außerdem Rechnung getragen. Bis dahin galt, wenn man so will, ein einheitliches »Krankheitsbild« »Transsexualität«. Normangleichende medizinische Eingriffe wurden nicht länger als »kennzeichnend für das Vorliegen von Transsexualität« gewertet, wie es in der Begründung heißt. Die Sprache in den Begründungen ist, vom juristischen Jargon einmal abgesehen, so mein Eindruck, mitunter nur schwer erträglich. Es hat oft etwas Gruseliges, wie dort über Menschen gesprochen wird. Dennoch, entscheidend bleibt darin das Wegweisende in Richtung Paradigmenwechsel.

Besonders aktiv und erfolgreich in Sachen Verfassungsklage gegen das TSG war die Rechtsanwältin Maria Sabine Augstein, selbst trans*Frau, die für sich die Formulierung »gewordene Frau« bevorzugt. Schon ein Jahr nach Inkrafttreten des TSG gab es ein erstes Urteil: Als verfassungswidrig wurde § 8, 1 Nr. 1 erklärt. Nicht verfassungskonform sei die Regelung, so entschieden die obersten Richter*innen, wonach »Transsexuellen« trotz geschlechtsangleichender Operationen erst ab 25 Jahren eine Personenstandsänderung möglich sei. In den folgenden Jahren sollte es dann mit immer neuen Einsprüchen weitergehen. 1992 wurde die Regelung gekippt, wonach eine Vornamensänderung (also »kleine Lösung«) »Transsexuellen« unter 25 Jahren versagt bleiben solle, die wiederum älteren »Transsexuellen« gewährt wurde. 1996 ging es um die Anrede bei Personen mit einem geänderten Vornamen. Festgestellt wurde das Recht, mit der dem Namen entsprechenden Geschlechtsbezeichnung angesprochen zu werden. Einfacher gesagt: Ein weiblicher Name verlange die Anrede »Frau« und entsprechend ein männlicher die Anrede »Mann«. In der Begründung hieß es unter anderem: »Für das Auftreten in einer bestimmten Geschlechtsrolle ist nach allgemeinem Verständnis die Anredeform [...] von zentraler Bedeutung. Deshalb fordert es die Achtung vor der in § 1 TSG vorgesehenen Rollenentscheidung, eine Person nach Änderung ihres Namens ihrem neuen Rollenverständnis entsprechend anzureden und anzuschreiben.« Bemerkenswert bleibt dennoch, dass das höchste Gericht überhaupt solche Selbstverständlichkeiten verhandeln musste, weil sich vor allem die Bürokratie in unserem Land immer wieder in Willkür übte. In dieser Willkür trans*feindliches Verhalten zu vermuten, ist wohl nicht abwegig. 2005 wurde als verfassungswidrig die Aberkennung des geänderten Vornamens bei Eheschließung erkannt und im Jahr darauf war es die Feststellung der Anwendbarkeit des TSG auf ausländische »Transsexuelle«, die in der Bundesrepublik leben. 2008 wurde endlich die Zwangsscheidung als verfassungswidrig erklärt (immerhin sieben Jahre vor Einführung der »Ehe für alle«). Die Beispiele mögen genügen, um die ganze Fragwürdigkeit dieses TSG zu illustrieren. Vermutlich gibt es kein zweites Gesetz, das Karlsruhe so oft beschäftigt hat und das so oft in bestimmten Regelungen als nicht vereinbar mit unserer Verfassung erkannt wurde.

Noch ein paar Worte zu Maria Sabine Augstein. Sie hat nie einen Hehl aus ihrer Ablehnung des TSG gemacht und ihr juristischer Kampf gegen das Gesetz hatte ihr mit jedem Sieg gezeigt, wie recht sie damit hat und was herauskommt, wenn Angst, Vorurteil und Ablehnung an einem Gesetzestext mitschreiben. Als ginge es allein um den Schutz der Gesellschaft vor etwas Bedrohlichem, um die Bewahrung der Heteronormativität, für die der Gesetzgeber »die Verletzung hochrangiger Grundrechte in Kauf« nahm. So stand es in einem Beitrag für die Zeitschrift »Das Standesamt« von 1982. Augsteins nüchternes Resümee darin: »Im Ergebnis verankerte das TSG das Prinzip der Wandelbarkeit des Geschlechts [...] und die von der Medizin gewünschte Verquickung von Recht und Medizin.« Die Medikalisierung von trans* bedeutete für Jahrzehnte: Personenstandsänderungen waren nur über den Operationssaal erreichbar. Drastischer äußerte sich Augstein später in einem Interview, in dem es hieß, das TSG sei ein Produkt einer heteronormativen, homophoben Gesellschaft, geboren aus totaler Panik der Politik. Mehr als ein restriktives Gesetz ließ diese Panik nicht zu – »blanker Schwachsinn« sei das Ergebnis, so ihr Urteil. Sie befürwortet ein Selbstbestimmungsgesetz, das den neuen Namen und die Geschlechtszugehörigkeit per Sprechakt zugänglich macht. Sie, die eine geschlechtsangleichende Operation 1977 in Singapur durchführen ließ, findet es richtig, dass chirurgische Maßnahmen keine Voraussetzung für eine Personenstandsänderung sein dürfen. In einem Beitrag für die »Zeitschrift für Sexualforschung« antwortete sie 1992 kritisch auf einen Aufsatz von Volkmar Sigusch und erwähnt in diesem Zusammenhang noch einen anderen wichtigen Erfolg ihres anwaltlichen Engagements, nämlich die Grundsatzentscheidung des Bundessozialgerichts von 1987, »daß die gesetzlichen Krankenkassen unter bestimmten Bedingungen die Behandlungskosten bei Transsexualität übernehmen müssen«. 2015 erhielt sie für ihren Kampf um trans*Rechte das Bundesverdienstkreuz verliehen.

Zurück zu den entscheidenden Etappen auf dem Weg einer menschenrechtsbasierten Verrechtlichung der geschlechtlichen Vielfalt. Wegweisend war auch das Urteil, mit dem 2017 der Weg frei wurde für das Gesetz mit dem Namen »Dritte Option«, welches bereits ein Jahr später mit der Regelung des Paragrafen 45b Personenstandsgesetz vorlag und nach den Vorstellungen des Gesetzgebers intergeschlechtlichen Menschen vorbehalten sein sollte. Es müsse auch einen »anderen positiven Geschlechtseintrag als weiblich oder männlich« geben, so der Grundgedanke. Einer der Leitsätze lautet: »Das allgemeine Persönlichkeitsrecht [...] schützt die geschlechtliche Identität. Es schützt auch die geschlechtliche Identität derjenigen, die sich dauerhaft weder dem männlichen noch dem weiblichen Geschlecht zuordnen lassen.« Mit dem geplanten SBGG wird es ein einheitliches Gesetz für alle infrage kommenden Gruppen zwischen trans*, inter* und nichtbinär geben, was begrüßenswert, weil sinnvoll ist.

In transfeindlichen Diskursen kursiert gelegentlich der Begriff »Rechtsfiktion«. Beliebt ist er dort, weil Fiktion mit der Infragestellung der geschlechtlichen Zuordnung von trans*Personen übersetzt wird, als sei deren Frau- beziehungsweise Mannsein lediglich eine auf Einbildung beruhende Übereinkunft, ein juristisch abgesegnetes Als-ob. Dazu gehört die Leugnung der Geschlechtsidentität als einer maßgeblichen Instanz, die einem Menschen seine Geschlechtlichkeit wissen lässt. Am Ende geht es darum zu sagen: Euch gibt es nicht. Dass hier der juristische Terminus absichtlich falsch interpretiert wird, ist allzu offensichtlich. Sein rechtlicher Sinn liegt darin, ein System zur

Ordnung von sozialen Konflikten zu ermöglichen, wie dies Monika Jachmann in *Die Fiktion im öffentlichen Recht* formuliert. Denn bei Personenstandsänderungen geht es um die Anerkennung geschlechtlicher Lebenswirklichkeiten, die nicht fiktiv, sondern als eine Möglichkeit menschlicher Existenz real sind, und was ein biologistisch eingeengter Blick ignoriert.

Alles in allem: Trans*Menschen hätten sich keine besseren Verbündeten wünschen können als unser Grundgesetz und seine Hüter*innen. Denn sie haben etwas in Gang gesetzt, dass, wie jede soziale Anerkennung, am Ende eine Ungerechtigkeit und Ungleichbehandlung beseitigt und damit Selbstbestimmung und Teilhabe ermöglicht. Was da in Gang kam, kann zwar wie jeder Fortschritt aufgehalten werden, wie es uns autoritäre Regime immer wieder vorführen, ist aber nicht wirklich auslöschbar. Die Geschichte der Moderne hat katastrophale Rückschläge und Zivilisationsbrüche erlebt und was wir heute Backlash nennen, ist als Gefahr ernst zu nehmen, aber das Bewusstsein für Freiheits- und Persönlichkeitsrechte kennt keinen Rückwärtsgang. Gerade durch die Erfahrungen mit der Anerkennung von geschlechtlicher Vielfalt und deren schrittweisen Verrechtlichung in den letzten Jahrzehnten wissen wir, wie wichtig die grundgesetzliche Verankerung als Letztbegründung ist. Schon mit den ersten aktivistischen Initiativen in den frühen 1970er-Jahren war klar, dass unser Grundgesetz die besten Argumente im Kampf um Anerkennung enthielt. Umso dringender erscheint deshalb die Änderung des Artikels 3 Absatz 3 des Grundgesetzes, mit dem ein explizites Verbot der Diskriminierung wegen der sexuellen und geschlechtlichen Identität festgeschrieben werden soll. Und noch einmal zum besseren Verständnis: Selbstverwirklichung des Einzelnen wie auch kollektiver Gruppen ist nicht ohne universalgültige normative Prinzipien möglich – sie zu ignorieren hätte katastrophale Folgen, wie der Philosoph Karl Otto Apel völlig zu Recht meint. Erst das normative Verständigungsprinzip, so seine Überzeugung, ermögliche individuelle und gleichberechtigte Lebensformen. Die Botschaft lautet deshalb im queerpolitischen Aktionsplan der Ampelkoalition mit Blick auf Artikel 3: »Niemand darf wegen seiner sexuellen Identität benachteiligt oder bevorzugt werden.«

Auf dem langen Weg zur Selbstbestimmung gab unser Grundgesetz stets die Richtung vor, nämlich hin zur Stärkung der Persönlichkeitsrechte. Selbstbestimmung ist also nichts anderes als die Verwirklichung menschenrechtlicher Standards, die in den ersten Artikeln unserer Verfassung formuliert sind. Sie lieferten stets die Letztbegründung der trans* betreffenden Verfassungsgerichtsurteile seit 1978. Auch mit dem SBGG, so wir es denn einmal haben werden, wird der Kampf um Anerkennung weitergehen, der ein Kampf um Gleichberechtigung und gesellschaftliche Teilhabe bedeutet oder, um es einfach auszudrücken, um Dazugehörigkeit.

Julia Monro

Warum auch trans*Personen Selbstbestimmung brauchen

Alle wollen Selbstbestimmung – Allgemeine Definition und Beispiele

Es ist der Wunsch jedes einzelnen Menschen, seine Persönlichkeit so zum Ausdruck zu bringen, wie er es für richtig empfindet. Dieses Grundrecht auf freie Entfaltung der Persönlichkeit ist in unserer Verfassung verankert. Jeder Mensch hat demnach das Recht, über das eigene Leben zu bestimmen. So heißt es im Grundgesetz:

> [1] Jeder hat das Recht auf die freie Entfaltung seiner Persönlichkeit, soweit er nicht die Rechte anderer verletzt und nicht gegen die verfassungsmäßige Ordnung oder das Sittengesetz verstößt.
> [2] Jeder hat das Recht auf Leben und körperliche Unversehrtheit. Die Freiheit der Person ist unverletzlich.

Das bedeutet vereinfacht: Wenn z. B. eine Person sich die Haare grün färben möchte, dann hat diese Person das Recht dazu, ohne dass es ihr jemand verbieten kann. Macht sie die Haare einen Tag später blau, weil ihr das Grün nicht mehr gefällt, dann ist auch das ihr gutes Recht und das darf ihr niemand absprechen.

Ebenso ist das Tragen von Kleidung der selbstbestimmte

Ausdruck eines jeden Individuums. Frauen »dürfen« Hosen tragen, was vor hundert Jahren noch undenkbar gewesen wäre! Und Männer dürfen Röcke tragen, auch wenn das heute (leider!) immer noch von vielen skeptisch beäugt wird. Kleidung kann auch der selbstbestimmte Ausdruck religiöser Überzeugungen sein. Stichwort Religionsfreiheit. Jeder Mensch hat damit auch das Recht, selbstständig darüber zu bestimmen, ob er beispielsweise ein Kopftuch tragen möchte oder in freier Natur den Gebetsteppich ausrollen will.

Und wenn eine andere Person sich dazu entscheidet, den Körper von oben bis unten vollständig zu tätowieren, dann ist auch das ihr Recht. Es handelt sich zwar hierbei juristisch um eine »Körperverletzung«, aber die Person bestätigt im Tattoo-Studio i. d. R. mit ihrer Unterschrift, dass sie ausdrücklich mit dieser Körperverletzung einverstanden ist. Die Person entscheidet selbstbestimmt darüber, ob, wann und wo sie verletzt werden möchte. Da es sich dabei nicht um lebensbedrohliche Verletzungen handelt, ist diese Behandlung akzeptabel, sie darf nur nicht ohne Einverständnis erfolgen.

Auch die sexuelle Selbstbestimmung ist ein wichtiges Grundrecht jedes einzelnen Menschen. Jeder Mensch muss frei entscheiden dürfen, ob er in eine sexuelle Handlung involviert werden möchte oder nicht. Wenn jemand also unfreiwillig zu einer sexuellen Handlung genötigt wird, dann wird dieser Person das Recht auf sexuelle Selbstbestimmung genommen. So hat Selbstbestimmung schließlich auch mit Grenzen zu tun: Angenommen eine Person führt in Gegenwart einer anderen Person sexuelle Handlungen an sich selbst durch, ohne dass diese weitere Person die selbstbestimmte Möglichkeit hat, darüber zu entscheiden, ob sie das überhaupt sehen möchte oder nicht. Dann will die Person sich vielleicht frei entfalten, verletzt damit aber die Rechte der weiteren Person, weil diese sich belästigt fühlt. Das Selbstbestimmungsrecht endet also dort, wo die Rechte Dritter, die Selbstbestimmung Dritter, berührt werden.

Ähnlich verhält es sich mit der Selbstbestimmung über den eigenen Körper, z. B. bei einer Schwangerschaft. Wenn die schwangere Person sich für eine Abtreibung entscheidet, dann ist dies eine selbstbestimmte Entscheidung über den eigenen Körper. Hierüber wird jedoch sehr intensiv gestritten, weil das Recht auf körperliche Unversehrtheit eines ungeborenen Lebens berührt werden könnte. Doch ab wann spricht man von »Leben«? In Deutschland hat der Gesetzgeber dafür eine Grenze von 12 Wochen festgelegt, angefangen beim ersten Tag der Befruchtung. Bis zu diesem Zeitpunkt darf eine Abtreibung vorgenommen werden.

Selbstbestimmt leben wollen auch Menschen mit einem Handicap. Die Bundeszentrale für politische Bildung schreibt dazu:

> Selbstbestimmung ist auch bei schwerer und mehrfacher Behinderung möglich, denn auch bei extremer Einschränkung der Handlungskompetenz ist Entscheidungs- oder Regiekompetenz möglich. Die Wünsche und Bedürfnisse schwer und mehrfach behinderter Menschen können sich auch in leiblichen Ausdrucksformen artikulieren (Laut- und Geräuschproduktion, Bewegungsdrang, Selbst- oder Fremdaggression, Ausscheidung usw.).[1]

1 https://www.bpb.de/lernen/inklusiv-politisch-bilden/335017/das-leitprinzip-der-selbstbestimmung/ (aufgerufen am 24.10.2023).

Sogar über das »Recht auf selbstbestimmtes Sterben« hat das Bundesverfassungsgericht jüngst entschieden. Dieser *»Akt autonomer Selbstbestimmung«* ist *»von Staat und Gesellschaft zu respektieren«*[2], heißt es in einem der Leitsätze.

Jeder Mensch hat also das Recht, über seine Lebensführung und damit auch über Maßnahmen, die seine Gesundheit betreffen, selbst zu bestimmen. Und der Gesetzgeber hat dafür Sorge zu tragen, dass dieses Recht festgeschrieben und durchgesetzt wird – bis an die jeweiligen Grenzen. Das Recht auf Selbstbestimmung ist also kein reines trans*Thema, sondern grundgesetzlich verankert und betrifft *alle* Menschen. Warum also sollte man es trans*Personen nicht zugestehen, ebenfalls selbst über ihre Körper und ihre Gesundheit entscheiden zu dürfen?!

Selbstbestimmung für trans*Personen

Bei trans*Personen wurde dieses Recht auf Selbstbestimmung von jeher infrage gestellt. Als Grundlage diente dafür etwa die Auffassung, dass »Transsexualität« eine psychische Störung sei. Wenn ein Mensch das ihm bei Geburt zugewiesene Geschlecht ablehnt und er für sich eine andere Geschlechtszugehörigkeit für richtig hält – er also seine Persönlichkeit frei entfalten möchte, wie es im Grundgesetz steht –, dann wurde eine »geistige Verwirrung im psychosexuellen Bereich« angenommen. Als die Bundesregierung am 30. Juni 2022 ein Eckpunktepapier

2 https://www.bundesverfassungsgericht.de/SharedDocs/Entscheidungen/DE/2020/02/rs20200226_2bvr234715.html (aufgerufen am 24.10.2023).

zum geplanten Selbstbestimmungsgesetz vorstellte, formulierte der Bundesjustizminister Marco Buschmann, dass der Staat trans*Personen immer das Gefühl vermittle, mit ihnen stimme etwas nicht.

Dieser Auffassung sind Menschen, die sich gegen die Selbstbestimmung von trans*Personen aussprechen, bis heute. Viele orientieren sich dabei an der ICD-10, der »Internationalen statistischen Klassifikation der Krankheiten und verwandten Gesundheitsprobleme *(International Statistical Classification of Diseases and Related Health Problems)*«, einer Art Diagnosekatalog, welcher alle paar Jahre von der Weltgesundheitsorganisation (WHO) herausgegeben wird. Darin sind sämtliche in der Medizin vorkommende Diagnosen mit unterschiedlichen Codes exakt definiert. In Kapitel V, gekennzeichnet mit den Codes F00-F99, finden sich dort *»Psychische und Verhaltensstörungen«* und unter F60-F69 die *»Persönlichkeits- und Verhaltensstörungen«*. Zwischen *»F60.0 Paranoide Persönlichkeitsstörung«*, *»F60.31 Borderline-Typ«* und *»F65.4 Pädophilie«* findet man schließlich unter dem Code F64 *»Störungen der Geschlechtsidentität«*. Diese sind noch mal unterteilt in F64.0 *»Transsexualismus«* und F64.2 *»Störung der Geschlechtsidentität des Kindesalters«* und andere.[3]

Immer wenn ich in meinen Workshops davon erzähle, dass »Transsexualismus« bis heute als psychische Störung klassifiziert wird, sind die Menschen erstaunt. Insbesondere an Schulen treffe ich auf junge Menschen, die es gar

3 https://www.dimdi.de/static/de/klassifikationen/icd/icd-10-gm/kode-suche/htmlgm2019/block-f60-f69.htm (aufgerufen am 24.10.2023).

nicht fassen können, dass so etwas heute überhaupt möglich ist. Oft fragen sie dann, ob Besserung in Sicht ist. Und tatsächlich hat sich bereits etwas getan:

Obwohl die ICD-10 in Deutschland bis heute, im Jahr 2023, noch immer gültig und damit medizinisch also nach wie vor von einem Störungsbild der Psyche die Rede ist, hat die WHO glücklicherweise erkannt, dass diese Kategorisierung heute nicht mehr haltbar ist. Mittlerweile ist es wissenschaftlicher Konsens, dass trans* *kein* Störungsbild der Psyche ist. In der neuen Fassung des Diagnoseschlüssels, der ICD-11, ist nicht mehr von »Transsexualismus« oder gar von einer psychischen Störung die Rede. Nach diesen neuesten Erkenntnissen handelt es sich um »einen körperlichen Zustand im Zusammenhang mit geschlechtsbezogener Gesundheit«. Die exakte Definition lautet nun *»gender incongruence«* (dt. geschlechtliche Inkongruenz) und wird unterteilt in HA60 für Erwachsene und HA61 für Kinder und Jugendliche.

Mit der Streichung aus der Liste der psychischen Störungen hat die WHO eine über Jahre andauernde Stigmatisierung von trans*Personen beendet. Mit einem Schlag waren trans*Personen für »gesund« erklärt worden. Als der Entwurf der ICD-11 im Jahr 2018 vorgestellt wurde, war das ein regelrechter Feiertag für alle trans*Personen weltweit. Eine ähnliche Entwicklung hatte es seinerzeit beim Thema Homosexualität gegeben: Auch diese galt nach der damals gültigen ICD-9 als »Geisteskrankheit«, bis 1992, mit Veröffentlichung der ICD-10, festgestellt wurde, dass »Gleichgeschlechtliche Sexualität« weder eine »Geisteskrankheit« noch »moralisch verwerflich« ist.

Die ICD-11 ist international zum 01. Januar 2022 in Kraft getreten, die Mitgliedstaaten haben allerdings eine Übergangsfrist von fünf Jahren, um sie zu übersetzen und im eigenen Gesundheitssystem einzuführen. Erst dann werden Diagnosen ausschließlich nach ICD-11 codiert – bis dahin wird in Deutschland weiterhin »Transsexualismus«, also eine psychische Störung, festgestellt.

Nach wie vor bringt diese Form der Psychopathologisierung trans*Personen regelmäßig in einen Rechtfertigungszwang: Immer wieder müssen sie erklären, dass sie *nicht* krank sind. Die Geschlechtsidentität (bzw. das trans*-Sein) ist jedoch per se keine Erkrankung. Der externe Umgang damit innerhalb der Gesellschaft, die strukturelle Benachteiligung, fehlender staatlicher Schutz etc. führen dazu, dass trans*Personen krank werden. Die Gesellschaft ist es, die sie krank macht oder als krank darstellt. Sozialer Rückzug, depressives Verhalten bis hin zu erhöhter Suizidalität können die Folge sein. Als kleine Minderheit hat man kaum die Möglichkeit, gegen eine so übermächtige Mehrheitsgesellschaft zu bestehen, die einen permanent und in jeder Lebenslage in starre Geschlechterrollen pressen will. Diesen Zustand nennen wir Fremdbestimmung.

Die Definition der Norm

Führt man sich vor Augen, in welchen Lebensbereichen die geschlechtliche Identität eine Rolle spielt, dann stellt man schnell fest: Es gibt kaum einen Bereich, der unberührt bleibt, wenn trans*Personen ihre Persönlichkeit entfalten wollen. Umso absurder erscheint die häufig geäußerte Forderung, die geschlechtliche Identität sei als »Privatsache« zu behandeln und man solle nicht die Gesellschaft damit belästigen. Das Coming-out einer trans*Person ist schon deshalb unübersehbar, weil in den meisten Fällen eine drastische optische Veränderung damit verbunden ist. Für nicht-trans*Personen sind es die einfachsten Dinge, die für trans*Personen eine große Herausforderung bedeuten. Zum Beispiel Name und Anrede: Für eine trans*Person ist es ein zentrales und existenzielles Thema, das wiederum sowohl die Familie und den Freundeskreis als auch den Arbeitsplatz oder die Schule berührt. Auch beim Behördengang, am Flughafen, bei der Polizeikontrolle oder etwa im Schwimmbad oder im Sportverein. Das Problem der korrekten Anrede betrifft schlicht *jeden* Bereich des Lebens. Ähnlich ist es mit dem Zugang zu bestimmten Räumlichkeiten, auch hier sind quasi alle Lebensbereiche betroffen: egal ob es sich um die Umkleidekabine des Sportvereins handelt oder um das WC an Schule, Arbeitsplatz oder am Flughafen.

Deshalb kann schon der Gang zur Toilette, das Vorzeigen der Ausweispapiere oder das Ausfüllen eines Formulars eine große Herausforderung bedeuten. Völlig alltägliche Dinge, die für cis* Personen eine Selbstverständlichkeit bedeuten.

Fremdbestimmend ist demnach nicht nur die Zuschreibung einer vermeintlichen psychischen Störung, sondern ein komplettes System, das aus einer starren binären Geschlechterordnung besteht und damit über Jahrhunderte gewisse Rollenerwartungen geprägt hat. So ist es wenig verwunderlich, dass in der jüngeren Zeit alle Themen, in denen das Wort »Gender« eine Rolle spielt, zu allgemeinen Reizthemen werden. Ein fest etabliertes System wird vollständig durchgerüttelt und in seinen Grundfesten erschüttert. Aber darf das ein Grund dafür sein, einer wenn auch kleinen Gruppe an Menschen ein selbstbestimmtes Leben zu verweigern? Das Problem sind schließlich nicht die Personen, die nicht in das System passen, sondern das System selbst. Es sollte dringend reflektiert werden, ob ein historisch entstandenes Konstrukt, welches auf der fehlerhaften Annahme der Mehrheitsgesellschaft basiert, auf Dauer eine inklusionsorientierte Gesellschaft verhindern sollte.

Mit Einführung der ICD-11 ist im Gesundheitswesen nun ein Fortschritt erkennbar. Mit der Entpathologisierung bewegen wir uns zumindest mal in die richtige Richtung. Doch im Vergleich zu den Privilegien der Mehrheitsgesellschaft gehen wir hier gerade mal auf die Startlinie zu, während die anderen sich längst mitten im Rennen befinden. Und das auch nur in einem von vielen Bereichen. In anderen Bereichen sind wir da noch lange nicht so weit.

Zum Beispiel in der Kirche. Im Herbst 2022 war ich auf der ersten trans*- und inter*-Tagung der katholischen Kirche in München. Gemeinsam mit mehreren anderen trans* und inter*Menschen durften wir erzählen, welche Erfahrungen wir im Kontext Kirche gemacht hatten. Zusätzlich fanden zahlreiche Workshops statt, und man gewann den Eindruck, dass eine Aufbruchsstimmung herrschte. Als ob die katholische Kirche sich ernsthaft bemühte, Diskriminierungen abzubauen und in den Dialog zu treten. Doch dann betrat ein Vertreter der katholischen Kirche die Kanzel. Er wurde als Moraltheologe vorgestellt und sitzt offenbar gleichzeitig im deutschen Ethikrat. Seine Ausführungen möchte ich hier ungern wiederholen, doch im gesamten Vortrag ging es darum, dass trans* und inter*Menschen Defekte unserer Gesellschaft seien, welche in die eine oder andere Richtung therapiert werden könnten. Etliche Personen verließen den Saal. Auf dem Gang forderte sogar eine Person die Haustechniker*innen auf, die Lautsprecher außerhalb des Saals abzuschalten.

Zwar bewegt sich innerhalb der Kirche etwas, seit in der #OutInChurch-Kampagne queere Menschen, die bei der katholischen Kirche angestellt sind, von ihrer Angst berichteten. Hier hat man sich zumindest in Gespräche begeben – aber die Widerstände sind nach wie vor riesengroß. Denn trans*, intergeschlechtliche und nichtbinäre Personen passen nicht in die Normvorstellungen der Kirche.

So erfreulich es auch ist, wenn sich in einzelnen Bereichen der Gesellschaft Verbesserungen abzeichnen: an anderer Stelle wie z. B. Kirche fehlt es noch immer an Verständnis, wie das Beispiel der Münchner Tagung zeigt. Oft möchte man weiterhin darüber entscheiden, wer zur Norm gehört und wer erst in Therapie muss, um der Norm zu entsprechen. Kurz gesagt: man will weiterhin fremdbestimmen.

Ein weiteres klassisches Beispiel für Fremdbestimmung ist der Sport. Hier hat der Mensch ein besonders großes Interesse daran, Normen einzuführen. Schließlich geht es hier um Wettkampf, Fair Play und im Profibereich natürlich auch um viel Geld. Als die intergeschlechtliche Frau Caster Semenya 2009 in Berlin die Weltmeisterschaft gewann, sagte der damalige IAAF-Generalsekretär Pierre

Weiss: *»Es ist klar, dass sie eine Frau ist, aber vielleicht nicht zu 100 Prozent.«*[4] Der Satz alleine macht schon deutlich, dass man den Menschen nur als binäres Entweder-oder begreifen will. Von einem Kontinuum der Geschlechter ist weit und breit keine Spur.

Der Fall Caster Semenya beherrschte schließlich nicht nur die Schlagzeilen, sondern auch die Sportgerichte. Letztendlich wurden Grenzen für Hormonwerte eingeführt. Wieder versucht man, Normen festzulegen. Und wieder sind es Menschen aus der Mehrheitsgesellschaft, die hier normierend tätig werden. Gleichzeitig wurden mit der Einführung der Testosteronobergrenze die Rechte einer indischen Athletin namens Dutee Chand beschnitten: Diese war weder trans* noch inter*, sondern hatte einfach von Natur aus einen höheren Testosteronwert. Der Mensch ist eben vielfältig. Es gibt Regionen der Erde, wo die Menschen besonders klein oder groß sind. Es gibt andere Regionen, wo der Mensch unterschiedliche Behaarung aufweist. In wieder anderen Orten schützt sich die Haut des Menschen mit dunkleren Pigmenten vor erhöhter UV-Strahlung. Und genauso gibt es Menschen, deren Hormonwerte aufgrund von Umwelteinflüssen oder anderen Dingen höher oder niedriger sein können als bei anderen. Menschen aufgrund biologischer Merkmale auszugrenzen ist nichts anderes als der Versuch, die Menschen in Rassen eingruppieren zu wollen.

Das Einführen von Hormongrenzen im Sport wird hier

4 https://www.spiegel.de/geschichte/erika-schinegger-und-caster-semenya-intersexualitaet-bei-olympia-a-1105916.html (aufgerufen am 24.10.2023).

als legitimes Mittel einer Mehrheit bezeichnet, um angeblich den Frauensport zu schützen. Bei den Hormonwerten wird immer wieder argumentiert, dass ein höherer Testosteronwert angeblich einen unfairen Vorteil verschaffen würde. Die Studienlage ist hierzu zugegebenermaßen noch recht dünn und das Gebiet steht gerade erst in den Anfängen seiner Erforschung.

Was man aber auch ohne Studien fragen kann: Was ist mit offensichtlichen Vorteilen, wie z. B. der Körpergröße? Hat ein Dirk Nowitzki mit 2,13 m keinen Vorteil gegenüber dem Durchschnitt der europäischen Basketball-Herren, die 1,99 m groß sind? Niemand kommt auf die Idee, von Missbrauch zu sprechen, weil es eine »absolut unnatürliche« Körpergröße ist. So groß zu sein liegt doch jenseits aller durchschnittlichen Normen, oder? Der Schwimmer Michael Phelps hat eine Armspannweite von 2,04 m. Für eine 50-Meter-Bahn benötigt er im Kraulen nur 26 Züge, wohingegen andere 30 brauchen. Usain Bolt ist 1,95 m groß mit einer Schrittlänge von 2,43 m. Andere brauchen auf 100 Meter durchschnittlich 45 Schritte, Bolt nur 41. Die Biologie dieser Athleten bringt ihnen offensichtlich Vorteile. Doch niemand denkt daran, in diesen Sportarten Maximalgrößen einzuführen. Warum nicht? Aber bei Hormonen, wo die Auswirkungen noch kaum erforscht sind, da brauchen wir Grenzen? Ist das Fairness? Ist es Fairness, wenn wir einen Wettbewerb einführen, in dem nur Menschen gegeneinander antreten, welche dieselbe Körpergröße, Schritt- oder Armlänge besitzen?

Die Einführung der Grenzen für Testosteronwerte scheiterte schließlich. Dutee Chand klagte ebenfalls vor dem Sportgericht und die Regelung zur Androgenbehandlung wurde 2015 wieder aufgehoben. Zumindest bis man nachweisen kann, dass Testosteron tatsächlich einen Vorteil verschaffen würde. 2017 ergab schließlich eine Studie, dass Testosteron einen Vorteil von »ca. 4,5 %« verschaffen würde. Zum Vergleich: Dirk Nowitzki ist mit seinen 2,13 m ca. 7 % größer als der europäische Durchschnittsbasketballer.

Der internationale Sportgerichtshof entschied 2019 erneut, dass eine Testosteronobergrenze eingeführt werden müsse. In der Entscheidung hieß es »Es liegt zwar eine Diskriminierung vor, diese ist jedoch notwendig, angemessen und verhältnismäßig, um die Integrität der Frauenleichtathletik zu schützen«[5]. In anderen Worten erlaubte er es der Mehrheit, über die Ausgrenzung einer Minderheit zu entscheiden.

Das Internationale Olympische Komitee lässt die Regeln für die einzelnen Sportverbände mittlerweile offen. Der Weltschwimmverband FINA entschied mittlerweile, dass trans*Athletinnen erst zugelassen werden, wenn sie bis zum 12. Lebensjahr eine Hormontherapie (HRT) durchlaufen haben. Damit sind sie von den Wettbewerben kategorisch ausgeschlossen, weil kaum jemand vor dem 12. Lebensjahr eine HRT absolviert.[6] Zum einen arbeitet man im vorpubertären Alter lediglich mit Pubertätsblockern, um

5 https://www.sueddeutsche.de/sport/semenya-cas-testosteron-1.4428307 (aufgerufen am 24.10.2023).

6 https://www.tagesspiegel.de/sport/trans-schwimmerinnen-werden-von-wettbewerben-der-fr75auen-ausgeschlossen-4340803.html (aufgerufen am 24.10.2023).

die falsche Pubertät zu unterdrücken. Zum anderen findet eine HRT in der Regel das ganze Leben statt. Ein Endpunkt, der die Therapie abschließt, existiert also gar nicht.

Mittlerweile gibt es zahlreiche weitere Entscheidungen unterschiedlicher Sportverbände. Der internationale Leichtathletikverband IAAF hat im März 2023 eine ähnliche Regel eingeführt wie die FINA. Der Rugbyverband schließt trans*Frauen pauschal aus, weil sie für cis* Frauen ein vermeintliches »Sicherheitsrisiko« bedeuten. Beim internationalen Radsportverband wurde 2022 die Regel verschärft. In einem Übergangszeitraum von zuvor 12 Monaten muss jetzt über 24 Monate ein Testosteronspiegel von maximal 2,5 Nanomol pro Liter nachgewiesen werden. Zuvor waren es noch 5 Nanomol.

Es gibt aber auch positive Entwicklungen. Für den Deutschen Fußball-Bund durfte ich selbst an einer Spielordnung mitwirken, die es trans*, inter* und nichtbinären Menschen erlaubt, selbstbestimmt in einer Mannschaft ihrer Wahl zu spielen. Unabhängig von irgendwelchen Hormonwerten. Und auch der Deutsche Hockeyverband hat eine relativ unkomplizierte Regelung ohne Hormongrenzen oder Warte- und Wechselfristen gefunden.

Fakt ist jedoch, egal um welches Merkmal es geht, jeder Versuch, natürliche Merkmale zu normieren, ist auch immer ein Versuch, die Menschen in unterschiedliche Kategorien einzuteilen. Und es ist immer ein Versuch von Menschen, die in der Mehrheit sind, über das Leben einer Minderheit zu entscheiden. Sie wollen über die Natur anderer entscheiden. Sie versuchen, fremdzubestimmen. In anderen Worten: sie versuchen, zu herrschen.

Ich glaube, dass der hohe Grad an Fremdbestimmung in sämtlichen gesellschaftlichen Bereichen, im Gesundheitswesen, in der Politik, im Rechtssystem, im Sport u.v.m. dazu führt, dass trans*Personen regelrecht nach Freiheit und Selbstbestimmung lechzen. Man sehnt sich danach, sich endlich frei entfalten zu dürfen, weil es zermürbend ist, in allen Teilen des Lebens eine solche Marginalisierung und Stigmatisierung zu erfahren. Je unterdrückter ein Mensch ist, desto größer wird sein Befreiungsschlag.

Wenn trans*, inter* und nichtbinäre Personen in so vielen Bereichen ihres Lebens als Problemfall eingestuft werden, wo ist dann ihr Platz in der Gesellschaft? Tragende Säulen eines ausgeglichenen Lebens sind Glaube und Sinnhaftigkeit ebenso wie Freizeit oder eben Gesundheit. Wenn diese Säulen einknicken und dann auch noch das soziale Umfeld einen Menschen ablehnt und der Hass aus der Gesellschaft hinzukommt, wen wundert es dann noch, dass tin*Personen sich aus öffentlichen Räumen zurückziehen? Es ist nicht deren Aufgabe, immer und immer wieder um Teilhabe und eine Daseinsberechtigung zu kämpfen. Es ist Aufgabe einer Gesellschaft, rücksichtsvoll und empathisch mit Minderheiten umzugehen. Es ist ihre Aufgabe, und nicht zuletzt die Aufgabe des Rechtsstaats, allen Menschen ein selbstbestimmtes Leben zu ermöglichen.

Wenn man trans*Personen die Selbstbestimmung in so vielen Bereichen des Lebens verwehrt, dann möchten sie wenigstens darüber selbst bestimmen dürfen, wer sie sind. Ein korrekter Name und ein korrekter Geschlechtseintrag sind das Minimum an Selbstbestimmung, das trans*Personen zugestanden werden sollte, damit sie ihre Würde behalten können. Im bisher gültigen Transsexuellengesetz erreicht man dieses Ziel eben nicht durch Selbstbestimmung, sondern stets durch eine vermeintlich objektive Mitbestimmung Dritter. Im geplanten Selbstbestimmungsgesetz soll diese Dritte-Perspektive gestrichen werden, also kein Attest und keine Begutachtung mehr, sondern reine Selbstbestimmung, die einfache Aussage der antragstellenden Person selbst. Das Ergebnis bleibt jedoch wie im TSG dasselbe: ein neuer Name und der richtige Geschlechtseintrag.

x sehe den Punkt, ist für mich trotzdem kein Minimum, weil es in so vielen Bereichen Diskriminierung abbaut + v.a. im Alltag unglaubl. hilfreich ist (nimmt sehr viele Mikroaggr. raus), dass ich das nicht so abgewertet sehen möchte

2. Persönliche Geschichten

Thies Schönegge

Mein Coming-Out? Besser spät als nie!

Thies Schönegge (*1964), aufgewachsen in Schleswig-Holstein, zog es vor knapp 40 Jahren nach Hamburg. Thies ist ein sogenannter »late bloomer«: Er hatte sein spätes Coming-out erst mit Anfang fünfzig. Der Journalist und Buchautor arbeitet als Medizin- und Gesundheitsredakteur für ein großes internationales Verlagshaus.

Thorsten Schmidt stand an jenem Morgen mit heruntergelassener Hose vor mir. Er war mein »best buddy«: Wir gaben uns unschuldige Knutscher auf die Wangen, kuschelten unbefangen und spielten gern ausgelassen miteinander. Doch an jenem Tag war irgendetwas anders. Das, was die Hose sonst verbarg, wurde plötzlich offensichtlich: Thorsten hatte einen Schniepel – und ich nicht.

Wir waren beide etwa dreieinhalb, vier Jahre alt. Das Ereignis im Waschraum unseres Kindergartens in Pinneberg, einer schleswig-holsteinischen Kleinstadt am Rande von Hamburg, war für mich ein prägendes Erlebnis. Plötzlich gab es einen Unterschied zwischen uns: »Untenrum« war etwas anders. Bis dahin waren für mich alle Kinder gleich. Mädchen, Junge ... das spielte keine Rolle. Auch die katholischen Schwestern, die den Kindergarten leiteten, unterschieden nicht zwischen Jungen und Mädchen – alle wurden gleichbehandelt. Wenn Schwester Regentrut am späteren Vormittag auf der Bank am Spielplatzrand für das Mittagessen Gemüse schnippelte, liebten wir es, wenn sie uns zwei, drei rohe Stückchen zu essen gab. Als Ganztagskind hatte ich, wie alle anderen, mein rot-weiß kariertes Bettzeug, in das ich nach dem Mittagessen krabbelte. Die Stickerei auf dem Bettbezug war unisex: Meinen zierte eine Brille und ein Buch. Vielleicht hat mich das damals schon zu meinem späteren Beruf inspiriert: Heute arbeite ich als Journalist und Redakteur.

Aber zurück in die Sechzigerjahre des 20. Jahrhunderts: Das alljährliche Sommerfest des Kindergartens nahte. Wir Kleinen sollten die »Vogelhochzeit« aufführen – in Anlehnung an das klassische Kinderlied. Mir wurde die Rolle der Amsel-Braut zugedacht. Und so stand ich dann in prächtiger Verkleidung im Szenario: mit Krönchen und Kleidchen, in Tüll und Gaze. Wenn ich das einzige Foto, welches von dieser Feier heute noch existiert, betrachte, sehe ich vordergründig ein lächelndes Mädchen – stolz, nicht irgendeine Rolle zu bekleiden, sondern immerhin die weibliche Hauptrolle im kindlichen Theaterstück. Fidirallala, fidirallala, fidirallalallalaaa! Hintergründig erinnere ich mich jedoch deutlich daran, dass ich lieber den Drossel-Part des Vogel-Bräutigams gespielt hätte. Schließlich war ich damals ein kleiner Raufbold, kletterte gern auf Bäume, spielte mit den Jungs aus der Nachbarschaft nahezu täglich Fußball, mit einer schweren Lederpille, die mir beim ersten »Köpper« arg den Schädel dröhnen ließ – egal. Ich gehörte zu ihnen, zur Truppe der wilden Jungs.

Die Mädchen aus der Nachbarschaft waren anders. Sie hüpften Springseil und Gummitwist auf den Steinplatten des Spielplatzes und trugen dabei meist rote oder schwarze Lackschuhe. Zu gern verloren sie sich stundenlang bei Vater-Mutter-Kind-Rollenspielen in der großen Sandkiste, während »wir Jungs« auf deren Holzumrandung beim Fangenspielen hintereinander herrannten – barfuß oder in unseren derben Fußballtretern. Mit Puppen konnte ich überhaupt nichts anfangen. Ich erinnere mich noch an meine Enttäuschung, als meine Eltern damals an der Losbude unseres Jahrmarkts den Hauptgewinn zogen: eine freie Auswahl unter allen Preisen. Meine Mutter wählte für mich. Statt des großen, roten Feuerwehrautos, auf das ich total scharf war, suchte sie eine riesige Puppe aus – mit einem opulenten rosa Tüllkleid, hochtoupierten Haaren und eisblauen Schlafaugen, die beim Öffnen und Schließen laut klackerten. Das Puppenmonster, wie ich es insgeheim voller Abscheu nannte, fand noch am selben Tag seinen Platz auf einem Stuhl in meinem Kinderzimmer. Ich deckte meine pastellkarierte Kinderdecke über das gruselige Ding, um seinen starren Blick nicht ertragen zu müssen.

»An dir ist ein Junge verloren gegangen!«

Mein erstes Idol war ein fast nackter, muskelbepackter Mann mit Lendenschurz: Tarzan. Unermüdlich trotzte er Wilderern und anderen Halunken und beschützte Mensch und Tier.

Wenn der Urwaldheld sich athletisch an Lianen von Baum zu Baum schwang, war ich in einer komplett anderen Welt. Im Anschluss an die Serie streifte ich meine kurze schwarze Turnhose über, schnappte mein Spielzeug-Gummimesser und stürzte mich mit Gebrüll in die Sandkiste oder kletterte auf die Bäume am Haus. Bei schlechtem Wetter verzog ich mich in mein Zimmer und arbeitete an meinem »Tarzan-Body«: Ich legte mich am Boden auf den Rücken und stemmte meine zwei kleinen Pilzhocker zigmal in die Höhe. Waren meine Arme vom vielen Drücken erschöpft, richtete ich mich so lange aus dem Liegen in den Sitz auf, bis ich nicht mehr konnte. Woher ich das Wissen für mein kleines Krafttraining nahm? Keine Ahnung! Ich wusste nur: »Ich will Muskeln!«

»An dir ist aber wirklich ein Junge verloren gegangen«, bekam ich von den Erwachsenen oft zu hören. Solche Kommentare erfüllten mich mit Stolz. Schließlich empfand ich mich ja als ein solcher. Wenn ich fröhlich vor mich hin pfeifend die Nachbarschaft mit meinen Kumpels unsicher machte, hieß es nicht selten seitens der Großen: »Mädchen, die pfeifen, und Hühnern, die krähen, soll man beizeiten den Hals umdrehen.« Ich empfand diesen Satz als ziemlich grausam, machte mir dennoch nicht viel daraus – schließlich war ich ja nicht wirklich ein Mädchen.

Mit meinem Vater erlebte ich tolle Freizeitabenteuer in den Wäldern unserer Gegend: Wir liefen quer und abseits der Wege, er zeigte mir, wie man aus Ästen einen Flitzbogen und Pfeile bastelt, aus Weidenhölzchen Flöten schnitzt und aus ein paar dünnen Holzleisten und Pergamentpapier einen Drachen baut. Mein Vater trug ohnehin – wie ich heute weiß: unbewusst – einiges dazu bei, mich in meiner männlichen Identität zu unterstützen: Meine hellblonden Korkenzieher-Löckchen fielen Jahr für Jahr im Frühsommer Opas elektrischer Haarschneidemaschine zum Opfer, zugunsten einer millimeterkurzen, praktischen Mecki-Frisur. Sehr zum Leidwesen meiner Mutter, der ich als »echtes Mädchen« einfach besser gefiel. Ich hingegen fühlte mich mit der Kopfbürste richtig gut ... bye-bye, Shirley Temple, hello Huckleberry Finn! Bei den Nachbarskindern hieß ich auch nur noch »Huckie« – oder eben Heiko, in Abwandlung meines eigentlichen weiblichen Vornamens.

Ob man das wohl operieren kann?

Bis zu meinem zehnten Lebensjahr war also meine knabenhafte Welt für mich relativ in Ordnung. Doch je älter ich wurde, desto mehr drückte es mich nieder, kein »richtiger Junge« zu sein. In der Schule verliebte ich mich von jeher stets in Mädchen – oder in meine Lehrerinnen. Auf dem Schulhof spielten meine Mitschüler*innen mittlerweile »Mädchen fangen die Jungen« – oder eben andersherum. Ich mochte das Spiel nicht. Schließlich nahm ich mich ja nicht als Mädchen wahr und fühlte mich ihrem Lager schlichtweg nicht zugehörig. Doch auch im anderen Lager war mittlerweile kein Platz mehr für mich. So blieb ich dann halt meist allein in den Pausen, höchstens in Gesellschaft jener Kinder, die entweder zu unsportlich waren für diese gegenderte Hinterherrennerei oder aus irgendeinem Grund am Rande der Klassengemeinschaft standen.

Es irritierte mich auch, dass es plötzlich Unterschiede bei den Fahrrädern gab: Jungs fuhren coole Bonanza-Räder, geschmückt mit Wimpeln und Fuchsschwänzen. Oder sie düsten mit Stangenmodellen umher, in deren Speichen herrlich laut im Wind schnarrende Bierdeckel befestigt waren. Mädchenräder hingegen fand ich wenig attraktiv, denn sie hatten nichts von alledem. Welcher Sinn hinter den nach Geschlechtern unterschiedlich eingenähten Reißverschlüssen und Knopfleisten steckte, erschloss sich mir ebenfalls nicht.

1973, im Alter von zehn Jahren, hatte ich ein vorpubertäres Stimmungstief. Ich war oft grundlos traurig, hatte zu nichts Lust, schon gar nicht auf die Schule. Ich schrieb meine erste Fünf in Mathe und schwänzte danach drei Tage lang den Unterricht. In mein knallrotes Kindertagebuch kritzelte ich: »Ich bin kein Mädchen, sondern ein Junge. Ob man das wohl operieren kann? Aber wenn, dann ist das bestimmt sehr teuer. Und meine Eltern haben ja nicht viel Geld.«

Wir lebten tatsächlich in sehr bescheidenen Verhältnissen: Als DDR-Flüchtlinge, die 1961 wenige Wochen vor Beginn des Mauerbaus »rübergemacht hatten«, wollten meine Eltern möglichst schnell wieder in Lohn und Brot kommen. Mein Vater, im Osten zunächst Soldat, dann Polizist, bekam einen Job als Stahlbauschlosser bei einem Unternehmen im Ort. Meine Mutter, gelernte Handweberin, »verdiente etwas dazu«, wie es damals betitelt wurde, wenn das Einkommen des Mannes für den Lebensunterhalt nicht ausreichte und die Zuarbeit der Ehefrau dafür notwendig war. Sie arbeitete zunächst in einer Näherei.

Als meine Schwester 1971 zur Welt kam, war für meine Mutter Heimarbeit angesagt. Von morgens bis abends ratterte im elterlichen Schlafzimmer die Nähmaschine. Zwischendurch kroch meine Ma mit Stecknadeln zwischen den Lippen auf Stoffen und Schnittmustern herum, die sie großzügig auf dem Boden ausgebreitet hatte. Viel Zeit zum Spielen, für Hausaufgabenhilfe oder für die inneren Nöte eines heranwachsenden Kindes hatten beide Elternteile nicht für mich. Erste Priorität war für sie ihr Broterwerb, der schließlich geregelte Lebensumstände ermöglichte – sprich: das Dach über dem Kopf bezahlte, regelmäßige Mahlzeiten auf den Tisch brachte und sonntags auch mal einen leckeren Braten hergab. All das war in ihrer eigenen Kindheit nicht immer gegeben: Meine Eltern wurden in den späten 1930er-Jahren geboren und erlebten, zum Teil noch im Kleinkindalter, schreckliche Kriegsjahre. Beide mussten ihre ursprüngliche Heimat verlassen – Pommern und Ostpreußen. Vertrieben, entwurzelt, traumatisiert. Das Bedürfnis nach einem »ewigen Zuhause« war nach der Migration aus dem Ostteil Deutschlands sehr groß: Endlich irgendwo richtig ankommen, endlich ein ruhiges, friedliches Leben führen …

Pubertät? Hurra ... und oje!

Meine acht Jahre jüngere Schwester und ich teilten uns zunächst drei, vier Jahre lang ein Zimmer. Dann bekamen wir eine größere Wohnung im selben Haus, einem der mittlerweile in unserer Siedlung zahlreich entstehenden dreizehnstöckigen Gebäuderiesen. Unser Block machte jedoch einen Unterschied: Während die anderen Bauten über reguläre Miet- und Eigentumswohnungen verfügten, wohnten wir in einem sogenannten sozialen Wohnungsbau zu reduzierter Miete. Ich fühlte mich damals gleich aus zwei Gründen »anders«: Im Vergleich zu meinen Klassenkamerad*innen war ich nicht nur im falschen Körper, sondern obendrein auch arm. Es war mir oft peinlich, in den von meiner Mutter genähten Stretchcordhosen herumzulaufen, während alle anderen Teens schon schicke Jinglers- oder Palomino-Jeans trugen. Meine erste Marken-Hose bekam ich zwei, drei Jahre später.

Als im Alter von zwölf Jahren zum ersten Mal meine Regelblutung einsetzte, war das für mich zunächst ein willkommenes Ereignis. Bedeutete es doch, dass ich dem Erwachsenwerden ein gutes Stück näher kam – und damit auch irgendwann jener Zeit, in der ich frei und selbst über mich bestimmen würde. Mit meiner wachsenden Brust war ich jedoch total unglücklich – Blut sieht man von außen nicht, Brüste schon! Meine Patentante begann damals, weite, lange Norwegerpullis für mich zu stricken. Die waren seinerzeit nicht nur total »hip«, sie waren für mich auch sehr praktisch: Unter ihnen konnte ich immerhin meine zunehmende Oberweite verbergen, mit der ich mich immer unwohler fühlte.

Die Camouflage war jedoch nicht mehr als ein Tropfen auf den heißen Stein: Meine Schulnoten gingen in der achten Klasse tief in den Keller. Im Halbjahreszeugnis zeugten vier Fünfen und einige rote Vieren von meiner zunehmenden Schulverdrossenheit. Sollte ich mich jetzt nicht endlich auf den Hosenboden setzen, so die Standpauke meiner Eltern, wäre meine Versetzung zum Ende des Schuljahres dahin. Ich steckte in einer jugendlichen Depression, vor allem aufgrund meiner wachsenden Unzufriedenheit mit meinem Körper, welcher sich nach meinem Empfinden in eine falsche Richtung entwickelte. Die machte sich auch bei meinen Hobbys bemerkbar. Ich spielte seit einigen Jahren als Torwart in einem Mädchen-Handballteam – als biologisch weiblich war ich für die ausschließlich den Jungen vorbehaltenen Fußballteams leider nicht vereinstauglich. An den zweimal wöchentlich stattfindenden Trainingsabenden glänzte ich irgendwann zunehmend durch Abwesenheit – und verabschiedete mich schließlich am Ende der A-Jugend vom Sport. Auch dem Gitarrenunterricht blieb ich zunehmend fern. »Du fängst alles an, aber führst nichts zu Ende«, höre ich heute noch meine Mutter sagen. Denn ich hatte auch keine rechte Freude mehr am Klamottenfärben, Stricken oder Häkeln. Meine Interessen verlagerten sich, ich wurde immer aufmüpfiger, setzte mich mit meiner eigensinnigen, querulanten Art in der Schule zunehmend in die Nesseln und galt bei meinen Mitschülerinnen und Mitschülern mit meinen lila Latzhosen als Emanze. Byebye »Bravo«, hello »Emma«!

Lesbisch – oder doch nicht?

Tatsächlich war das seinerzeit von Alice Schwarzer gegründete Frauen- und Lesbenmagazin »Emma« für mich die erste Publikation, die mich, wenigstens teilweise, abholte: Das Blatt räumte mit gängigen Rollenklischees auf, machte sich für die Rechte von Frauen stark und erzählte Lebens- und Lesbengeschichten, die mir nahegingen und Mut machten. Ich verortete mich zu diesem Zeitpunkt trotz meiner Unzufriedenheit mit meinem körperlichen Erscheinungsbild ja noch nicht als »trans*« – diesen Begriff kannte ich damals noch nicht. Dann musste ich also lesbisch sein. Es schien mir das Naheliegendste – schließlich zogen mich ja ausschließlich Mädchen und Frauen an.

Es war wahrscheinlich die verlockende Aussicht, aus der kleinstädtischen, bedrückenden Enge herauszukommen – und zu versuchen, ein Stück weit Normalität zu (er) leben: Mit 16 Jahren hatte ich einen Freund. Dass Michael schon 29 war, war mir total egal. Er war ein lieber Typ und er kannte viele interessante Menschen im großen Hamburg, die in bunten WGs lebten: Anarchos, Kiffer, Künstler, Freigeister, politisch engagierte Frauen – toll! Als Tontechniker arbeitete er auf Konzert-Events in Hamburger Locations wie dem Knust oder der Markthalle. Plötzlich war das wilde, pulsierende Leben für mich greifbar. Ich hatte Freiheiten, durfte mit Michael nahezu täglich nach der Schule in seinem Renault R5 in die große, weite Welt entschwinden. Wow!

Michael kam irgendwann von selbst drauf. Denn mehr als »Petting & Icecream«, also harmlose Streicheleinheiten und flüchtige Küsse, lief nicht zwischen uns. Er war eher wie ein großer Bruder für mich. Ich schaffte es damals fast zwei Jahre lang, mich seinen beharrlichen, aber zart an mich herangetragenen Avancen zu entziehen. In seinem Bad roch es immer irgendwie nach Mann: einer Mischung aus Schweiß, Urinal und billigem Rasierwasser. Mehr körperliche Nähe mit ihm, geschweige denn Sex, erschien mir absurd. Penis? Igitt – nein, danke.

Kurz vor meinem achtzehnten Geburtstag saßen wir in seiner Ellerbeker WG in der Küche. Er fragte mich, ob ich vielleicht über etwas Bestimmtes mit ihm sprechen wollte, ob mir möglicherweise etwas auf der Seele brannte. Er reichte mir ein kleines Glas Rotwein – als Zungenlöser. Ich druckste herum, stammelte etwas in Richtung, ich sei noch nicht bereit für »mehr«. Er schrieb einen einzigen Satz auf einen kleinen Zettel: »Ich glaube, du magst Frauen lieber als Männer.« Diese Worte öffneten bei mir alle Schleusen. Ich schluchzte alles heraus: dass ich tatsächlich Frauen anziehend fand, dass ich mich von jeher in meinem Körper nicht zu Hause fühlte, und vieles mehr. Ich weinte, er weinte auch. Uns beiden war bewusst: Wir würden gleich auseinandergehen ... und das war es dann.

(Off-topic: Viele Jahre später bin ich Michael durch Zufall noch einmal begegnet. Er hatte mittlerweile ein Haus gebaut, war verheiratet und hatte zwei Kinder.)

Willkommen im Regenbogen-Land!

Im Hamburger *Oxmox*-Magazin las ich einige Wochen später eine Kleinanzeige: Die Pinneberger Lesben- und Schwulen-Gruppe »Wärmer Leben« warb für ihren Treff. Dort begegnete ich der acht Jahre älteren Rosi. Wir verliebten uns, und sie wurde meine erste Freundin. Ich lernte in der Gruppe auch zwei trans*Frauen kennen: Daphne und Hanuta. Daphne ging damals den ganzen Weg: Hormonersatztherapie plus geschlechtsangleichende Operation und Brustaufbau. Hanuta hingegen gab sich mit ihrem Sosein als »between the genders« zufrieden und kokettierte als exaltierter, bunter Vogel mit jeder und jedem. Die Gruppe war für mich eine große Offenbarung. Kurze Zeit später schmiss ich die Schule, wenige Monate vor den anstehenden Abi-Prüfungen. Es wurde Zeit für mich, mein Selbstbild außerhalb der Schubladen und Klischees zu suchen, in die mich die Welt gesteckt hatte.

Rosi trennte sich von mir. Um mich von meiner Trauer abzulenken, fuhren die Mädels aus unserer »Wärmer Leben«-Gruppe mit mir an einem Samstagabend zum gerade eröffneten Hamburger Magnus-Hirschfeld-Centrum (MHC), einer Begegnungsstätte für Lesben und Schwule. Auf der Frauenparty lernte ich Bärbel kennen. Ich war sofort sturzverliebt in ihren sportlichen, muskulösen Körper. Unsere Affäre war nur von kurzer Dauer: Nach drei Monaten war schon wieder Schluss. Doch durch sie entdeckte ich eine ganz neue Leidenschaft: Bodybuilding.

Ich wollte jetzt unbedingt nach Hamburg ziehen. Durch Bärbels Kontakte erfuhr ich von einem freien WG-Platz:

Sylvia wohnte in der Schanze und suchte eine Mitbewohnerin. Das passte: Für das Zimmer musste ich nur 150 D-Mark im Monat bezahlen. Das konnte ich mir von meinem Ausbildungsgeld leisten, das ich in meiner gerade begonnenen Lehre als Technischer Zeichner bekam. Sylvia teilte obendrein meine Leidenschaft für den Kraftsport: Mehrmals pro Woche gingen wir gemeinsam ans Eisen und pumpten, bis alle Muskeln brannten – no pain, no gain! Ich kaufte mir die einschlägigen Fachmagazine, fuhr alljährlich zur FIBO-Fitnessmesse nach Köln und zu den Bodybuilding-Landesmeisterschaften. Mehrmals täglich posierte ich vor dem großen Spiegel in der Wohnung und betrachtete meinen durchtrainierten Körper aus allen Winkeln. Mein zunehmend muskulöseres Erscheinungsbild erfüllte mich mit großem Stolz – bis auf einen Part: Die Brüste bedeckte ich beim Betrachten meines Spiegelbilds immer mit den Händen *(Anmerkung des Autors: Das habe ich tatsächlich auch bis zu meiner Mastektomie im Mai 2021 so beibehalten).* Sie passten so gar nicht zur ansonsten für mich perfekten, immer mehr ins Männliche hineinwachsenden Gesamterscheinung. Im Gegenteil: Sie waren für mich stets ein Fremdkörper, den ich auch in intimen Situationen nicht gern angefasst wissen wollte. Solche Berührungen fühlten sich für mich an, als würde damit meine Weiblichkeit noch bestätigt, gar zementiert ...

Trans* – oder doch nicht?

Dass alles Muskeltraining der Welt mir keinen Penis verschaffen konnte, interessierte mich hingegen überhaupt nicht. Zwischen den Beinen war für mich alles gut so, wie es war – ein Hauptgrund, warum ich mich damals zunächst nicht als trans* identifizierte. Bedeutete das Nichtvermissen eines eigenen männlichen Geschlechtsorgans denn nicht, dass ich »gar nicht richtig trans*« war? Meine Gedanken kreisten zwar ständig um dieses Thema – ich behielt sie jedoch für mich.

Ich träumte nun davon, mein Hobby zum Beruf zu machen. Mitte der 1980er-Jahre absolvierte ich meinen Trainerschein, schmiss die langweilige Lehre und bekam einen Job in einem Frauen-Fitnessstudio. Es gehörte Gabriele Sievers, damals Miss World der Bodybuilding-Amateurinnen. Von ihr bekam ich viele wertvolle Trainingstipps und war nun mit noch mehr Eifer am Eisen. Im Frühjahr 1992 sprach mich eine junge Journalistin an, die im selben Fitnessstudio trainierte und die für das Hamburger Stadtmagazin »Szene« arbeitete. Sie war auf der Suche nach jemandem, der aufgrund seiner Expertise einen Artikel über die Hamburger Fitnessklubs schreiben konnte. Ich hatte zwar kaum Erfahrung im Texten, konnte dieses kleine Manko aber durch meine Sprachaffinität ausgleichen. Der Artikel erschien als Titel-Aufmacher des Monats. Und er entpuppte sich als Türöffner in die Journaille: Ein paar Monate später klingelte mein Telefon, am anderen Ende war die Redakteurin eines renommierten Hamburger Verlagshauses. Es ging um das Pilotprojekt eines Fitness- und

Lifestyle-Monatsmagazins, für das sie mich gern anwerben wollte. Ich wechselte aus der Praxis in die Theorie: Für mich bot der Redaktionsjob eine gute Gelegenheit, mein mittlerweile umfangreiches Wissen über Fitnesstraining und Muskelaufbau nun auch einem größeren Publikum bzw. einer breiten Leserschaft weiterzugeben.

Ende der 1990er-Jahre machte ein Klatsch die Runde im Verlag: In unserer Nachbarredaktion, sie gehörte zu einer großen deutschen TV-Programmzeitschrift, »wollte eine Frau lieber ein Mann sein«, so hieß es. Aus Marie* wurde Mark* *(*Anm. d. Autors: Namen geändert).* Ich war Mark bis dahin nur selten begegnet, miteinander gesprochen hatten wir nie: Er war ein stiller Typ, eher zurückgezogen und schüchtern. Ich war sofort fasziniert: Dieser Mut, sich im Job zu outen und DEN SCHRITT zu wagen, in aller Konsequenz – einfach großartig! Warum kann ich das nicht auch? Ach nein, ich möchte ja keinen Penis – also kommt das für mich nicht infrage. Nicht lange später verließ Mark den Verlag, ohne dass ich mit ihm das Gespräch gesucht hatte. Schließlich kannten wir uns nicht. Und was hätte ich sagen oder fragen sollen? »Hey, Mark, Glückwunsch zu deiner Entscheidung. Ich glaube, ich bin auch irgendwie trans*. Aber irgendwie auch nicht so ganz«?

Zu meinem Verlagsalltag gehörten zahlreiche Fotoshootings. Die Trainingsprogramme, die ich Monat für Monat für das Magazin entwickelte, wollten ja bebildert werden. Zweieinhalb Jahrzehnte lang hatte ich ständig mit athletischen Männer-Models zu tun, deren Körper mich zugegebenermaßen recht neidisch machten. Doch ich verharrte immer noch in meinem weiblichen Körper. 2007 outete sich eine im deutschen Stabhochsprung erfolgreiche Person als trans*Mann. Er hieß von da an Balian Buschbaum und sprach im ZDF bei Johannes B. Kerner ganz offen über seine Entscheidung. Er erzählte von seiner Kindheit und Jugend, seiner früheren Zerrissenheit und Melancholie. Ich erkannte mich darin in großen Teilen wieder – es fühlte sich an, als berichtete er aus meinem eigenen Leben. Doch Balian wollte den kompletten Weg gehen, inklusive Penoidaufbau. In mir siegte wieder einmal jene Stimme im Kopf, die ständig sagte: »Siehst du, aus diesem Grund kannst du gar nicht trans* sein!«

»Du und trans*? Nie im Leben!«

Weitere fünf Jahre gingen ins Land. Meine damalige Freundin Miriam* *(*Anm. d. Autors: Name geändert)* und ich liehen uns von einem befreundeten Frauenpaar alle Staffeln der US-amerikanischen Serie »The L-Word«. In der dritten Staffel taucht plötzlich der Charakter Max auf, ein trans*Mann, gespielt von Daniel Sea. Der Schauspieler, Künstler und Musiker hat sich im Zuge seiner Rolle selbst als non-binär trans* geoutet. Wieder einmal war ich völlig berührt, angefasst, getriggert. Eines Abends, wir schauten mittlerweile die fünfte Staffel, nahm ich nach zwei Glas Wein meinen ganzen Mut zusammen und vertraute mich Miriam an: dass ich mich selbst als trans* empfinde. Dass es eigentlich mein Leben lang schon so ist. Dass ich den Schritt jedoch nicht wage, aus bestimmten Gründen.

Miriam schaute mich mehr oder weniger verständnislos an und sagte nur lachend: »Du und trans*? Nie im Leben!« Ich verkroch mich innerlich wieder in mein Schneckenhaus.

Ein paar Monate später trennte sich Miriam von mir: Sie hatte ihre Ex-Freundin wieder getroffen und sich erneut in sie verliebt. Ich war zunächst tieftraurig. Doch mit der Zeit wich der Schmerz einer großen Erleichterung. Denn Miriam wollte immer ein Mädchen aus mir machen, schenkte mir gern schillernde, große Ohrringe und bunte Blusen und Kleider. An meinem 50. Geburtstag trug ich ihr zuliebe zur Party sogar High Heels und ein kurzes Kleid über einer Leggings. Ich weiß noch, dass ich mich den ganzen Abend lang völlig verkleidet fühlte.

Doch das war nun zum Glück passé. Ich zog aus unserer gemeinsamen Wohnung aus und kleidete mich sportlicher. Ich trug wieder gern meine grauen Wildleder-Herrenboots, über die Miriam immer gewitzelt hatte: »Die kannst du auch gleich in der Garage parken, deine Füße wirken darin riesig.« Für sie hatte ich stets versucht, meine 43er-Schuhgröße durch farbige Chucks zu kaschieren und auf diese Weise in etwas zu verwandeln, das sie optisch erträglicher fand. Aber nun konnte ich endlich wieder (mehr) ich sein – was immer das bedeutete. Bye-bye Girlie-Outfits, hello …?

Ein Jahr später, 2016, folgte mein nächstes Aha-Erlebnis. Eine Facebook-Bekanntschaft hatte sich einen neuen Namen zugelegt: Aus Tina* war Toni* geworden *(Anm. d. Autors: Namen geändert).* Ich schrieb Toni über den Messenger an und er bestätigte, tatsächlich »auf dem trans*Weg« zu sein. Ich schrieb ihm meine innersten Gedanken und Gefühle – aber auch, dass ich mich einfach nicht traute, den Weg zu gehen. Schließlich war ich mittlerweile 53 Jahre alt, und die Aussicht auf die angleichenden Operationen machte mir Angst. Toni animierte mich, den Weg zunächst einfach nur zu Ende zu denken, bevor ich den ersten echten Schritt darauf machte.

Trans* hat viele Gesichter

Das half mir tatsächlich. Ich beschäftigte mich mehr und mehr mit dem Thema. Ein Beitrag auf *arte* gab mir dann den entscheidenden Schubs in die richtige Richtung. Die Doku handelte von mehreren trans*Männern in europäischen Großstädten und ihren unterschiedlichen Lebensentwürfen: Einer hatte sich für alle OPs entschieden, inklusive der genitalangleichenden Operation, ein Zweiter war lediglich in einer Hormonersatztherapie und strebte die Entfernung der Brüste an, während ein Dritter sich als non-binär sah und sowohl eine Änderung seiner weiblichen Geschlechtsmerkmale als auch das männliche Hormon Testosteron für sich ablehnte. Für mich tat sich plötzlich eine ganz neue Welt auf: Es gab also nicht ein Entweder-oder? Das war wirklich alles möglich? Ich musste also gar keinen Penoidaufbau anstreben, um trans*Mann zu sein? Was für eine riesengroße Erleichterung! Plötzlich taten sich ganz neue Optionen für mich auf – und ich wollte nichts dringender, als meiner neuen Freiheit einen entsprechenden Ausdruck zu verleihen.

Auf YouTube fand ich direkt ein Tutorial zur Herstellung von Bartkleber. Kurzerhand opferte ich ein paar Haarspitzen, schnitt sie ganz fein und klebte sie mir links und rechts über die Oberlippe. Wow, da war ich ja endlich! Ich freute mich wie ein kleines Kind, drehte laut Musik auf und tanzte durch die ganze Wohnung.

Das Outing in meinen diversen Freundeskreisen verlief unterschiedlich: Während meine lesbischen und schwulen Freund*innen und Bekannten dem durchweg positiv begegneten, fielen die Reaktionen meines cis-Hetero-Kreises sehr durchwachsen aus. Doch darauf war ich innerlich gefasst – und es war mir in letzter Konsequenz auch piepegal: Mein Leben, meine Entscheidung! Wenn jemand damit nicht zurechtkommt, ist es nicht mein Problem! Ich meldete mich in Gruppen und Netzwerken für trans*Männer an. Dort erfuhr ich, wie die nächsten Schritte auf meinem Weg aussehen würden, wenn ich mich zunächst für die Hormonersatztherapie und dann – endlich – für die Brustentfernung entschied.

Seit April 2019 nehme ich Testosteron. Erst im Mai 2021, im Alter von fast 57 Jahren, hatte ich meine Mastektomie – coronabedingt musste die OP zuvor zweimal verschoben werden. Der Eingriff verlief komplett ohne Komplikationen, ich hatte zu keinem Zeitpunkt Schmerzen, und auch die Wundheilung war viel besser als befürchtet.

Heute, gut zwei Jahre nach der Mastektomie, bin ich megastolz, wenn ich vor dem Spiegel stehe. Die Hände gehen nicht mehr hoch, sie müssen ja nichts mehr verdecken, was nicht zu mir gehört. Die Narben sind mittlerweile ziemlich verblasst – alles, was ich sehe, macht mich über die Maßen glücklich.

Rückblickend kann ich nur sagen: Hätte ich gewusst, dass meine Angst das Schlimmste an meinem trans*Weg ist – ich hätte ihn schon viel früher beschritten. Aber: Besser spät als nie!

»Endlich ich!« – Ein Gespräch mit Julana Gleisenberg und ihren Eltern

Ich, Julana Victoria Gleisenberg, bin ein Mädchen, das weiß ich schon seit dem Kindergarten, 13 jahre alt und gehe aufs Gymnasium in die 6 Klasse. Lieblingsfach Englisch. Mal ganz Kind, mal sehr erwachsen, wenn es ums Helfen für andere LGBTIQ*Menschen geht! Hobbys: Reiten / Pfadfinder / Gitarre / Bass / mein Kater Snow / zocken, wenn ich darf!

Julana hat sich am 10. Januar 2019 vor ihrem Vater als transgeschlechtlich geoutet. Damals war sie gerade neun Jahre alt. Im Interview mit Janka Kluge erzählen sie und ihre Eltern (im Folgenden FRANNY und JC), wie es dazu gekommen ist und wie ihr Weg seitdem aussieht.

JANKA: Wann hast du mitgekriegt, dass du anders bist als die anderen? Und wie war das für dich?

JULANA: Als ich vier oder fünf war. Also dazwischen. Ich habe nirgendwo dazu gepasst. Ich konnte nirgends mitspielen, ich konnte nicht die Rolle spielen, die ich spielen musste. Hier jetzt zum Beispiel bei mir die Jungenrolle.

JANKA: Und wo war das?

JULANA: Im Kindergarten habe ich das gemerkt. Und dann in der Schule ist es noch mal ganz stark gekommen. Ich habe ständig geweint, nur wenn ich einen kleinen Fehler gemacht habe, da wurde das bei mir als Perfinismus …

FRANNY: Perfektionismus.

JULANA: Also das Ding, was meine Mama halt gesagt hat. Und dass ich kein Selbstvertrauen in mir hatte, ich hatte zwar Selbstvertrauen, aber ich hatte mich wirklich nicht gefunden. Und ich wurde gemobbt, weil ich so viel geweint habe.

JANKA: Haben die anderen Kinder dann gelacht über dich?

JULANA: Ja. Also es war eine Jungengruppe. Ich war dann schwach und sie waren eigentlich auch schwach, einzeln. Aber zusammen waren sie ein großer schwerer Brocken in meinem Weg, in der Richtung.

JANKA: Und war das für dich gleich klar? Also ich habe bei mir gedacht, ich bin irgendwie der einzige Mensch auf der Welt, der so denkt. Und ich habe mich sehr, sehr einsam gefühlt. Wie war das bei dir?

JULANA: Ich dachte auch, dass ich die Einzige bin, die so denkt, aber ich hatte zumindest Freunde, meine Kuscheltiere und meinen Kater. Der hat nur gemaunzt und hat es niemandem verraten.

FRANNY: Dem Kater haben wir wahrscheinlich sehr, sehr viel zu verdanken, ohne es damals gewusst zu haben.

JANKA: Und wie ging es dann weiter?

JULANA: Ich wusste nicht, wie ich es meinem Vater, meiner Mutter und meinem Bruder sagen soll, was ich wirklich bin, weil ich noch nicht das Wort dazu kannte. Dann, als ich neun war, hat mein Vater eine Sendung gesehen, wo Transgender erklärt wurde, er hat mich angelächelt, ich habe endlich gewusst, dass er nicht darüber schimpft. Ich hatte Angst, dass er mich nicht versteht. Und, ja, dann habe ich es allen gesagt.

JANKA: Und dann konntest du sagen, Papa, du, so bin ich auch?

JULANA: Genauso. Bloß in eine andere Richtung, und dann habe ich mich endlich getraut.

FRANNY: Mein Mann hat eine Dokumentation angeschaut über einen Teenager, einen trans*Jungen, und da wurde eben auch die Entwicklung von einem vermeintlich weiblichen Menschen dargestellt, der irgendwann sagte: »Ihr seid alle auf dem falschen Weg, ich bin kein Mädchen, ich bin ein Junge.« Und als die Sendung vorbei war, hat Julana sich vor ihren Vater hingestellt und gesagt: »Papa und genauso geht es mir auch, nur andersrum. Ich bin gar kein Junge, ich bin ein Mädchen.« Da war sie neun Jahre alt.

JULANA: Und der süßeste Spruch kam von meinem Bruder. Der war komplett überrascht, er wusste gar nicht, was da los war, und dann hat er aus Versehen gesagt: »Mir ist ganz egal, was du bist, Hauptsache, du bleibst mein Bruder.«

JANKA: Und wie war das für dich, Franny, als du das dann gehört hast, wer Julana eigentlich ist?

FRANNY: Mein Mann hat mich angerufen, ich war zu dem Zeitpunkt bei der Arbeit. Ich fühlte mich erst mal etwas überfahren, ich kannte das Thema davor noch nicht. Ansatzweise wusste ich, dass es etwas gibt wie Travestie, ich bin in den Achtzigern mit Mary und Gordy aufgewachsen.

JULANA: Was ist denn Transestie?

FRANNY: Travestie? (lacht) Wenn sich ein Mensch verkleidet, als ob es das andere Geschlecht wäre. Und das künstlerisch darbietet. Die haben eine Bühnenshow gemacht. Sie waren als Frauen verkleidet und geschminkt und haben das super gemacht. Und am Ende ihrer Show haben die sich abgeschminkt und standen am Ende als Männer da. Mary und Gordy waren megatoll.

JULANA: Mama, die standen als *Menschen* da.

FRANNY: Das war eigentlich so mein einziger Berührungspunkt damit, dass es Menschen gibt, die sich anders geben, und sei es auch nur situationsweise, als es ihr Geschlecht ihnen zuweist. Und dann kommt der Anruf von meinem Mann: »Du, unser Kind hat gerade gesagt, es ist ein Mädchen.« Und dann haben wir uns abends zusammengesetzt und mit ihr darüber gesprochen und sie hat uns erklärt, wie sie fühlt und was sie fühlt, und damals hat sie schon einen Spruch gebracht, der mir heute noch wehtut, weil er mir zeigte, wie innerlich zerrissen mein Kind zu dem Zeitpunkt war. Sie hat zu mir gesagt: »Mein Herz sagt mir, ich bin ein Mädchen, und mein Bauch sagt mir, ich muss ein Junge sein.« Und sie hat dann selber einen Vorschlag gemacht, wie sie uns quasi beweisen kann, dass sie ein Mädchen ist, sie hat zwei Silhouetten auf ein Blatt Papier gemalt, eine männliche Silhouette und eine weibliche Silhouette, erkennbar an der Kleidung, die eine hat eine Hose, die andere einen Rock, und dann haben wir gesagt, okay, immer abends malst du quasi aus, wie du dich gefühlt hast an dem Tag, also was Blaues beim Jungen, was Rosanes beim Mädchen, so richtig schön klischeemäßig blau und rosa. Ja und nach zwei, drei Tagen hatte der Junge blaue Füße und das Mädchen war komplett rosa ausgemalt.

JULANA: Ich kann eines sagen, warum die Schuhe von dem Jungen blau waren. Ich mag noch immer Dinosaurier, Schlangen, Star Wars mag ich auch.

FRANNY: Und an demselben Abend haben wir auch vereinbart, dass wir es am Wochenende mal probieren, wie es ihr damit geht, wenn wir sie wie ein Mädchen behandeln. Und das waren eigentlich so die ersten Schritte in die richtige Richtung. Es war dann ganz schnell klar, dass es wichtig ist, sie wie ein Mädchen zu behandeln, weil sie einfach ein Mädchen ist.

JANKA: Und woran wurde das klar?

FRANNY: An den Augen, am Lächeln, am Verhalten meiner Tochter. Was vorher ein unglückliches Kind war, das zwar auch mal seine fröhlichen Momente hatte, aber nie wirklich fröhlich, ist auf einmal aufgeblüht und war einfach ein fröhliches Mädchen.

JANKA: Also ist sie einfach aus sich herausgekommen, dadurch, dass ihr sie auch als Tochter betrachtet habt?

FRANNY: Genau. Klar, es gibt Verhaltensweisen, die hat sie sich in neun Jahren antrainiert, indem sie versucht hat, die Rolle als Junge zu erfüllen, die nicht von jetzt auf gleich weg waren. Was uns in den ersten Jahren immer als übertriebener Perfektionismus vorgekommen ist, also ihr Versuch, die Rollenerwartung eines Jungen zu erfüllen. Und sie daran verzweifeln zu sehen, war eigentlich mit das Schlimmste.

JULANA: Schlimmste Ding ever.

FRANNY: Und rückblickend betrachtet, egal mit wem wir darüber gesprochen haben, seien es jetzt Bekannte oder frühere Kindergärtnerinnen von ihr, wenn wir es denen erzählt haben, »Unser Kind heißt jetzt Julana«, die Reaktion war meistens: »Okay, doch, das erklärt so manches, das macht Sinn.« Und sie hat natürlich auch das Glück gehabt, dass sie zwar wenige, aber doch ein paar Freundinnen hatte, die auch nach ihrem Coming-out weiter zu ihr gehalten haben.

JANKA: Das war ja bestimmt auch für dich und deinen Mann eine Herausforderung, mit Julana diese Wege zu gehen.

FRANNY: Also wir haben es eigentlich sehr unterschiedlich gehändelt, ich hatte bei meinem Mann das Gefühl, ja, das ist jetzt so und fertig. Und ich habe tatsächlich um meinen Sohn getrauert in den ersten paar Wochen. Bis mir klar geworden ist, du musst um dieses Kind nicht trauern, weil es war nie dein Sohn. Du hast eine glückliche Tochter. Ich habe dann recht viel im Internet recherchiert. Was ist dieses Transsein, das Transgeschlechtliche, woher kann das kommen, wie ist der Forschungsstand dazu. Und dazu habe ich dann Sachen gefunden, etwa, dass es am Hormonhaushalt der Mutter während der Schwangerschaft liegen kann. Und ich war in der Schwangerschaft mit Julana felsenfest davon überzeugt, dass ich ein Mädchen im Bauch habe. Das hat sich einfach so angefühlt, so ganz anders als die Schwangerschaft mit meinem älteren Sohn. Und ich war felsenfest davon überzeugt. Und dann kam hinterher dieser Gedanke, habe ich mein Kind darin beeinflusst, weil ich damals dachte, es ist ein Mädchen? Bin ich daran schuld, dass mein Kind transgeschlechtlich ist, oder vermittle ich ihr das Gefühl, es sein zu müssen, damit ich glücklich bin? Also diese Gedanken hatte ich.

JULANA: Dann hat sie mich immer wieder gefragt: »Bist du jetzt glücklich als Mädchen?«, und die gleiche Antwort war: »Ja, ja, ja, ja, ja. Mama, ich kann selbst entscheiden!«

FRANNY: Genau, ich habe lange bei ihr nachgehakt, ob sie mit dieser Entscheidung so zu leben noch glücklich ist, ob das noch richtig für sie ist. Und irgendwann hat sie dann wirklich gesagt: »Mama, du nervst, warum fragst du mich das immer wieder?«

JANKA: Also Julana, das habe ich auch gelernt. Menschen, die das nicht selbst spüren, die können das nicht nachvollziehen.

FRANNY: Ja, ich habe auch überlegt. Wenn mir jemand sagt, beweise, dass du eine Frau bist, ich wüsste nicht, wie. Aber mal abgesehen davon, dass ich gesellschaftstypisch den Körper vorweisen könnte, den die Gesellschaft damit in Verbindung bringt, habe ich keine Möglichkeit, jemandem zu beweisen, dass ich eine Frau bin.

JULANA: Doch, deine Seele.

FRANNY: Die sieht aber keiner!

JULANA: Aber deine Gefühle.

FRANNY: Die sieht auch keiner, das ist alles unsichtbar.

JULANA: Sehen muss man nicht, nur glauben.

JANKA: Ja, genau, aber das ist ein wichtiger Punkt, dass die meisten Menschen das nicht glauben, weil sie es sich selbst nicht vorstellen können.

FRANNY: Ich habe ein Bild von Julana, da sieht man von ihr gar nicht viel, man sieht einen Rock und ihre Beine, da sitzt sie hier bei uns auf dem Sofa, die Beine so schräg aneinandergelehnt, fast überschlagen, so eine typische Mädchenpose. Das habe ich damals fotografiert, weil ich dachte, Mensch, ich kann nicht so dasitzen. Und wenn jetzt einer sagt: »Sitz mal da wie ein Mädchen!«, ich würde mir die Beine verrenken dabei. Und bei ihr kam das ganz natürlich einfach raus und jeder, der sie sehen würde, würde einfach aufgrund ihres Verhaltens in dem Moment sagen, da sitzt ein Mädchen.

JANKA: Wie ging es denn weiter?

FRANNY: Julana hat sich in der Schule vor die Klasse gestellt und gesagt: »Ich bin ein Mädchen.« Das war ein Tag nach ihrem Coming-out bei uns.

JULANA: Yeah.

FRANNY: Es war ihr wichtig, endlich sagen zu können, was mit ihr ist. Sie konnte das nicht länger zurückhalten.

JULANA: Niemand konnte mehr sagen, dass ich kein Mädchen bin.

FRANNY: In den vier Wochen danach war sie oft krankheitsbedingt zu Hause, wegen Bauchschmerzen,

Kopfschmerzen, diese ganzen psychosomatischen Anzeichen, weil sie in der Schule einfach nicht akzeptiert wurde als Mädchen.

JULANA: Und ich musste zum Schulpsychologen.

FRANNY: Und zum Schulpsychologen haben sie dich geschleift am ersten Tag gleich, ja. Und wir haben dann eigentlich schon angefangen, zu recherchieren, was wir tun können, um ihr zu helfen und sie zu unterstützen. Dann haben wir auch relativ schnell den Ergänzungsausweis bei der dgti (Deutsche Gesellschaft für Transidentität und Intersexualität e. V.) beantragt.

JULANA: Das hat mich gut aufgemuntert.

FRANNY: Wir haben uns auch beim Kinderarzt erkundigt, was wir tun können. Der hat uns Empfehlungen rausgesucht, wir waren bei der Endokrinologie, zum Testosterontest und Handröntgen, wie groß wird sie werden, diese ganzen Schritte, was kann man ihr Gutes tun, um sie auf ihrem Weg zu unterstützen.

JANKA: Und die Ärzte waren hilfreich?

FRANNY: Ja, das war so nach dem Motto: Trans*-Geschlechtlichkeit gibt es, der Kinderarzt hatte selber trans*Jugendliche in Behandlung, also ältere als Julana, so etwa 16-, 17-jährige. So früh war ihm das noch nie begegnet. Leider hat sich schnell offenbart, dass er eine merkwürdige Haltung zu trans*Kindern eingenommen hatte, er hat die Richtung von Dr. Korte sehr bevorzugt. Also eine Theorie, dass trans*Kinder erst die falsche Pubertät durchlaufen sollen, um zu wissen, wer sie sind. Da wir ihr Leid schon kannten, wollten wir ihr das nicht antun. Sodass wir uns entschieden haben, einen anderen Kinderarzt zu suchen. Also im gesundheitlichen Bereich haben wir es geregelt. Julanas Outing war im Januar 2019, und am 31. Oktober 2019 hatten wir den ersten Termin in Ulm in der Psychiatrischen Abteilung für Kinder. Und dann blieb ja noch der rechtliche Bereich. Wir haben geschaut, was wir machen können, damit sie auch rechtlich als Mädchen anerkannt wird.

JULANA: Und in der Schule haben wir mich umgeklassiert.

FRANNY: Du hast die Klasse gewechselt. Kurz vor Schuljahresende haben wir es geschafft, sie in die Parallelklasse zu versetzen. Weg von einer mobbenden Lehrerin, die ihr eingeredet hat oder einreden wollte, dass wir Eltern sie ja dazu zwingen zu sagen, sie sei ein Mädchen.

JULANA: Obwohl sie ganz klar gelogen hat.

FRANNY: Ja, es war nicht immer ganz einfach, wir haben alles versucht, um Julana zu schützen und zu unterstützen. Deswegen haben wir auch in so jungen Jahren bereits das TSG zur Anwendung gebracht, nennen wir es mal so, und sie vor zwei Gutachter gestellt. Auch mit dem Hintergrund: als mir eröffnet wurde, Julana ist transgender, habe ich dann auch bewusst trans*Frauen getroffen, die erst als Erwachsene ihre Transition hinter sich gebracht haben. Ich war jedes Mal sehr dankbar, dass Julana so früh die richtigen Worte gefunden hat und das Vertrauen, sich uns anzuvertrauen, weil die Pubertät einfach Spuren hinterlässt, die bei vielen weniger gut umkehrbar sind, und man sieht es dann und das ist für diese Menschen, wenn man auf die Straße geht, wahrscheinlich jedes Mal wieder ein Spießrutenlauf.

JANKA: Ich habe auch einen ganz starken Bartwuchs, und ich habe Jahrzehnte darunter gelitten, dass ich mich dreimal am Tag rasieren musste. Das ist auch nicht mit Make-up weggegangen oder so, dann hat man es durchgesehen. Das war der Horror für mich. Und so ist es bei vielen, die das dann erst spät mitkriegen oder erst später die Möglichkeit haben.

JANKA: Wir waren gerade an dem Punkt, dass du in die neue Klasse gekommen bist. Und da haben dich dann die Mitschüler*innen und die Lehrer*innen akzeptiert?

JULANA: Ich habe ihnen zuerst nicht gesagt, was mit mir los ist, aber dann schon. Also sie haben es irgendwie selber rausgefunden, weil sie davor Kontakt hatten mit meiner anderen Klasse.

FRANNY: Die Lehrerin war von Anfang an eingeweiht, hatte selber eine trans*Person in der Familie und war dadurch schon etwas sensibilisiert. Es war ihr Neffe. Sie hat ihn gefragt: »Was hättest du dir damals gewünscht als Kind?« Sie hat dann ganz viel mitgearbeitet, Julana aufzubauen, um ihr Selbstvertrauen wiederzufinden. Und die Klasse, in die sie gekommen ist, das war so eine Resteklasse, sage ich mal, mit Kindern, die woanders nicht wirklich dazu gepasst haben. Also die haben alle irgendwie ihr Päckchen zu tragen gehabt.

JANKA: Und wie war das mit den Zeugnissen?

FRANNY: Die Zeugnisse waren ab der dritten Klasse auf Julana ausgestellt mit Gutwillen der Schule. Wir haben das Schreiben von der Rechtsanwältin vorgelegt, welches die dgti auf ihrer Webseite veröffentlicht hat. Damit hat die Schule sich letztendlich überzeugen lassen. Dadurch war dann auch der Wechsel aufs Gymnasium relativ problemlos. Wir fragten vorab bei der Rektorin, wie sie mit trans*Kindern umgehen würden und ob es möglich wäre, sie unter ihrem gewählten Namen anzumelden. Das haben die auch alles gemacht. Wir sind dann auch den Weg des TSG gegangen, sodass Julana ihre rechtliche Vornamens- und Personenstandsänderung bekam. Und mit der korrigierten Geburtsurkunde schafften wir es sogar, dass die Grundschule die Zeugnisse der ersten und zweiten Klasse korrigiert. Julana war da gerade elf Jahre alt.

JANKA: Julana, du hast gesagt, in deiner Klasse haben sie es irgendwann alle mitgekriegt?

JULANA: Ja, in meiner vierten Klasse haben sie es eigentlich sofort mitgekriegt, weil sie hatten ja davor auch Kontakt zu der alten Klasse. Aber sie haben es alle akzeptiert.

JANKA: Und jetzt am Gymnasium?

JULANA: Da weiß es niemand.

FRANNY: Am Gymnasium sind die Lehrkräfte alle informiert. Julana ist aber auch schon vor der rechtlichen Änderung dort komplett als Mädchen behandelt worden. Die Schule hat ihren Fall sogar zum Anlass genommen, eine genderneutrale Toilette einzurichten.

JULANA: Ich weiß aber gar nicht, wo die ist.

FRANNY: Sie war noch nie dort. Und das zeigt auch die Entwicklung, die Julana gemacht hat: Das erste Dreivierteljahr ist sie zu fast jedem hingelaufen, um ihn aufzuklären, dass sie ein trans*Mädchen ist. Das ist mit der Zeit weniger geworden. Wenn ich sie heute frage: »Julana, was bist du?«

JULANA: Ein Mädchen.

FRANNY: Mädchen. Trans* ist lediglich eine ihrer vielen Eigenschaften. Sie ist ein blondes Mädchen. Sie ist ein hübsches Mädchen. Sie ist ein vorlautes Mädchen. Sie ist ein trans*Mädchen.

JC: Sie hat so eine Drei-Phasen-Geschichte durchgemacht. Am Anfang: »Hi, ich bin Julana, ich bin ein trans*Mädchen. Ich bin trans*.« Und irgendwann kam dann die Phase, wo sie gemerkt hat, dass sie gewisse Menschen damit ein bisschen verschreckt oder verstört. »Hi, ich bin Julana. Ich bin so ein bisschen anders.« Dadurch ist sie nicht direkt mit der Tür ins Haus gefallen. »Ich bin ein bisschen anders, oder was meinst du, was mit mir ist?« Und seit der Personenstandsänderung, wo sie etwas in der Hand hatte vom Gericht, seit dem Tag hat sich da irgendwie ein Schalter umgelegt, und seitdem sagt sie: »Ja, ich bin ein Mädchen. Punkt.« Alles andere ist eigentlich nicht mehr relevant. Das ist ein Teil von ihr, aber das wird nicht mehr erwähnt, eigentlich nur noch, wenn sie anderen Menschen helfen will.

JULANA: Dazu kann ich jetzt auch noch mal was sagen: Da bin ich nämlich noch mal eine Phase davor durchgegangen. Also als Junge, da dachte ich, dass ich ein Junge sein muss. Genau. Dann habe ich gesagt: »Ich bin eine Mischung zwischen den beiden.«

FRANNY: Genau. Da gab es eine Situation beim Bäcker. Julana hatte schon lange Haare, die hat sie ja seit der Einschulung wachsen lassen. Wir stehen beim Bäcker und sie fragt die Verkäuferin so: »Was glaubst du, bin ich ein Junge oder ein Mädchen?« Und damals kam dann die Antwort: »Ja, du bist schon Junge, oder?« Die Kleidung war auch entsprechend. Und dann meinte sie: »Nein. Ich bin beides!« Sie hat da schon so ein wenig experimentiert, um zu schauen, »wie reagiert mein Umfeld auf mich?«. Also sie hat weniger darauf geschaut, »wie geht es mir?«. Sondern: »Was passiert in meinem Umfeld, wenn ich das oder jenes sage?«

JANKA: Wie ist denn das bei dir im Sportunterricht? Wo ziehst du dich dann um?

JULANA: In der Mädchenkabine so wie alle anderen Mädchen.

JANKA: Gibt es da Probleme?

JULANA: Nein.

FRANNY: Ich muss dazu sagen, Julana hat schon eine spezielle Unterwäsche, einfach auch zu ihrem eigenen Schutz. Denn ein Großteil der Gesellschaft geht leider immer noch davon aus, dass ein bestimmter Körperbau ein entsprechendes Geschlecht indiziert.

JANKA: Und bist du gut im Sport?

JULANA: Ich habe nur eine Zwei in Sport und das war beim Reifentanzen.

JANKA: Und wie ist das, Julana, wenn du in deine Zukunft schaust, also, wenn du dir vorstellst, wie wird es sein in zwei Jahren, in drei Jahren?

JULANA: Dass Menschen endlich Gehirn kriegen.

JANKA: Was wünschst du dir für dich?

JULANA: (lacht) Dass ich meine Klasse fertig kriege.

JANKA: Und für deine Entwicklung? Gibt es da was, was du dir wünschst?

FRANNY: Was hast du mich gefragt, als du vier Jahre alt warst?

JULANA: Warum ich keine Scheide habe? Also dann wünsche ich mir auch noch, dass mir meine Hormone gegeben werden und ich mich endlich verwandeln kann. Ja. Also habe ich ja schon ein bisschen.

FRANNY: Für Julana ist es eigentlich der größte Horror gewesen, dass sie sich körperlich in einen Mann verwandelt. Sie hat ja auch die ganze Zeit ein Beispiel vor Augen. Ihr Bruder ist zwei Jahre älter als sie. Das war für sie einer der Punkte, weshalb wir auch so hinterher waren, das Ganze endokrinologisch zu begleiten, um den richtigen Zeitpunkt nicht zu verpassen. Denn wenn du dein Kind mit einer Schere in die Dusche laufen siehst, dann wirst du wachsam.

JANKA: Und dann ist die Lösung, alle Scheren wegzusperren?

FRANNY: Genau. Und das Kind nicht mehr unbeaufsichtigt duschen zu lassen.

JULANA: An diesem Tag habe ich mir Hornhaut von meinem Zeh abgeschnitten.

FRANNY: (lacht) Da hast du mir gesagt, dass du das machen

willst. Ja. Mittlerweile darf sie auch wieder mit Scheren hantieren.

JANKA: Und wie ist es für dich als Mutter, ihre Entwicklung zu sehen?

FRANNY: Ich bin stolz auf meine Tochter. Für mich als Mutter geht es ja nicht darum, dass mein Kind etwas verkörpern oder erreichen soll, was ich mir irgendwie ausmale oder vorstelle. Für mich ist es einfach das Wichtigste, dass sie sich wohlfühlt und glücklich sein kann. Und es standen ja auch immer Fragen im Raum, ob wir jetzt mit Pubertätsblockern beginnen, mit gegengeschlechtlichen Hormonen, wie ist das mit dem Risiko der Osteoporose, was weiß ich nicht alles. Welche Horrorszenarien da teilweise kreiert werden, um einem jungen Menschen diese medizinisch mögliche Behandlung auszureden. Bei diesen ganzen Zweifeln habe ich mir gesagt: »Mein Kind soll jetzt glücklich sein. Was nützt es mir, meinem Kind diese Behandlung vorzuenthalten und es über die nächsten 10, 15 Jahre mit sich selbst todunglücklich sein zu lassen. Lieber habe ich ein Kind, das die nächsten 15 oder 20 Jahre mit sich selbst glücklich und im Reinen ist. Und wenn es dann irgendwann wirklich gesundheitliche Folgen haben *sollte*, was ich nicht glaube, dann hat sie diese Zeit zumindest glücklich verbracht.«

JULANA: Und wenn ich gesundheitliche Probleme kriege, mir scheißegal. Hauptsache, ich bin ich.

FRANNY: Wir hatten auch entsprechend nette Gespräche mit dem Jugendamt. Also es war nicht immer einfach. Es klingt jetzt im Großen und Ganzen eigentlich recht geschmeidig, welchen Weg wir gegangen sind. Aber wir als Erwachsene, als Eltern, hatten einige Kämpfe auszufechten, die wir von Julana aber auch ferngehalten haben.

JULANA: Was ist mit dem Jugendamt?

FRANNY: Du weißt nicht alles, und das ist auch gut so, ne?

JULANA: Ja, ist gut so. (lacht)

JANKA: Und was würdet ihr anderen Eltern raten, die jetzt mit der Situation konfrontiert sind und die irgendwie gerade verzweifelt sind und nicht wissen, was sie machen sollen?

FRANNY: Mein Rat an jedes Elternteil ist zum einen, vertraut eurem Kind, dass es sich selber kennt. Wenn man an die eigene Kindheit zurückdenkt, dann hat man sich ja auch mit sich selbst arrangieren müssen. Vertraut eurem Kind, seid für euer Kind da, auch wenn ihr vielleicht nicht glauben könnt, was es euch erzählt, weil es euch so abwegig vorkommt, dass man sich anders fühlen könnte. Aber nur wenn das Kind merkt, »ich habe das Vertrauen meiner Eltern und meine Eltern sind für mich da«, kann es sich frei entscheiden, ob es noch sagen möchte, was los ist. Es geht um die eigene Identität und die kann nur der Mensch für sich selber bestimmen. Das Schlimmste für die Kinder ist, wenn sie merken, »meine Eltern glauben mir nicht«, dann verlieren sie erst mal jeden Halt. Und das möchte ich keinem Kind antun.

JANKA: Da berührst du gerade ganz viel bei mir, denn meine Eltern haben nicht so toll reagiert. Und bei mir war es Hass und Gewalt. Es war nicht so schön.

FRANNY: Meine persönliche Definition von Elternschaft ist: Ich muss dafür sorgen, dass mein Kind glücklich ist, dass es meinem Kind gut geht, und was ich dafür tun kann, das muss ich tun. Es geht nicht darum, dass ein Kind die Träume und Vorstellungen der Eltern verwirklicht. Dafür sind Kinder nicht da. Kinder sind dafür da, dass sie ihr Leben leben, und die Eltern sind dafür da, ihrem Kind die Möglichkeit dafür zu geben. Auch ich habe mich weiterentwickelt. Ich habe am Anfang Sachen aufgeschrieben, wenn ich die heute lese, sage ich mir: »Mensch, wie blöd warst du eigentlich? Was hast du da geschrieben?« Allein von der Wortwahl.

JANKA: Ich habe vor einigen Jahren in Stuttgart eine Selbsthilfegruppe für die Eltern mitgegründet. Und das, was ich am beeindruckendsten fand, war das, was du vorhin auch gesagt hast: Die Eltern haben alle gesagt, es war ein Abschiedsprozess, es war ein Trauerprozess, nicht um ihr Kind, sondern um die Vorstellung von ihrem Kind. Also diese Vorstellung loszulassen. Das hatte ich mir davor nie so überlegt.

FRANNY: Ich habe mein Kind neun Jahre lang in dem Glauben aufgezogen, ich ziehe einen Jungen groß. Ich habe mich damals in der Schwangerschaft nach dem Ultraschall im siebten Monat schweren Herzens von dem Mädchen verabschiedet, das ich dachte zu bekommen. Und habe dann ja neun Jahre später quasi gesagt bekommen: »Mama, du hattest damals recht.« Und es geht auch jeder anders damit um. Für meinen Mann war es eigentlich gar kein Prozess, für den war das von jetzt auf gleich klar. Vielleicht liegt es auch daran, dass er bei den Kindern zu Hause ist, während ich auf der Arbeit bin. Weil er dadurch mehr Kontakt mit den Kindern hat, sodass für ihn mehr Anzeichen sichtbar waren, das ist durchaus möglich. Aber es geht auch jeder anders damit um. Das ist ein ganz individueller Prozess.

JANKA: Ja. Gibt es noch was, was ihr beide zum Abschluss sagen möchtet?

FRANNY: Eine Sache vielleicht, weil es immer wieder heißt, ein Kind im Vorschulalter, Kindergartenalter, ein vorpubertäres Kind kann noch gar nicht wissen, was es ist, was ja auch deine Ausgangsfrage an Julana war.

JULANA: Das stimmt nicht.

FRANNY: Ich habe versucht, das für mich zu klären, ob das sein kann oder nicht, und habe versucht, mich an meine eigene Kindheit zu erinnern. Und bei mir war einfach immer klar, ich fühle mich als Mädchen, ich bin ein Mädchen, die Menschen sehen mich als Mädchen. Da war kein Konfliktpotenzial da. Wenn jetzt aber ein Kind wie meine Julana von den anderen immer als Junge bezeichnet wird und von ihm Verhaltensweisen erwartet werden, die man von Jungs sehen oder hören möchte, und das Kind damit nicht zurechtkommt, dann ist im ersten Moment mal ein Konflikt da, bei dem das Kind anfängt, sich selber zu fragen: »Was stimmt denn nicht mit mir?« Und wenn du diesen Konflikt immer weitertreibst und immer wieder in den gleichen Konflikt reinkommst und dich immer wieder fragst: »Was ist denn mit mir?«, fängst du irgendwann an, häufiger zu hinterfragen, und dann kommt auch die Frage: »Was bin ich?« Und wenn du dann in einer Gruppe von Kindern bist, im Kindergarten, und da sind Jungs und Mädchen, und du merkst: »Das, was die Mädchen machen und was die Mädchen dürfen, damit würde ich mich viel wohler fühlen. Das ist eher meins, das bin eher ich.« Und du dann aber immer wieder von den Erwachsenen quasi gezeigt und gesagt bekommst: »Nein, das ist falsch!«, dann ist der Konflikt wieder da. Wenn du dich ständig mit einer Materie auseinandersetzt, dann wirst du irgendwann Experte für diese Materie. Das ist ja nichts anderes, als wenn ein Mensch studiert und sich in Sachverhalte reindenkt und immer mehr lernt. Diese Menschen werden zu Experten. Das bedeutet, meine Tochter ist durch den Konflikt, in den die Gesellschaft und wir sie gebracht haben, zu einer Expertin für ihr eigenes Geschlecht geworden. Deswegen konnte sie auch vor Gutachtern sozusagen *beweisen*, dass sie ein Mädchen ist. Deswegen kann *ich* es nicht, weil ich diesen Konflikt nie hatte. Das heißt, Kinder, die trans* sind, werden zu Experten für sich selbst und für ihr Geschlecht, dadurch, dass sie der Umwelt beweisen müssen, wer sie sind.

JULANA: Ich fühle mich als Mädchen, sehe aus wie ein Junge (...) und die Welt sieht mich als Junge.

JANKA: Und was davon ist richtig?

JULANA: Das Erste. Weil niemand anders was dagegen sagen kann, weil Gefühle immer recht haben.

JANKA: Okay. Aber ich bin auf Ablehnung gestoßen. Und ich habe irgendwann gedacht: »Wenn ich so schlimm bin wie die Welt mich sieht, dann bin ich halt so.« Und ich habe aufgehört, mich zu waschen, habe aufgehört, mich zu duschen, habe gestunken ohne Ende. Also weißt du, ich bin in die totale Verweigerung reingegangen, weil ich nicht akzeptiert worden bin wie ich bin. Es war für alle eine ganz, ganz schlimme Zeit, für meine Umgebung und für mich. Nicht akzeptiert zu werden macht ganz schlimme Dinge mit einem.

JULANA: Zum Beispiel wollte ich mal Selbstmord begehen.

FRANNY: Ich weiß, dass du diese Gedanken hattest.

JULANA: Aber als ich dann das Messer in der Hand hatte, konnte ich es nicht tun. Großer Gott, dieses Kind ist 13

FRANNY: Das ist eigentlich schlimm, dass man Menschen einfach dadurch, dass man sie nicht akzeptiert wie sie sind, so in die Selbstaufgabe treiben kann. Also da haben außenstehende Menschen extrem viel Macht. Und die sollte man ihnen eigentlich gar nicht lassen.

JANKA: Ich danke euch für dieses Gespräch, und danke besonders dir, Julana, für deine Offenheit.

Katrin Zachmann
»Hilfe – mein Kind ist trans*!«

Katrin Zachmann (49), Mutter von drei Kindern, davon ein 15-jähriger trans*Sohn. Nach dem Coming-out ihres Sohnes berät und begleitet sie seitdem Angehörige von trans*Menschen sowie deren Familien. Sie leitet zwei Selbsthilfegruppen für Angehörige von trans*Menschen, bietet Workshops und Vorträge für Angehörige sowie Fachkräfte an und ist ehrenamtlich in der Beratung von trans*Personen aktiv.

Was freute ich mich, als ich in der 18. Schwangerschaftswoche die ersehnte Nachricht bekam: Es wird ein Mädchen. Nach zwei Söhnen würde unser drittes Kind ein Mädchen werden. Unsere Familie war somit endlich komplett und ich fühlte mich so unsagbar glücklich. Nach Piraten-, Ritter- und Fußballgeburtstagen freute ich mich darauf, endlich mit kleinen Feen und Meerjungfrauen zu feiern.

In den ersten zehn Jahren erlebte ich mein jüngstes Kind – nennen wir es Mara – als das Mädchen, als das sie für alle nach der Geburt klar erkennbar war. Sie begeisterte sich für Ballett und wechselte später zum Voltigieren – eine typische Mädchensportart. Sie war dennoch ein sehr vielseitiges Kind – spielte sowohl mit Mädchen als auch mit Jungen und kam nicht nur einmal mit zerschrammten Knien vom Waldnachmittag mit ihrem besten Freund heim. Sie liebte Kleider und trug Schmuck. Kurz gesagt:

Wir hatten keinen Anlass dazu, zu zweifeln, dass unser drittes Kind ein Mädchen ist.

Die ersten Veränderungen

Mit 11 Jahren eröffnete mir Mara beim Zubereiten des Abendessens völlig unvermittelt und wie nebenbei: »Mama, ich glaube ich bin lesbisch.« Nach kurzem Luftholen (›Wieso macht sie sich denn über so etwas jetzt schon Gedanken?‹) meinte ich zu ihr, dass sie sich mit ihrer Festlegung ruhig noch Zeit lassen solle. So vieles im Leben würde sich noch bis ins Erwachsenenalter und darüber hinaus entwickeln. Sie würde schon merken, in welche Personen sie sich verliebe. Auch wenn ich mich über den frühen Zeitpunkt für das Thema wunderte: Ich sah noch keinen Anlass zur Sorge, hielt ich mich doch für einen offenen Menschen und wollte die Neugier meines Kindes nicht bremsen.

Es blieb zunächst dabei, bis auf einige allgemeine Gespräche über das Thema »sexuelle Orientierung« und wie im Biologieunterricht darauf eingegangen wurde. Da Mara bisher noch nichts von romantischen Gefühlen anderen gegenüber geäußert hatte, hakte ich auch nicht weiter nach.

Die Feuerprobe für meine Offenheit fand einige Wochen später statt: Mein offenbar bestens informiertes Kind fragte mich, ob ich wüsste, was »non-binär« heißt. Vermutlich ahnte Mara, dass ich würde passen müssen. Ich hörte mir die Erklärungen meines mittlerweile 12-jährigen Kindes an und staunte nicht schlecht über die Ausführlichkeit. Aber damit war die Lehreinheit für Mama noch nicht erledigt – es schloss sich gleich noch die Aufklärung zum

Thema »Transidentität« an. Ich gebe zu, ich war verblüfft, mit welchen Themen sich meine »Kleine« in der 6. Klasse schon beschäftigte. Über einen Unterschied zwischen sexueller Orientierung und geschlechtlicher Identität hatte ich bis dahin noch nie nachgedacht.

Und dann hörte ich den Satz: »Mama, ich glaube, ich bin gar kein Mädchen. Ich bin non-binär.« Der ließ mich dann doch in meiner ach so toleranten und offenen Art innehalten. Wie jetzt genau? Was heißt denn das? Luftholen half mir in dieser Situation nicht wirklich. Ich stellte Fragen, wie: »Woher weißt du das denn? Was ist denn daran anders, als ein Mädchen zu sein? Und woran erkennt man so was denn überhaupt?« Ich sagte den Satz: »Ach Schatz, das ändert sich bestimmt noch ...« Worauf ich einen wütenden Blick erntete und wenig später die Tür ihres Zimmers lautstark zufiel. Ich fragte mich, wie ich in diesem Moment anders hätte reagieren können ... und blieb zutiefst verwirrt und fragend zurück. Wie kann sich jemand keinem Geschlecht zugehörig fühlen? Irgendetwas MUSS man doch sein! Diese Thematik sprengte zu diesem Zeitpunkt mein Vorstellungsvermögen.

Dunkle Zeiten

Der Alltag fing uns jedoch schnell wieder ein und das Gespräch rückte in meiner Wahrnehmung in den Hintergrund. Im Nachhinein muss ich mir eingestehen, dass ich mein Kind nicht wirklich ernst genommen hatte. Ich ging einfach davon aus, dass Mara nur neugierig war und sie später schon noch in die »richtige« Spur finden würde.

In den folgenden Monaten zog sich mein Kind mehr und mehr zurück. Auf Fragen bekam ich nur kurze Antworten, die Mahlzeiten waren geprägt von eher mühseligen Versuchen meinerseits, ein Gespräch in Gang zu bringen. Die Kleidung änderte sich – deutlich weniger bunt, mehr oversized. Ich sah Mara fast nur noch mit nach vorn gezogenen Schultern und traurigem Gesicht durch die Wohnung laufen – wenn ich sie überhaupt noch sah. Ich schob es auf die beginnende Pubertät und den sich verändernden Körper. Bei meinen älteren Söhnen war es ähnlich, daher machte ich mir keine Gedanken.

Die Frisur wurde zunehmend ein Thema für Mara: kürzer, Side-Cut, Under-Cut ... Ich versuchte eine Weile, ihre Frisurwünsche zu hinterfragen (»Bist du dir sicher? Du siehst ja dann nicht mehr sehr nach Mädchen aus ... Und wenn die anderen dich auslachen oder ärgern?«). Dahinter steckte meine Befürchtung, dass sie es nachher vielleicht bereuen würde. Ihr meine Zweifel an diesem Schritt mit meinen Fragen quasi einzureden, halte ich rückblickend für falsch.

Wir Erwachsenen neigen so häufig dazu, unseren Kindern unsere eigenen Lebenserfahrungen und Ängste als Realität zu vermitteln. Als »negative Lebenserfahrungen«, vor denen wir sie ja nur bewahren möchten, projizieren wir unsere eigenen Befürchtungen auf sie. Aber was erreichen wir damit? Wir zeigen unseren Kindern damit, dass sie ihrer eigenen Intuition und ihren Bedürfnissen nicht wirklich vertrauen können. Weil: Es könnte ja zu einer falschen Entscheidung oder schlechten Erfahrung führen. Und wir als Erwachsene wissen es doch nun mal besser, weil wir schon viel älter und so unglaublich lebenserfahren sind.

Stimmt das wirklich? Wir erziehen unseren Kindern mit so einer Haltung lebenslange Selbstzweifel an, von denen sie sich – vielleicht – erst später im Erwachsenenalter mühsam befreien können.

Mein Kind jedenfalls strahlte mich glücklich an, als die Haare ab waren. Ich habe auch im Nachgang nie ein Wort der Reue gehört. Ihre eigene Erfahrung wurde somit nicht von meinen Befürchtungen bestätigt.

Dann kam Corona und unser gewohnter Ablauf änderte sich wie bei den meisten Familien. Die Organisation von Homeoffice für mich und Homeschooling für zwei Kids in unterschiedlichem Alter auf die Reihe zu bekommen, erforderte meine volle Aufmerksamkeit und ganze Kraft.

In den kommenden Wochen und Monaten erlebte ich mein Kind noch stiller, trauriger, zurückgezogener. Die Leistungen in der Schule wurden schlechter und sie hatte kaum noch Kontakte nach außen.

Rückblickend muss ich eingestehen, dass ich über meine eigene Erwartungshaltung, auch unter »Coronabedingungen« alles unter einen Hut zu bekommen, die Warnzeichen der leidenden Seele meines jüngsten Kindes nicht ausreichend gesehen habe. Es litt nicht nur unter dem veränderten Alltag und den Einschränkungen, sondern vor allem unter seinem sich verändernden Körper, seinem unangepassten Look und dem zunehmenden Gefühl, in seiner Klasse nicht mehr dazuzugehören. Der Umgangston und der Wortschatz von Sechstklässlern untereinander – insbesondere in den Messenger-Gruppen – lassen oftmals nicht vermuten, dass es sich um 11- bis 12-jährige Kids handelt. Dass Mara gemobbt wurde, erfuhr ich jedoch erst sehr viel später von ihr.

Als der Hybrid-Unterricht in den Schulen nach dem ersten Lockdown im Sommer begann, erlebte ich kein fröhliches Kind, das sich freute, endlich die Mitschüler*innen wiederzusehen. Immer häufiger klagte Mara morgens über Bauchschmerzen und immer häufiger musste ich sie vorzeitig von der Schule abholen oder sie konnte gar nicht erst hingehen. Arztbesuche ergaben, dass es keine organischen oder funktionellen Ursachen gab. »Vielleicht wegen Corona« – diese Aussage half uns nicht weiter. Mara erzählte kaum noch etwas, ob ich nun direkt oder indirekt nachfragte. Hing es mit ihrem veränderten Aussehen zusammen oder ihrem Verhalten? Ich fühlte mich hilflos ... die Kontaktaufnahme mit dem Klassenlehrer und der Vertrauenslehrerin waren zwar von Fürsorge gezeichnet. Bewirkt wurde von den Lehrkräften jedoch in der Klassengemeinschaft nichts.

Die Bombe platzt ...

Dann kam der Tag, an dem es aus meinem Kind herausbrach und sie weinend alles auf den Tisch packte: »Ich bin definitiv nicht weiblich. Ich hasse meinen Namen. Ich will mit einem anderen Namen angesprochen werden. Ich will mit ›er‹ angesprochen werden. Und ich hasse meinen Körper.« Ich saß zunächst wortlos da ... so viel Schmerz sprach aus den Worten meines Kindes ...

Durchatmen. Noch mal.

Und wieder meine Fragen: »Wie kannst du da sicher sein? Du hast doch früher nie irgendwas in diese Richtung gesagt.« Ich erntete Schulterzucken und die Aussage: »Es ist eben so.«

äh ... doch?

ich finde es so unmöglich, von ihm bis zu diesem Punkt als M+sie zu sprechen. Nochmal - sie berät Eltern. + wie muss sich ihr Sohn fühlen, wenn er diesen Text liest?

Ich wusste nicht weiter und spürte, dass ich mein Kind zunächst nur in den Arm nehmen konnte. Sie – nein – er tat mir so leid. Und ich gebe es zu: In mir glimmte die Hoffnung, dass sich das alles verwächst und eben nur eine »Phase« ist. Also fragte ich, welcher Name es denn sein sollte. Da der Name sowohl männlich als auch weiblich wahrgenommen werden sollte, fiel die Wahl auf Luca.

War das nun die Ursache für die vielen negativen Veränderungen meines Kindes in den vergangenen Monaten? Und was heißt das jetzt eigentlich für Luca, für mich, für uns als Familie? An wen wende ich mich, um Luca helfen zu können? Und bleibt es denn nun wirklich so? Was ist, wenn er es sich in ein paar Jahren plötzlich wieder anders überlegt und doch als Frau leben will? Fragen, die wahrscheinlich alle Eltern eines trans*Kindes kennen. Zufriedenstellende Antworten darauf fand ich – auch im Internet – keine.

Im Alltag zeigten sich die Herausforderungen für mich erst richtig: Nach zwölf Jahren einen anderen Namen UND ein anderes Pronomen zu verwenden für das Kind, das sich in meinen Augen – von Äußerlichkeiten abgesehen – zunächst nicht wirklich verändert hatte, erschien mir in den ersten Tagen fast nicht machbar.

Ich versuchte zunächst, die namentliche Ansprache durch Wörter wie »Liebling« oder »Schatz« zu umgehen ... mit bescheidenem Erfolg. Man kann sich vorstellen, dass diese Ansprache nicht in jeder Lebenssituation angemessen ist. (Wer mit Teenagern zusammenlebt, weiß das.) Es zeigte sich, wie viel lieber unser Gehirn auf gewohnten Wegen unterwegs ist. Meine Tritte in die Fettnäpfchen wurden seitens Luca wahlweise mit genervtem Augenrollen oder wütenden Blicken quittiert nebst verbal-unsanften Korrekturen. Dabei hatte ich ohnehin jedes Mal ein schlechtes Gewissen, wenn ich mich versprach und wieder korrigierte.

Für uns Eltern ist es ein unglaublicher Lernprozess, den wir innerhalb kürzester Zeit schaffen müssen. Ich war gewillt, mein Kind so anzunehmen, wie es sich das wünschte. Aber ich musste Luca auch deutlich meine Lage erklären: Sein Prozess der Erforschung seiner Identität begann viel früher und unbemerkt von uns in seinem Inneren. Diesen Erkenntnis- und Verständnisprozess brauchen wir Eltern genauso.

Ich warb hier also wiederum um seine Toleranz mir gegenüber und erklärte, dass seine hohe Erwartungshaltung an mich und sein Umfeld nicht dazu führt, dass die gewünschten Veränderungen schneller passieren.

Das grundlegende Einander-verstehen-WOLLEN halte ich mittlerweile für essenziell. Und zwar im Umgang zwischen allen Menschen, ob sie sich mit ihren Ansichten und Lebensweisen außerhalb der normativen Gesellschaft definieren oder nicht. Für mich hat sich das während dieser Zeit als einer meiner wichtigsten Werte herausgestellt, den ich als »gelebte Toleranz« bezeichne. Es ist für mich kein passives Dulden anderer Ansichten und Lebensweisen, sondern ein wohlwollendes Annehmen, ohne dass ich es für mich übernehmen oder in der Tiefe verstehen muss. Und das betrifft alle Beteiligten. Ich kann mich emotional nicht in die Situation versetzen, mich nicht als Frau zu fühlen. Aber ich kann, nein, ich muss akzeptieren, dass es anderen Menschen so geht.

Mir ist klar geworden, dass wir nur durch die bewusste Auseinandersetzung mit kontroversen Themen unsere

Fähigkeit zu gegenseitiger Akzeptanz und gelebter Toleranz verbessern können. Ich halte diese Eigenschaften nicht für angeboren, sondern sie bilden sich durch Gemeinschaft im Kleinen und im Großen. Wir leben unseren Kindern die Werte vor, die wir aus unserer Lebenserfahrung für erstrebenswert für unsere Gesellschaft und das Miteinander halten. Dies lässt sich aus meiner Sicht nicht allein durch pure Wissensvermittlung in der Schule lernen. Es braucht – gerade auch in der Schule – geschützte und sensibel gesteuerte Erfahrungsräume, in denen Kinder lernen, was gelebte Toleranz in der Realität heißt. Und zwar nicht als Nebenfach, das im Zweifel ausfallen kann. Ich halte das für eine der wichtigsten Fähigkeiten für unsere Zukunft. Das werden unsere Kinder nicht allein durch Vorträge lernen können, sondern das müssen sie erfahren können. Dafür allein das Elternhaus verantwortlich zu machen, halte ich für zu kurz gedacht – vor allem im Hinblick darauf, dass immer mehr Schulen zu Ganztagsschulen ausgebaut werden. Hier braucht es alle Personen und Bereiche – auch in der frühkindlichen Bildung, die sich der Begleitung unserer Kinder verpflichtet fühlen.

Outings …

Luca wählte den Weg seines Outings in seinem Umfeld, indem er den jeweiligen Zeitpunkt selbst bestimmte. Offenbar gestärkt durch meine Akzeptanz entwickelte er ein – für mich unglaublich starkes – Selbstbewusstsein, mit seinem Trans*-Sein nach außen umzugehen. Er stieß selten auf offene Ablehnung. Jedoch fehlte ihm im schulischen Umfeld die aktive Unterstützung – gerade auch von den Lehrkräften. Und auch die Thematisierung im Unterricht fehlte gänzlich. Vor allem in den Biologiebüchern der 6. und 7. Klasse fehlt es akut an Aktualität. Dort wird immer noch gelehrt, dass nur die beiden Geschlechter »männlich« und »weiblich« existieren. Wenn im Unterricht auf den Einwand meines Kindes, »aber es gibt nicht nur diese beiden Geschlechter«, die Antwort der Lehrkraft lautet: »Ja, da gibt es noch die Zwitter; das sind aber sehr arme Menschen«, fehlt mir jegliches Verständnis für die fehlende Fortbildung der Lehrenden. Luca berichtete zu Recht empört von diesem Vorfall in seinem Unterricht.

Ich sehe darin vor allem eine große Unsicherheit im Umgang mit dem Thema. Zu selten gab es bis dahin Kinder und Jugendliche, die sich geoutet haben, als dass sich Lehrer*innen damit hätten befassen und sich fortbilden müssen.

Die Zeit hat sich jedoch gewandelt: Die zunehmende mediale Präsenz der Themen rund um »LGBTIQ+« (z.B. auch in Kinder- und Jugendbüchern) bedeutet mehr Sichtbarkeit. Immer mehr Kinder und Jugendliche kommen mit diesen Themenfeldern in Berührung und erforschen sich selbst, anstatt nur zu glauben, was sie von ihren Eltern vermittelt bekommen. Daher erscheint es vielleicht für viele momentan als »Trend«, dass sich viele Teenager als trans* outen. Doch durch mehr Medienpräsenz erfolgt mehr Aufklärung. Ob diese immer sachgerecht ist, darf zu Recht bezweifelt werden. Und dennoch: Durch Filme, Bücher und Influencer, die diesen Weg gegangen sind und von ihren Erfahrungen berichten, kommt das Thema immer mehr »ans Licht«. Und damit trauen sich immer mehr Teenager, sich mit ihrem Empfinden zu zeigen, sich nicht ihrem zugewiesenen Geburtsgeschlecht zugehörig zu fühlen.

Jemand, der Angst hat, nicht mehr dazuzugehören, wird tendenziell still weiterleiden. Aber nur um »im Trend« zu sein, wird kein Mensch freiwillig die hohen Hürden und Strapazen der Transition auf sich nehmen. Wer nicht trans* ist, kann nicht zu trans* gemacht werden. Genauso, wie nicht plötzlich jemand homosexuell wird, nur weil er*sie Medien dazu konsumiert oder entsprechende Freundschaften pflegt.

Fragen und unverständliche Antworten

Ich hatte nach dem Outing von Luca Fragen, sehr viele Fragen. Wie für viele andere auch führte der erste Weg ins Internet. Dort las ich einerseits viel über das Thema »Transidentität«, erfuhr jedoch wenig darüber, wie das alles bei Minderjährigen abläuft. Welche medizinischen Maßnahmen sind möglich? Welche Voraussetzungen sind erforderlich? Wo finde ich kompetente Mediziner*innen? Im Internet kam ich für Lucas Weg nicht wirklich weiter und so wandte ich mich an eine LGBTIQ-Beratungsstelle. Schnell war klar: Luca brauchte zunächst Pubertätsblocker, damit sich sein Körper nicht noch weiter in eine Richtung verändert, mit der er nicht leben kann und will. Sein weiblicher Körper veränderte sich seit einem Jahr immer mehr. Er war nun schon 12,5 Jahre alt und litt immer mehr unter den Veränderungen seines Körpers, sodass selbst die einfachsten Hygienehandlungen, wie z.B. Duschen, eine

Tortur für ihn waren. Wohl auch dadurch entwickelte sich bei ihm eine Depression, sodass ich mir richtige Sorgen machte. Er brauchte dringend Hilfe.

Damit begann unsere Odyssee durch die Medizinlandschaft. Ich erlebte, wie schlecht selbst in einer Millionenstadt wie Hamburg die Versorgung mit trans*-erfahrenen oder zumindest trans-offenen Mediziner*innen und Psychotherapeut*innen ist. Ich ließ Luca auf Wartelisten setzen – auf teilweise dreistelligen Listenplätzen. Da bekommt das Wort »Geduld« einen faden Beigeschmack. Dass Luca nach mehr als neun Monaten endlich einen Platz in der Transgender-Sprechstunde des UKE bekommen hat, war schon fast ein Glück. Andere warten noch länger …

Luca war acht Monate im UKE in Behandlung – mit dem Ergebnis, dass ihm Pubertätsblocker versagt wurden. Beim letzten Gespräch mit der behandelnden Psychologin war ich als Mutter anwesend. Als Grund für die Ablehnung ergab sich, dass Luca in seiner Performance als trans*Junge nicht genügend männlich erschien und dies als Unsicherheit seiner geschlechtlichen Identität attestiert wurde. Laut Arztbericht des UKE und seines Endokrinologen passten die schwarz lackierten Fingernägel und gefärbten Haare nicht in den Bereich des typisch männlichen Geschlechtsausdrucks. Pubertätsblocker – so die weitere Begründung – seien daher bei Luca nicht angebracht. Sie würden für Luca nicht als Schonfrist für sein Finden der eigenen Geschlechtsidentität dienen, sondern seinen Weg in die Transition quasi festlegen.

Ich war fassungslos. Mein 14 Jahre altes Kind lebte mittlerweile seit fast zwei Jahren in seinem kompletten Umfeld als Junge. Er litt in seinem sich immer mehr verweiblichenden Körper und entwickelte eine behandlungsbedürftige Depression. Aber diese Äußerlichkeiten waren offenbar Grund genug, ihm keine Pubertätsblocker zu verschreiben, damit er sich ohne Druck eine gewisse Zeit erforschen könne. Die Beurteilung von Lucas geschlechtlicher Identität durch das UKE orientierte sich also vorwiegend an Äußerlichkeiten. Ist das tatsächlich der aktuelle Stand der Medizin? Ich frage mich generell: Wer kann von außen überhaupt beurteilen, ob ein Mensch wirklich trans* ist?

Für Teenager zählt jeder Monat, weil die körperlichen Veränderungen in dieser Zeit so massiv und letztlich unumkehrbar sind. Das monate- oder jahrelange Abbinden der Brüste bei trans*Jungen beispielsweise birgt erhebliche Risiken und hat starke Nebenwirkungen. Darunter leiden die Kinder massiv und sie suchen sich Ventile, um mit dem Leidensdruck irgendwie umzugehen. In Gesprächen mit anderen betroffenen Eltern hörte ich viele Ähnlichkeiten zu Lucas Leidensweg: Depressionen, selbstverletzendes Verhalten (was nicht verwundert, wenn sich der eigene Körper falsch anfühlt) bis hin zu Suizidalität. Es gibt nicht wenige Jugendliche, die Angst haben, sich zu Hause zu outen, und somit kein unterstützendes Umfeld haben. Untersuchungen belegen, dass trans*Jugendliche eine um ein Vielfaches erhöhte Suizidrate haben. Als Mutter frage ich mich, ob diese Untersuchungsergebnisse bei Behandler*innen überhaupt Beachtung finden. Ich wünsche mir von Mediziner*innen, dass sie mein Kind bestmöglich von seinem Leidensdruck befreien, damit es jetzt und später ein gesundes und glückliches Leben führen kann. Und dazu gehören für trans*Kinder und -Jugendliche die schnelle Gabe von Pubertätsblockern. Wenn jedoch äußerliche Beweise herhalten müssen für ein inneres Gefühl – was sagt das darüber aus, wie ernst die jungen Patient*innen von der Ärzt*innenschaft genommen werden?

Ich habe mich seit Lucas Outing sehr viel mit der Thematik beschäftigt und wünschte, dass mein Kind sich nicht so einen schwierigen Weg ins Erwachsenenleben »ausgesucht« hätte. Und dennoch kann ich nicht die Augen vor dem verschließen, was ist: Luca wählt den Weg, der sich für ihn richtig anfühlt. Ich sehe nicht, dass irgendjemandem eine Beurteilung darüber zusteht. Meine Rolle als Mutter sehe ich darin, mein Kind auf seinem Weg zu begleiten, ihm einen Entwicklungsrahmen zu bieten und ihm gute Werte für sein Leben mitzugeben. Ob er nun später als Mann oder Frau oder etwas dazwischen oder außerhalb lebt, ist und bleibt – auch als Heranwachsender – seine ureigene Entscheidung.

Wir haben nach der Ablehnung der Pubertätsblocker durch das UKE zum Glück recht schnell einen anderen Weg gefunden, auf dem Luca nun wertfrei und akzeptierend unterstützt wird. Er bekommt nun endlich, mit 14,5 Jahren, Pubertätsblocker und hat Aussicht darauf, noch in diesem Jahr mit der Hormontherapie zu beginnen. Seit sich dieser Weg gezeigt hat, geht es ihm mental deutlich besser. Auch jetzt kämpft er noch mit Depressionsschüben und mit dem erniedrigenden Gefühl, wenn er misgendert wird. Aber es geht für ihn endlich voran. Luca hat begriffen, dass eine Transition viel mit Geduld zu tun hat. Mehr als zwei Jahre als Junge lebend habe ich keinen Zweifel mehr daran, dass er weiß, was und wer er ist.

Für mein Gefühl entwickelt sich unser kollektives Bewusstsein mittlerweile dahin, dass es nicht mehr so sehr um Äußerlichkeiten, Status und messbare wissenschaftliche Fakten geht. Immer mehr Menschen wenden sich ab von Werten wie Macht, materiellem Wachstum und Leistungsstreben um jeden Preis. Die aktuellen politischen und ökologischen Krisen dürften mehr als deutliche Signale für die negativen Seiten dieser Werte sein. Immer mehr Menschen wenden sich hin zu Werten wie Sensibilität, menschlicher Verbindung und der Erforschung des eigenen Inneren. Aufstrebende aktivistische Bewegungen für die Umwelt, Gleichberechtigung, Frieden und Inklusion sind Zeichen dafür, dass wir als Gesellschaft so langsam begreifen, nicht alles steuern, bestimmen oder erklären zu können, sondern dass es Zeit wird, auch auf den inneren Dialog zu hören und sich gegenseitig mit Respekt und Achtsamkeit zu begegnen.

Für mich gehört auch die Sprache dazu. Auch ich war vor einiger Zeit noch nicht bereit zu gendern. Zu ungewohnt fühlte es sich an und für mich irgendwie nicht notwendig. Durch die intensive Auseinandersetzung mit dem Thema »Identität« und »Gleichberechtigung« habe ich mittlerweile eine andere Auffassung dazu. Sprache ist ein Spiegel unserer inneren Haltung. Wenn ich mit meiner Sprache erreichen kann, dass sich mehr Menschen angesprochen und eingeschlossen fühlen – warum sollte ich dann meine Sprache nicht entsprechend anpassen. Ja, es bedeutet ein wenig Umgewöhnung. Aber Sprache ist lebendig. Wir sprechen heute auch nicht mehr wie vor 200 Jahren, also zählt das Argument »Schutz der deutschen Sprache« in meinen Augen wenig. Ich habe mir das Gendern weitgehend angewöhnt, und ich glaube daran, dass es sich verbreiten wird, je mehr es freiwillig angewandt wird. In zehn Jahren wird wahrscheinlich kaum noch jemand nicht gendern (von den Hardlinern mal abgesehen, aber die Ewiggestrigen wird es wohl immer geben).

Ich sehe meine Rolle als Mutter gegenüber meinem heranwachsenden Kind nicht mehr ausschließlich als eine lehrende und in eine nach meinen Vorstellungen erziehende. Durch mein Kind habe ich begriffen, dass ich mein Verständnis vom Leben um die Perspektive der jüngeren Generation erweitern und von meinem Kind lernen darf. Dazu gehört für mich auch, zu akzeptieren, in welcher Identität sich ein Mensch richtig fühlt. Damit fällt jeder Anspruch gegenüber den betroffenen Menschen auf eine Rechtfertigung für dieses Empfinden weg. Es ist, wie es ist.

Ich wünsche mir für die Zukunft meines Kindes und aller Menschen, die sich auf dem Geschlechtsspektrum nicht zu 100 % männlich oder weiblich fühlen, dass wir uns alle in unserem Identitätsgefühl gesehen und wertgeschätzt fühlen. Niemand nimmt irgendjemandem etwas weg, wenn sich Rechte und Pflichten für alle gleich bemessen.

Für Eltern von trans*Kindern gebe ich mit: Nehmt bitte euer Kind ernst. Als ihr mit eurem Kind schwanger wart, wurde euch ganz sicher die Frage gestellt: »Was wird es denn?« Und bestimmt habt auch ihr geantwortet: »Egal, Hauptsache es ist gesund.« Euer Kind möchte genau das: ein gesundes und glückliches Leben. Unterstützt es dabei und hinterfragt immer auch eure eigenen Werte. Es könnte sein, dass ihr durch euer Kind noch etwas für euer eigenes Leben lernt.

Eli Kappo

Das Recht auf eine Entscheidung

Eli Kappo (*1992) schreibt als »she's in detransition« von den Schwankungen auf dem Weg zum eigenen Geschlecht. Die Detransition wird medial oft als Argument gegen den selbstbestimmten Zugang zur Transition präsentiert. Dass das Bild von der Rückkehr nach einer falschen Entscheidung nicht der Erfahrung vieler Detransitioner entspricht, macht Eli anhand der eigenen Lebensgeschichte deutlich.

Meine Geschichte

Wenn ich von meiner eigenen Geschichte erzähle, werde ich oft gefragt, ob ich es bereue, mich im Alter von 19 Jahren für die geschlechtliche Transition entschieden zu haben. Ich denke zurück an den jungen Menschen, der ich damals war: an die wirklich schrecklichen Jahre meiner Jugend, die meiner Entscheidung vorausgingen, an mein blasses Gesicht, weil ich selten vor 18 Uhr das Haus verließ und meist bis in die Morgenstunden noch wach war, an meinen ersten richtig kurzen Haarschnitt, der mich mit einer elektrisierenden Euphorie erfüllte. Diese Person tut mir leid. Ich hätte ihr ein anderes Leben gewünscht, andere Möglichkeiten, bessere Unterstützung und eine Gesellschaft, die nicht so kalt und feindselig ist, wie unsere es sein kann. Und trotzdem kann ich sagen: Meine Entscheidung zur Transition war ein Akt der radikalen Selbstliebe. Es war die Entscheidung gegen alles, was mir sowohl die gesellschaftliche Norm als auch die Menschen in meinem Umfeld viele Jahre lang nahegelegt und aufgezwungen haben. Der Schnitt – das, wovor diejenigen, die die Transition verteufeln, so große Angst haben – war nicht die Narbe, die sich quer über meinen Brustkorb zieht, sondern die Lossagung von einer Rolle, die mir von Geburt an zugeteilt war. Als der Mensch, der ich plötzlich wurde, war ich Chaos, ich war mein eigenes Inneres, das sich seinen Weg durch meine Haut nach außen gebahnt hatte. Sicher gibt es andere Wege, sich den Erwartungen einer unterdrückerischen Ordnung zu widersetzen, aber meine Mannwerdung war mein eigener, und diesen Weg ging ich offenen Auges, in dem Bewusstsein, dass sich alles gegen mich stellen würde wie eine unsichtbare Strömung. Ich lache ein bisschen, wenn jemand sagt, junge Menschen müssten »vor der Transition geschützt« werden. Vor der Krankheit Sexismus sollten die kommenden Generationen geschützt werden, sage ich dann, die mich, meine Eltern und deren Eltern zeit ihres Lebens langsam zerfressen hat. Der einzige Schutz davor ist der Kampf dagegen, und diesen Kampf zu führen schwor ich mir, als ich in den Anfängen meines Lebens als Mann plötzlich verstand, wie es sich anfühlt, mit diesen Sprüchen und Witzen, den kleinen Funken des Hasses, nicht mehr gemeint zu sein. Das Gefühl, das mich überkam, war Scham: Ich wusste, dass das nicht richtig war, aber ich konnte oft nichts dagegen sagen, weil meine eigene, zart keimende Männlichkeit sich noch nicht dagegen behaupten konnte. Vielleicht hätte sie es auch gekonnt, aber zu groß war die Angst, so, wie sie überhaupt immer groß war in einer Welt, die nicht für mich gemacht ist.

Noch größer wurde die Angst, als ich vom Weg der geschlechtlichen Transition abwich und mit der Detransition ins Ungewisse ging.

Wenn ich meine Vorträge halte, erzähle ich hauptsächlich von mir selbst. Natürlich habe ich versucht, andere zu finden, die meine Erfahrungen teilen. Die wenigen, die ich gefunden habe, erzählten mir vieles, was sich für mich bekannt anhörte. Sie sprachen davon, wie sie durch die Erwartungen ihrer Umwelt mit sanftem Druck oder mit klaren Worten zu bestimmten Schritten gedrängt worden sind: zur Verkörperung der Männlichkeit oder Weiblichkeit, wie andere sie sehen wollen. Was wäre die Alternative gewesen? In einer Welt, in der diese zwei Geschlechtskategorien unser ganzes Leben bestimmen, gibt es keine echten Alternativen. Der Raum zwischen den Geschlechtern »männlich« und »weiblich« ist, abgesehen von den Versuchen Einzelner, ihn zu füllen, ein Nichts. Der Übergang ist ein riskantes, beängstigendes Unterfangen. Und was ist die Erfahrung der Detransition? Zunächst einmal die Erkenntnis, dass beim Gang über die Schlucht die Seile der Brücke gerissen sind.

Fakten und Zahlen

Detransition bedeutet Zerfall. Alles Feststehende löst sich auf, das Bekannte muss hinterfragt werden. Das mag der Grund dafür sein, dass dieses Szenario auch dann Verunsicherung auslöst, wenn es wertfrei benannt wird. Bei all den Mühen und Problemen, die trans*Personen in Kauf nehmen, um im richtigen Geschlecht zu leben, wünschen sich alle an der Transition Beteiligten – ärztlich und psychologisch Behandelnde, Angehörige, trans*Personen selbst – eine Befreiung und Erleichterung. Der Gedanke, dass die vorgenommenen Maßnahmen umsonst, vielleicht sogar schädlich gewesen sein könnten, muss abgewehrt werden: Die Detransition ist nach wie vor ein gesellschaftliches Tabu.

Die spärliche Datenlage zu dem Thema ist das Ergebnis mehrerer Faktoren, die die Detransition zahlenmäßig und als Konzept schwer fassbar machen. In medizinischen Studien der vergangenen Jahrzehnte wurde vereinzelt festgestellt, dass manche trans*Patient*innen ihre Transition unter- oder vollständig abgebrochen haben. Die Gründe dafür wurden in diesen Studien typischerweise nicht näher untersucht. Ein anderer Aspekt, der im Zusammenhang mit Detransition oft genannt und in medizinischen Studien abgefragt wird, ist die Reue nach operativen oder allgemein medizinischen Transitionsmaßnahmen. Eine Langzeitstudie (1972–2015), die mit 6793 Patient*innen des größten Versorgungszentrums der Niederlande schätzungsweise 95 % der transgeschlechtlichen Bevölkerung umfasste (»Amsterdam Cohort«)[7], stellte bei 0,6 %

7 Wiepjes, C. M., Nota, N. M., de Blok, C., Klaver, M., de Vries, A., Wensing-Kruger, S. A., de Jongh, R. T., Bouman, M. B., Steensma, T. D., Cohen-Kettenis, P., Gooren, L., Kreukels, B., & den Heijer, M. (2018). The Amsterdam Cohort of Gender Dysphoria Study (1972–2015): Trends in Prevalence, Treatment, and Regrets. The journal of sexual medicine, 15(4), 582–590. doi.org/10.1016/j.jsxm.2018.01.016.

der transweiblichen und 0,3% der transmännlichen Patient*innen, die eine Entfernung der Keimdrüsen haben vornehmen lassen, Reue bezüglich der Transition fest. Gelegentlich werden nach dieser Art Detransitioner als *»Regretter«* (»Bereuende«) bezeichnet, unabhängig von ihrem tatsächlichen Verhältnis zu ihrer Geschlechtsidentität und Transition.

Es gibt gute Gründe, warum die Detransition nicht als rein medizinisches Phänomen betrachtet werden sollte, etwa als Maß der Zufriedenheit mit OP-Ergebnissen. Einerseits ist jeder operative Eingriff mit Risiken und einer emotionalen Befangenheit verbunden: Was, wenn das Ergebnis mich nicht glücklich macht, meinen Schmerz nicht lindert, mir nicht das verschafft, was ich mir von meinem Körper und Leben erhoffe? Auch in einer Zeit der marktwirtschaftlichen Logik ist das eigene Fleisch und Blut kein Kleidungsstück oder Elektrogerät, das notfalls noch umgetauscht werden kann. Wenn wir uns auf eine Operation einlassen – ob nun die der seit Jahren schmerzenden Knie oder eben eine Anpassung der Geschlechtsmerkmale des Körpers –, riskieren wir unsere körperliche Gesundheit und psychologische Unversehrtheit. Die Notwendigkeit des Eingriffs ist immer eine persönliche Ermessenssache, eine Kosten-Nutzen-Rechnung, bei der Mediziner*innen uns beraten können, die wir am Ende aber selber tragen müssen. Noch schwieriger ist der Versuch, jede Detransition tatsächlich als Reue bezüglich der Transition zu bezeichnen. Detransition ist nach meiner eigenen Erfahrung und durch das, was ich von anderen hörte, in erster Linie Ambivalenz. Und viele Fragen: Was war richtig an meinem

Weg, was war falsch? Hätte ich mich anders entscheiden können?

Die 2021 veröffentlichte Analyse einer Kohorte von 2242 Personen mit Detransitionserfahrung stellte fest, dass die Gründe für eine Detransition vielfältig sind und in 82,5 % der befragten Gruppe mindestens ein externer Faktor wie sozialer Druck oder medizinische Komplikationen als Grund benannt wurde.[8] Diese Gruppe wurde zuvor durch eine Onlineumfrage gefunden, die sich an trans*Personen im Allgemeinen richtete (27715 Teilnehmende in den USA) und in der auch die Häufigkeit von Detransition untersucht wurde. Von den 17151 Teilnehmenden, die in der Vergangenheit bereits eine Transition unternommen hatten, bejahten 13,1 % die Frage nach einer Erfahrung mit Detransition, was bedeutet, dass sie zum aktuellen Zeitpunkt oder in der Vergangenheit ihre geschlechtliche Transition sozial, medizinisch oder rechtlich abgebrochen hatten oder den Weg zurückgegangen sind. Das ist insofern bemerkenswert, als dass diese Personengruppe sich noch immer mit der Bezeichnung »trans« verbunden fühlte oder zum Zeitpunkt der Umfrage bereits wieder retransitioniert, also zum Leben in der Transidentität zurückgekehrt war. Zwei Schlüsse sind daraus zu ziehen: Einerseits ist die Detransition also durchaus eine Erfahrung, die nicht wenige trans*Personen im Laufe ihres Lebens machen, aus unterschiedlichen Gründen. Andererseits ist mit diesen Daten

8 Turban, J. L., Loo, S. S., Almazan, A. N., & Keuroghlian, A. S. (2021). Factors Leading to »Detransition« Among Transgender and Gender Diverse People in the United States: A Mixed-Methods Analysis. LGBT health, 8(4), 273–280. doi.org/10.1089/lgbt.2020.0437.

nicht die Gesamtheit aller Detransitioner abgedeckt. Es ist davon auszugehen, dass manche Detransitioner, die ihr Leben als trans*Person hinter sich lassen und mit entsprechenden Communitys nicht mehr verbunden sind, durch solche Umfragen nicht erreicht werden können.

Pablo Expósito-Campos (2021) schlägt eine Einteilung in zwei Gruppen von Detransitionern vor: *core* und *non-core detransitioner*, je nachdem, ob es sich um Personen handelt, die aus äußeren Gründen und meist vorübergehend *(non-core)* oder durch einen Sinneswandel bezüglich der Geschlechtsidentität detransitionieren *(core)* und damit zur »Kerngruppe« gehören.[9] Obwohl eine Vielzahl von Personen damit erfasst werden kann, hat diese Einteilung auch Nachteile: Trotz seiner vorsichtigen Formulierung mutmaßt der Autor, dass diejenigen, für die die Detransition nur einen äußerlich bedingten, vorübergehenden Zustand darstellt, eine grundlegend andere Erfahrung haben als die, die eine innere Motivation haben und vermeintlich oder tatsächlich »für immer« detransitionieren. In der Realität ist die Situation komplizierter, alleine schon, weil es sowohl innere als auch äußere Beweggründe geben kann und diese manchmal schwer voneinander trennbar sind. Wie kann bei einer Detransition ein klares Urteil gefällt werden, wenn schon bei der ersten Transition nicht klar war, ob gesellschaftlicher Druck oder intrinsische Motivation mehr Gewicht bei der Entscheidung hatte? Wenn mein gesamtes Umfeld mich davon überzeugt, dass es super ist,

9 Pablo Expósito-Campos (2021) A Typology of Gender Detransition and Its Implications for Healthcare Providers, Journal of Sex & Marital Therapy, 47:3, 270 280, DOI: 10.1080/0092623X.2020.1869126.

dass ich wieder als Frau lebe, wie erkläre ich mir diese innere Sehnsucht nach meinem Leben als Mann? Von der Unmöglichkeit, eine Prognose über eine mögliche Retransition zu treffen, sei an dieser Stelle ganz zu schweigen.

In der rückblickenden Bewertung der eigenen Transition, im Verhältnis zu trans*Communitys, im Ausmaß der Reue bezüglich getroffener Entscheidungen und in der geschlechtlichen und sexuellen Verortung nach der Detransition gibt es innerhalb der Gruppe aller, die sich als Detransitioner bezeichnen, große Unterschiede. Selbst wenn es Vernetzung und Solidarisierung unter Detransitionern gibt, wie seit Mitte der 2010er in Online-Räumen, sind die Erfahrungen und Haltungen der Betroffenen bei Weitem nicht homogen. Fest steht, dass ein großer Teil von denen, die detransitionieren, sich mit trans*Communitys solidarisch zeigen und sich noch immer als Teil von ihnen empfinden. Schwierig zu erfassen ist, wie groß die Gruppe derjenigen Detransitioner ist, die mit trans*Communitys brechen und sich kategorisch für größere Hürden beim Zugang zur medizinischen und rechtlichen Transition aussprechen. Inwiefern diese Hürden helfen könnten, sei dahingestellt – die Mehrheit derer, mit denen ich darüber sprach, erzählten von dem, was ich selbst erfahren hatte. Ein Spießrutenlauf von Prüfungen, die bestanden werden müssen, weil von ihnen das gesamte Leben abhängt, lässt für die freie Entfaltung keinen Platz, manchmal noch nicht einmal genug Platz für einen freien Gedanken.

Das Recht, sich zu entscheiden

Ob wir uns in einer Welt, in der Macht ungleich verteilt ist, wirklich frei entscheiden können, ist eine Frage, die zu groß ist, als dass ich sie beantworten könnte. Sicher weiß ich, wie es sich anfühlt, es eben nicht zu können – nicht zu dürfen.

Ich erinnere mich an ein gefilmtes Interview, bei dem ich gefragt wurde, ob meine Weigerung, dem Produktionsteam meinen Geburtsnamen zu verraten, denn ein Versuch sei, meine ganze Vergangenheit und vor allem meine Kindheit »als Mädchen« auszulöschen. Ich war nicht nur wegen der Unhöflichkeit der Frage perplex, sondern auch, weil die Vorstellungen dieser Menschen wirklich nichts mit meiner Realität zu tun hatten. »Nein«, sagte ich sofort, und nach kurzem Nachdenken ergänzte ich: »Meinen Geburtsnamen hat meine älteste Schwester für mich ausgesucht. Das ist ein Name, der mir mit Liebe gegeben wurde. Da ich mit meiner Geschichte in die Öffentlichkeit gegangen bin, weiß ich, wie grausam Menschen sein können. Das ist der Grund, warum ich diesen Teil von mir – das trans*Kind, das ich damals schon war – schützen möchte. Und genau das wünsche ich auch allen heutigen trans*Kindern: dass jemand sie vor denen, die Leute wie uns hassen, beschützt.«

Oft frage ich mich, was ich also gebraucht hätte, als ich 12, 14, 19 und verzweifelt war, weil ich wusste, dass etwas gewaltig schiefläuft, aber dachte, dass ich damit vollkommen alleine bin. Vor allem hätte ich jemanden gebraucht, der mir zuhört. Von manchen wird behauptet, junge Lesben seien die wahren Opfer der Bewegung für trans*Rechte – je mehr bekannt werde, dass trans*Personen schon im jungen Alter von ihrem Anderssein wissen, desto eher würden junge Frauen, die in den Augen der Gesellschaft zu maskulin, störrisch, lebhaft oder eben einfach lesbisch sind, fälschlicherweise zu trans*Jungen erklärt und geradezu zur Transition gedrängt. Es dürfte nicht überraschen, dass die meisten, die diesen Mythos öffentlich aussprechen, weder trans* noch lesbisch und oft noch nicht einmal Frauen sind. Was es heißt, sich im frühen Jugendalter als lesbisch oder bisexuell zu outen, weiß ich selbst. Und was geschah? Ich wurde mit aller Kraft überhört, so, wie ich auch überhört wurde, als ich versuchte, von meinen massiven psychischen Problemen zu erzählen. Diese kommen natürlich nicht aus dem Nichts.

Schon zu Beginn meiner Öffentlichkeitsarbeit zum Thema Detransition betonte ich, dass eine jugendpsychologische Betreuung von sogenannten trans*Kids die Familie mitmeinen muss. Ich kenne persönlich Eltern von trans*Kids, die ihr Kind nach seinem Coming-out so angenommen haben, wie ich es mir selbst gewünscht hätte. Bei meiner Mutter wäre dies nicht der Fall gewesen – ich war zwar in dem Alter noch nicht in der Lage, meine recht vage Vorstellung von trans*-Geschlechtlichkeit mit dem in Verbindung zu bringen, was mich selbst bedrückte, aber das, was ich bereits wusste und sagte, stieß auf Ablehnung und Unverständnis. Wäre ich einfach nur eine glückliche Lesbe geworden, wenn man mir erlaubt hätte, schon als Kind kurze Haare zu tragen? Nein, ich denke nicht. Aber ich wäre ein glücklicherer Mensch geworden, wenn man mir gesagt hätte: Kind, du darfst sein, was du bist, und nicht das, was andere von dir erwarten. Der Zugang zu einer sozialen, rechtlichen und medizinischen Transition für alle, die es wollen und brauchen, sollte nichts anderes sein als das. Kein Gleis in eine von Staat und Medizin vorbestimmte Richtung, sondern die Bedingung für eine freie Entscheidung.

Die Entscheidung, sich nicht zu entscheiden

Zuvor sprach ich von dem Nichts, das sich in einer Welt wie unserer zwischen den Geschlechtern »männlich« und »weiblich« befindet. Natürlich werden viele, die sich im Raum zwischen den Geschlechtern bewegen, mir hier widersprechen. Die Leere ist auch die Freiheit, sich als das authentische Selbst zu behaupten, ungebunden an die Vorgaben des Geschlechts. Das stimmt, aber diese Sicht lässt zwei Dinge außen vor. Erstens, dass jede Transition auch einen Verlust darstellt: den Verlust des alten Selbst, den Verlust von Möglichkeiten des Körpers oder des Lebens. Zweitens, dass das eigene Selbst niemals unabhängig ist, sondern in der Begegnung mit anderen immer wieder neu verhandelt werden muss, entgegen aller Widerstände des Individuums gegen die Gesellschaft.

Das Niemandsland zwischen den Geschlechtern ist, wie auch ein Niemandsland zwischen verfeindeten Stellungen in einem Krieg, niemals nur eine Leere. Zu einer anderen Zeit mag es für jemanden ein Acker oder blühender Obstgarten gewesen sein, und wenn wir als Gesellschaft es zulassen, kann es das wieder werden. 2011, zu Beginn meiner Transition, war für mich noch ganz klar, dass ich ein Mann und nichts als ein Mann bin. Als 2016 nach mehreren eigentlich recht zufriedenen Jahren plötzlich wieder diese Gedanken und Zweifel kamen, brach mir erst mal der Boden unter den Füßen weg. Es ist nicht nur das gesellschaftliche Miteinander, das einem Regelwerk für zwei Geschlechter folgt. Es ist auch der eigene Verstand, wenn man es nicht anders kennenlernt. »Was bedeutet es für dich, eine Frau zu sein?«, wurde ich in vielen Interviews gefragt. Manchmal gab ich eine unhandliche, theoretische Antwort – ich redete von der Wichtigkeit der individuellen, intrapsychischen Bedeutung einer jeden äußeren Erscheinung. Manchmal war ich ehrlicher und sagte: »Die Frau, die ich auch bin, wird für mich ein Stück weit immer meine Mutter sein.« Welche dieser Wahrheiten mehr Unbehagen auslöst, müssen wohl andere für mich entscheiden.

Ich habe zeit meines Lebens so viele Versionen meines Selbst kennengelernt, dass ich aufgehört habe, sie vor mir und anderen bewusst auszublenden und mir vorzumachen, meine jetzige Form sei ahistorisch wie ein Marmorblock. Ich habe nicht den großen Drang, Fotos von früher zu zeigen, auch wenn es sicher Spaß macht, meine Veränderungen über die Jahre zu sehen – ich alterte nicht nur, sondern wurde aus einem Teenager mit weichen Gesichtszügen zu einem braun gebrannten, lockigen jungen Mann und dann zu einer blassen Diva mit schwarzem Bob und unendlich traurigen Augen. Inzwischen lasse ich zu, dass es einen Teil von mir gibt, der sich von mir abwendet, wenn ich versuche, in den Spiegel zu schauen. Man muss sich selbst verzeihen können, dass man nie ganz derjenige ist, der man gerne wäre – oder diejenige. Und vor allem müssen wir aufhören, die Dinge einfach halten zu wollen, denn das Lebendige ist nicht einfach. Das Nichtwissen über mich selbst ist ein Schatz, den ich mir bewahren möchte. Indem ich zulasse, dass ich noch nicht alles über mich weiß, lasse ich zu, dass ich mich verändern kann. Bei meinen Vorträgen zeige ich gerne das Bild eines mäandernden Flusses: so stelle ich mir mein Leben vor, als Zeitstrahl in Bewegung.

3. Die aktuelle Situation

Felicia Ewert

Sprache ist nicht starr

Felicia Ewert (Sie/They) ist Politikwissenschaftlerin, Autorin, Kolumnistin, Podcasterin und politische Referentin zu den Themen Transfeindlichkeit, Nichtbinär-Feindlichkeit, Homofeindlichkeit, Queerfeindlichkeit und Misogynie. Felicia Ewert klärt seit zehn Jahren auf Social Media über Queerfeindlichkeit auf und hält seit sechs Jahren Vorträge zur Thematik.

Begriffe beschreiben Menschen, Menschen beschreiben Begriffe. Unterschiedliche Menschen legen Begriffe unterschiedlich aus und Sprache ist nicht starr, sondern sie wird permanent gewandelt und weiterentwickelt. Deshalb kann es niemals ein abgeschlossenes, allumfassendes Glossar geben. Wohl aber ist es immens wichtig, einen Überblick über gängige Definitionen und Begriffe zu geben, die Einstiege einfacher machen. *Representation matters.*

Trans, trans*, transsexuell, transident, transgender, nichtbinär, genderqueer, neutrois, agender, genderfluid – ein kleiner Überblick über Labels, die Menschen verwenden, die sich in keinem binären Geschlecht verorten oder nicht in dem Geschlecht, das ihnen bei der Geburt zugeschrieben wurde. Ich weiß, dies kann zunächst einmal überfordernd wirken. Aber bedenkt hierbei, wie überfordernd eine queerfeindliche, misogyne, sexistische Gesellschaft für Betroffene ist. Haltet an dieser Stelle kurz inne, atmet durch, nehmt euch selbst zurück und zeigt gelegentlich etwas Dankbarkeit, über Diskriminierungsmechanismen aufgeklärt und weitergebildet zu werden, statt sie selbst am eigenen Körper erleiden zu müssen.

Die oben erwähnten Begriffe geben einen kleinen Einblick. Ich möchte euch die Verwendung und die Unterschiede zwischen Selbst- und Fremdbezeichnung erläutern. Zunächst einmal, diese Begriffe, so unterschiedliche Lebensrealitäten sie auch bezeichnen, haben einen gemeinsamen Kern. Es geht dabei um Menschen, die sich nicht oder nicht vollständig mit dem Geschlecht identifizieren, das ihnen spätestens bei der Geburt zugewiesen wurde.[10] Warum *spätestens* bei der Geburt? Weil wir geschlechtliche Zuweisungen bereits Monate vor unserer Geburt erhalten. Durch Ultraschalluntersuchungen. Hierbei wird unter Einsatz des gesamten medizinisch-wissenschaftlichen Apparates zwischen die Beine eines Fötus geschaut und geschlussfolgert, es handele sich um einen Jungen, ein Mädchen, oder Option drei: »Mist, was machen wir jetzt?!« Wie unfassbar stark mit althergebrachten Geschlechternormen aufgeladen allein dieser Vorgang ist, zeigt sich, wenn das, was dort »eindeutig« auf dem Bildschirm sichtbar war, plötzlich bei der

10 Ewert, Felicia (2018: 29 ff): »Trans. Frau. Sein. Aspekte geschlechtlicher Marginalisierung.«

Geburt ganz anders ausschaut als erwartet. Dann stürzen manche Eltern und Familienangehörige geradezu in Verzweiflung. Weil das Kinderzimmer in der »falschen« Farbe gestrichen wurde. Die Kleidung in der »falschen« Farbe gekauft wurde. Das »falsche« Spielzeug gekauft wurde. Es ist gesellschaftlich akzeptiert, es gilt als selbstverständlich, dass wir in die Form und Beschaffenheit der Intimorgane eines ungeborenen Kindes Interessen, (körperliche) Fähigkeiten und potenzielle Berufswünsche hineininterpretieren. Ich finde, das alles klingt ziemlich absurd, aber es ist bis heute Realität. Und es passiert auch außerhalb des engsten Umfelds: Oft genug erwarteten fremde Menschen Auskunft über den Organstatus meines Babys, wenn es nicht »eindeutig« codierte Kleidung im Kinderwagen trug. Auf meine Antwort »Es ist ein Baby« wurde in der Regel zunächst mit herzlichem Lachen und einem »Guter Witz, den kannte ich noch nicht« reagiert. Kurz darauf erfolgte jedoch die Wiederholung der Frage und mitunter sehr schroffe Reaktionen, wenn ich keine adäquate Antwort, im Sinne der fragestellenden Person, gab.

Zurück zur Definition von trans*-Geschlechtlichkeit:

Auch hierbei gibt es keineswegs die eine, korrekte Definition. Queere Menschen sind Individuen und kein homogener Block. Wir haben unterschiedliche Ressourcen, Zugänge, Überzeugungen, Empfindungen. Wir teilen viele Erfahrungen, dies verpflichtet uns dennoch nicht, alle Sachverhalte 1:1 gleich zu definieren.[11] Eine Möglichkeit

11 Ewert, Felicia (2018:22): »Trans. Frau. Sein. Aspekte geschlechtlicher Marginalisierung.«

wäre es auch, zu sagen, dass meine (A-)Geschlechtlichkeit vom Eintrag in meiner Geburtsurkunde abweicht, nicht widergespiegelt wird etc. Eine Option wäre auch, zu sagen, dass mein korrektes Geschlecht nicht beim Standesamt hinterlegt ist.

Und schon verschieben wir den Vorstellungsraum von einer individuellen hin zu einer institutionellen Problematik. Die Bundesrepublik Deutschland erhebt das (zugewiesene) Geschlecht von Neugeborenen. Dies sollte uns annehmen lassen, dass dabei auf Korrektheit geachtet wird. Falls ein Irrtum vorliegt, muss eine schlichte Korrektur möglich sein. Eine Alternative wäre, generell auf diese Geschlechtererhebung zu verzichten. Dass damit Sexismus, ökonomische Diskriminierung und geschlechtsbezogene Gewalt nicht einfach aus der Welt geschafft wären, sollte klar sein.

Dass wir trans*-Geschlechtlichkeit so unterschiedlich definieren, führt oft dazu, dass queeren Menschen der Vorwurf gemacht wird, »sich uneinig« zu sein, »widersprüchlich« zu handeln. Und das wiederum zeigt sehr gut, wie sehr queerfeindliche Menschen darauf bedacht sind, für sehr persönliche Empfindungen allgemeingültige Definitionen zu erhalten. Queerness bedeutet aber eben auch, Dinge zu veruneindeutigen, von Menschen gemachte sprachliche und körperliche Geschlechtergrenzen als solche aufzuzeigen, zu kritisieren, zu überschreiten.

Viele sprachliche Konflikte entstehen, weil eine sehr umfassende Zahl an Begrifflichkeiten verwendet wird. Wie eingangs erwähnt, kann dies für Außenstehende, bisher weitgehend uninformierte Menschen erst einmal überfordernd wirken. Auch hierbei müsst ihr bedenken, dass queere Menschen nicht mit dem allumfassenden Wissen geboren wurden. Sie mussten es sich über Jahre hinweg, manchmal über Jahrzehnte, aneignen, verinnerlichen und oder selbst hervorbringen. Und wir sprechen hierbei nicht von irgendeinem *special interest*-Bescheidwissen in Bezug auf Filme, Musik oder meinetwegen Sportarten. Hierbei geht es um nichts Geringeres als die ganz persönlichen Lebensrealitäten von Menschen. Das ist kein »spannendes Thema, über das mal ein Mann berichten müsste«. Es geht um nichts Geringeres als um unsere Leben und um unser Überleben.

Oft begegnete mir der Satz: »Ich kenne mich damit ja nicht so aus.« *Fair enough*, aber auf die Frage, weshalb Menschen dann oftmals so viele veraltete, gewaltvolle Begriffe in ihren Sprachgebrauch aufgenommen haben und wo die denn herkommen, kommt selten eine sinnvolle Antwort. Medial aufgeschnappt, im Gespräch über trans*Personen mitbekommen. Deshalb ist Repräsentation so wichtig. Wir können sehr gut für uns selbst sprechen. Niemand muss hier »Die Stimme für trans*Personen« sein.

In vielerlei Kontexten werden etwa weiterhin Begriffe wie »Transsexualität/transsexuell« benutzt. Was ist daran problematisch? Historisch leitet sich dieser Terminus von »Sexus«, also Geschlecht ab. Ein Begriff, der jedoch oftmals sehr eng gefasst auf den Bereich Fortpflanzung und den entsprechenden Akt ausgelegt wird: Sex. In der praktischen Verwendung wirkt dies fehlleitend: Denn bei trans*Geschlechtlichkeit geht es nicht um sexuelle Orientierung, Begehren und so weiter. Es geht, wie der Begriff vermuten lässt, um Geschlecht. Historisch und auch aktuell ist die Existenz von queeren Menschen von Stigmatisierung, Sexualisierung und Fetischisierung begleitet. Ein Akt von außen. Begriffe wie »transsexuell« tragen hierzu zweifellos bei.

Allerdings: »Transsexualität« wird von einigen sehr wohl auch als Selbstbezeichnung verwendet. Und nichts daran ist verwerflich oder unberechtigt. Mir persönlich muss dies nicht gefallen, ich respektiere aber eben die Selbstbezeichnungen anderer queerer Menschen. Zusätzlich liegt es nie, nie, niemals an marginalisierten Menschen, die Verantwortung für die Diskriminierung und Gewalt zu tragen, die ihnen entgegenschlägt und angetan wird.

Und es gibt eine Vielzahl weiterer Begriffe, die im Laufe der Zeit Einzug in die Sprache fanden. Es lässt sich nicht vermeiden, dass in Medien und im gesamtgesellschaftlichen Alltag veraltete, stigmatisierende Worte weiterhin Verwendung finden.

Ein ganz besonders eindrückliches Beispiel hierfür? Der Begriff »Geschlechtsumwandlung«. Klingt nach Zauberei und der Kammer des Schreckens und erschreckend wenig nach einem präzisen medizinischen Begriff. Und es klingt so, als seien operative Eingriffe quasi unumgänglich und nicht einfach nur eine Option, die einer Person offenstehen sollten. Hiermit wird das Denken verfestigt, dass trans*Personen medizinische Maßnahmen durchführen lassen müssten, um ihr Geschlecht »erhalten« oder »erwerben« zu können. Und schließlich ist es ein Begriff, der überhaupt nicht anerkennt, dass es den Personen, die eine Transition anstreben, nicht darum geht, das Geschlecht zu »verändern«: Verändert werden soll vielleicht das äußere Erscheinungsbild und der Geschlechtseintrag – die Geschlechtsidentität einer Person jedoch war schon immer richtig. Dennoch findet diese Formulierung bis heute in Zeitungsartikeln und im allgemeinen Sprachgebrauch Anwendung. Mit den Desinformationen bezüglich gesetzlicher Reformen trumpfen hierbei auch gerne »urfeministische« Zeitungen mit ihren »Bedenken« auf und vermischen hierbei bewusst rechtliche und medizinische Aspekte. Wie zum Beispiel »BILD«[12] [13], »Welt«[14], »FAZ«[15] und andere.

Aber operative Eingriffe könnten präzise benannt werden. Sofern denn der Wille hierzu vorhanden wäre. Penoidaufbau, Mastektomie, Uterusektomie, Vulvaplastik, Vaginalplastik, Brustaugmentation sind Begriffe, die medizinisch präzise wären. Stattdessen werden Formulierungen wie »Geschlechtsumwandlung« oder, ein absoluter Klassiker: »Die OP«, verwendet. Eine Blinddarmentfernung

12 BILD (2023): »Schule bringt 11-Jährigen Geschlechtsumwandlung bei«, in: https://www.bild.de/politik/inland/politik-inland/kritik-an-arbeitsblaettern-schule-bringt-kindern-geschlechts-umwandlung-bei-82638000.bild.html (aufgerufen am 24.10.2023).

13 BILD (2023): »Bitte keine Ideologie im Klassenraum!«, in: https://www.bild.de/politik/kolumnen/kolumne/kommentar-zum-gender-irrsinn-bitte-keine-ideologie-im-klassenraum-82644898.bild.html (aufgerufen am 24.10.2023).

14 WELT (2023): »Wo Männer Babys gebären und ›Mann und Frau‹ tabu sind«, in: https://www.welt.de/politik/deutschland/plus247015710/Schule-und-Kita-Wo-Maenner-Babys-gebaeren-und-Mann-und-Frau-tabu-sind.html (aufgerufen am 24.10.2023).

15 FAZ (2023): »Russland verbietet Geschlechtsumwandlungen«, in: https://www.faz.net/aktuell/politik/ausland/russland-verbietet-operationen-und-hormone-zu-geschlechtsumwandlungen-19033895.html (aufgerufen am 24.10.2023).

heißt Appendektomie und nicht »Darmumwandlung«. Einen gängigen Begriff zu kritisieren führt unweigerlich zu neuen Konflikten. Und das nicht einmal zwingend mit Menschen, die bisher gebräuchliche diskriminierende Begriffe erbittert verteidigen würden. Wenn ich z.B. auf Social Media schreibe, dass der Begriff »Geschlechtsumwandlung« nicht verwendet werden sollte, dauert es in der Regel nicht lange, bis der erste »wissbegierige« Kommentar lautet: »Was ist denn der korrekte Begriff?« Dies ist zunächst einmal eine wichtige Grundhaltung. Marginalisierte Menschen weisen auf eine Problematik hin und nicht Betroffene wünschen sich Verbesserungsvorschläge. Schwierig wird dies deshalb, weil auch dahinter die Überzeugung steht, es gebe den einen korrekten Begriff. Ein sich wiederholendes Muster. Ich maße mir nicht an, für alle trans*Personen zu sprechen. Ich habe meine Position und gebe gerne alternative Optionen an. Wenn ich nach korrekten Begriffen für sehr komplexe Zusammenhänge gefragt werde, reagiere ich gerne erst einmal mit einer Gegenfrage: »Was möchtest du denn tatsächlich sagen/fragen?« Alle sozialen und medizinischen Maßnahmen einer geschlechtlichen Transition werden oftmals unbewusst, zur Vereinfachung, als »Die OP«, oder eben als »Geschlechtsumwandlung«, zusammengefasst. Das führt unweigerlich zu Konflikten.

Eine weiterhin gängige Vorstellung ist, dass alle transgeschlechtlichen Menschen medizinische Maßnahmen, speziell operative Eingriffe, durchführen lassen wollen. Das ist leider noch die wohlwollende Vorstellung. Tatsächlich steht dahinter gesellschaftlicher Druck bis hin zum faktischen Zwang, den eigenen Körper massiven medizinischen Eingriffen zu unterziehen, um vermeintlich respektiert oder akzeptiert zu werden. Doch Akzeptanz an derartige Bedingungen zu knüpfen, ist nichts anderes als eine Machtdemonstration. Und abgesehen davon hat das Bundesverfassungsgericht bereits 2011, wohlgemerkt nach Klagen, entschieden, dass verpflichtende Eingriffe, auch der explizite Zwang zur dauerhaften Fortpflanzungsunfähigkeit (Sterilisationszwang), nicht mit dem Grundgesetz vereinbar sind. Mehr als zehn Jahre hätte man also Zeit gehabt, sich diesbezüglich zu informieren.

Aufgrund all dieser Fehlverständnisse und der Stigmatisierung verwende ich den Begriff der geschlechtlichen Transition. Er umfasst viel mehr als nur direkte, invasive medizinische Prozeduren. Dabei geht es etwa auch darum, sich ausprobieren zu dürfen: Kleidungsstile, Frisuren, Make-up, Pronomen, Namen und so weiter. Damit soll gezeigt werden, dass medizinische Maßnahmen Optionen, aber keine Verpflichtung sind. Und was dabei wie ein bloßes »Ausprobieren« wirken kann, ist nichts Geringeres als die Tatsache, sich selbst leben und erleben zu dürfen. Und ich meine dies im faktischen, schonungslosen Sinne. Sich selbst erleben dürfen. Denn nichts Geringeres steht uns zu, als zu leben.

Das »echt transsexuell« vs. »falsch transgender«-Narrativ

Mit dem Erstarken queerfeindlicher Narrative kommt es auch immer häufiger zu scheinbar transfreundlichen Argumentationen, die jedoch lediglich der bestehenden transfeindlichen Rhetorik dienen sollen. Feindliche Personen wollen durch Ablenkungen suggerieren, dass sie eigentlich keinen Hass gegenüber trans*Personen hätten. »Wenn«, »aber«, »falls« sind beliebte Konjunktionen, die Einleitungen für Bedingungen darstellen sollen.

Hierbei wird ein Narrativ eingeführt, das sich mit »Gute versus schlechte trans*Person« beschreiben lässt. Transgeschlechtliche Menschen, die im Stillen eine sogenannte »Begleittherapie« hatten, im Stillen eine Personenstandsänderung beim zuständigen Gericht beantragten, im Stillen »begutachtet« wurden, im Stillen Tausende Euros an die Gerichtskasse überwiesen haben, im Stillen medizinische Maßnahmen durchführen ließen, im Stillen aufgrund von gesellschaftlicher und institutioneller Queerfeindlichkeit litten und auch leiden mussten, gelten als »echt«.[16]

Kompliziert und zum Problemfall werden wir in der Logik dieser Menschen, wenn wir öffentlich auf diese gesellschaftlichen Gewaltverhältnisse aufmerksam machen. Egal welchen Weg wir bis dato gegangen sind, sobald wir darüber in der Öffentlichkeit sprechen, diese Zustände laut-

16 RND (2023): »Alice Schwarzer kritisiert Selbstbestimmungsgesetz: ›Trans zu sein ist Mode‹«, in: https://www.rnd.de/politik/trans-sein-ist-mode-alice-schwarzer-kritisiert-selbstbestimmungsgesetz-PPQBFRHJLJGCHMFIGNKBK4OZYM.html (aufgerufen am 24.10.2023).

stark kritisieren und nicht länger erdulden wollen, wird uns der Status der »Echtheit« umgehend entzogen. Nun gelten wir als »zu laut, zu aggressiv, zu frech, zu undankbar«, oder eben auch als »Bedrohung«[17] [18] [19] [20] per Existenz.

Dieses Narrativ hat viele feine Abstufungen und wir werden dazu genötigt, konstant auf einer feinen Linie des »Nicht ernst meinen« und des »Geschlechtliche Stereotype reproduzieren« zu balancieren. Wir existieren unter Bedingungen, die ein sehr eng abgestecktes Verhalten einfordern und uns gleichzeitig beschimpfen, uns Gewalt androhen und antun, wenn wir die Bedingungen erfüllen. Ein erdrückendes Gefühl, nicht wahr?

Und hierbei kommt das erwähnte Narrativ zum Tragen. Wir können alles, was uns entgegengeworfen wird, überstehen, ertragen und uns wird dennoch kurzerhand die Validität abgesprochen. Gleichwohl der Begriff »transgender« eine gängige Selbstbezeichnung ist, wird er ebenso als Herabstufung durch transfeindliche Menschen verwendet. »Transsexuelle« Menschen gelten hiernach als »echt« und Transgenderpersonen als »lediglich etwas Gefühltes«. Was passiert, ist also die Vereinnahmung marginalisierter Men-

17 *Der Standard* (2023): »Wie Transmenschen zum Feindbild gemacht werden«, in: https://www.derstandard.de/story/2000145089234/wie-transmenschen-zum-feindbild-gemacht-werden (aufgerufen am 24.10.2023).

18 *Belltower News* (2023): »Transfeindlichkeit als Film Pathologisierung und Bedrohung«, in: https://www.belltower.news/transfeindlichkeit-als-film-pathologisierung-und-bedrohung-151425/ (aufgerufen am 24.10.2023).

19 *Das Erste* (2022): »Woher kommt der Hass?«, in: https://www.daserste.de/information/politik-weltgeschehen/kontraste/videosextern/woher-kommt-der-hass-102.html (aufgerufen am 24.10.2023).

20 *TAZ* (2023): »Frauenschutz ist gefährdet«, in: https://taz.de/Aktivistin-ueber-Schottlands-Trans-Gesetz/!5906396/ (aufgerufen am 24.10.2023).

schen mit dem Zweck, sich von Feindlichkeit freisprechen zu können. Bei dieser Taktik werden einzelne trans*Personen als »gut«, »gemäßigt«, »richtig«, »vernünftig« geframt, um sie gegen Kritik an der sonstigen Queerfeindlichkeit in Stellung zu bringen. »Seht her, ich kann nicht transfeindlich sein, diese Personen dahinten schätze ich sehr/ist mit mir befreundet« sind gängige Ausflüchte. Auch hierbei wird die Sympathie und vermeintliche Akzeptanz wiederum an bestimmte Bedingungen geknüpft. Diese Praxis wird auch als Tokenism bezeichnet.[21] Lasst sie damit niemals durchkommen.

Zum Abschluss ist zu sagen, dass niemand von endogeschlechtlichen[22], cis Personen erwartet, über Nacht zur perfekten Antidiskriminierungsperson zu werden. Das wäre illusorisch. Ich möchte vielmehr deutlich machen, dass es immens wichtig ist, sich konstant weiterzubilden. Auf die Bedürfnisse queerer Menschen einzugehen, in ihrem, unserem Sinne zu handeln. Und auch wir selbst sind nicht die Menschen mit dem allumfassenden Wissen. Nur weil wir selbst von massiven Diskriminierungen betroffen sind, macht uns dies nicht frei von diskriminierendem Denken. Oftmals gegen uns selbst. Auch wir können bei allem, was uns widerfuhr und weiterhin geschehen wird, immer noch massive Privilegierungen besitzen. Ich beispielsweise erlebe Homofeindlichkeit, Transfeindlichkeit, Frauenfeindlichkeit und bestimmte Formen von Psycho-

21 Rosa Mag (2020): Was bedeutet »Tokenism«?, in: https://rosa-mag.de/was-bedeutet-tokenism/ (aufgerufen am 24.10.2023).

22 Endogeschlechtlich/endo: Eine nicht intergeschlechtliche Person, in: Fachstelle Gender & Diversität: https://www.gender-nrw.de/fuma-e-v/ (aufgerufen am 24.10.2023).

pathologisierung. Und dennoch bin ich immer noch weiß, also nicht von Rassismus betroffen und ich besitze eine deutsche Staatszugehörigkeit. Und dennoch weiß ich, dass es meine verdammte Verantwortung ist, mich selbst über Diskriminierungsmechanismen zu informieren, von denen ich nicht betroffen bin. Mich zu bilden, um andere Menschen schützen und unterstützen zu können. Nichts Geringeres verlange ich von Menschen, die keine Transfeindlichkeit erleben müssen.

Smash the Cistem![23]

23 Cistem: Zusammensetzung aus cis (geschlechtlich) und System. Gesellschaftliche Systematik, die cis-Geschlechtlichkeit unmarkiert lässt und zum vermeintlichen »Normalzustand« macht.

Julia Monro

Verschwörungsmythen in der politischen Kommunikation – Begriffe und Widerstände – Transfeindlichkeit entlarvt

In den letzten Jahren sind Gender-Themen in Deutschland immer sichtbarer geworden. Das hat auch damit zu tun, dass zwei offen lebende trans*Frauen in den Bundestag eingezogen sind. Auch die Gesetzeslage hat sich verändert. So steht Homosexualität nicht mehr unter Strafe, es gibt gleichgeschlechtliche Ehen und den Geschlechtseintrag »divers«. Durch diese Sichtbarkeit folgt auch eine größere Akzeptanz innerhalb der Gesellschaft, was wiederum dazu führt, dass queere Menschen mutiger zu sich stehen. So dreht sich die Spirale nach oben. Toll! Sollte man meinen. Denn wir leben ja in einer progressiven und vielfältigen Demokratie. Aber es gibt eben auch Kräfte, denen diese Sichtbarkeit zu viel wird. Denn es ist längst kein Randthema mehr, wenn sich mehr als 10 % der Gesellschaft unter den Buchstaben LSBTI wiederfinden. Es wird behauptet, die angebliche Gender-Ideologie wolle allen verbieten, das zu sein, was sie eigentlich sind. Tatsächlich ist es aber genau umgekehrt: Feministische und queere Bewegungen machen sich dafür stark, dass alle sich frei entfalten können. Die genderkritischen Stimmen hingegen haben häufig eine sehr klare Vorstellung davon, wie

Menschen zu sein haben. So wird gut gemeinten progressiven Vorhaben schnell »Cancel Culture« unterstellt, sobald sie Gleichberechtigung verlangen. Der Fokus wird bewusst und auf heimtückische Art verlagert: Es findet eine Täter-Opfer-Umkehr statt und die gesellschaftliche Benachteiligung wird relativiert oder gar vollständig geleugnet. Sie werden in sozialen Medien niedergebrüllt und Stimmung gegen sie gemacht. Das hat zwei Effekte zur Folge: 1. Zweifel an der Rechtmäßigkeit der Forderungen dieser Minderheit. 2. Die Minderheit kommt nicht mehr dazu, ihr Kernthema zu vertreten, weil sie ständig zu Rechtfertigung gezwungen wird. Angeblich hat man ja die Mehrheit diskriminiert. Dabei ist die eigentliche Cancel Culture das Gebrüll, das ständige Skandalisieren und Diffamieren von Minderheiten, die es wagen, gleiche Rechte zu fordern. Aber eine privilegierte Mehrheit gibt von ihrem Wohlstand ungerne etwas ab.

So werden gezielt Verschwörungsmythen in der politischen Kommunikation eingebaut. Als politische Kommunikation bezeichnet man generell jede Form der Kommunikation, welche darauf abzielt, zustimmende Mehrheiten für sich und sein Thema zu generieren. Hierfür werden Unterstützer*innen mobilisiert und Gegner*innen diffamiert. Das passiert auch regelmäßig in juristischen Auseinandersetzungen. Nirgendwo wird häufiger gelogen als im Gerichtssaal. Es gewinnt die Partei, die die besseren Argumente vorbringt. Das Gegenüber wird unglaubwürdig gemacht und diskreditiert, von der eigentlichen Sache abgelenkt und neue Sachverhalte präsentiert.

Nichts anderes wird in dem Anti-Gender-Kampf angewandt: Diskreditierung, Falsch-Verdächtigen und Fokus-Verlagerung.

Kampfbegriff »gender«

So ist mittlerweile überall, wo *gender* draufsteht, eigentlich nur *gaga* gemeint. Die Buchautorin, FOCUS-Kolumnistin und CDU-Mitglied Birgit Kelle hat mit »Gendergaga« erfolgreich einen Kampfbegriff geprägt. Es hat eine erfolgreiche Diskursverschiebung stattgefunden. Noch bevor man dazu kommt, über Details zu sprechen, wird oftmals schon abgewunken. Man solle sich doch lieber mit »Wichtigerem« beschäftigen. Dabei wird viel zu oft vergessen, dass für diejenigen, um die es geht, oft nichts Wichtigeres existiert als die Anerkennung ihrer Existenz.

»Ein Fisch ist kein Fahrrad, ein Mann ist keine Frau und gender ist gaga.« So lautete die Aussage der AfD-Abgeordneten Beatrix von Storch am 17. Februar 2022 im Bundestag.[24] Was *gender* eigentlich ist, wissen dabei die wenigsten. 2019 veröffentlichte der Vatikan ein Papier mit dem Titel »Als Mann und Frau schuf er sie – Für einen Weg des Dialogs zur Gender-Frage im Bildungswesen«[25]. Die Gender-Theorie »höhlt die anthropologische Grundlage der Familie aus«, steht dort geschrieben, und sie wird wie folgt kritisiert:

> Die Gender-Theorien – insbesondere die radikalste Form – zeigen einen fortschreitenden Prozess der De-Naturalisie-

24 https://www.youtube.com/watch?v=k4TJJp6uhyw (aufgerufen am 24.10.2023).

25 http://www.vatican.va/roman_curia/congregations/ccatheduc/documents/rc_con_ccatheduc_doc_20190202_maschio-e-femmina_ge.pdf (aufgerufen am 24.10.2023).

rung oder der Entfernung von der Natur hin zu einer totalen Option für die Entscheidung des emotionalen Subjekts. Mit dieser Haltung werden sexuelle Identität und Familie Dimensionen der postmodernen »Verflüssigung« und »Fluidität«: gegründet allein auf eine falsch verstandene Freiheit des Fühlens und des Wollens statt auf die Wahrheit des Seins.

Indem die Gender-Theorie also zwischen dem sozialen Geschlecht *gender* und dem biologischen Geschlecht *sex* unterscheide, trenne sie also die gelebte Geschlechtsrolle von der biologischen Wahrheit. In der heutigen Diskussion um das Selbstbestimmungsgesetz wird dieser Aspekt immer wieder angeführt. Sex und gender sind zwei völlig verschiedene Dinge. Der Mensch kann sein gender zwar beliebig variabel gestalten, aber der sex ist durch die Natur vorbestimmt und unveränderbar. So wird dann auch unter anderem legitimiert, dass man eine trans*Frau gerne als »biologischer Mann« bezeichnen möchte, denn die Biologie ist ja die natürliche unveränderbare Wahrheit.

Diese Idee verfolgt auch ein Verein mit dem Namen LGB Alliance. Diese Organisation gründete sich zufälligerweise im selben Jahr, in dem das Papier des Vatikans publiziert wurde. Es ist ein Zusammenschluss transexklusiver radikaler Feminist*innen, die das Ziel haben, diese vermeintliche *gender ideology* aufzuhalten und das T aus dem LGBT auszuklammern. Ihr Ziel ist eine Spaltung der Community: Die sexuellen Orientierungen (**L**esbian **G**ay **B**isexual) und die geschlechtliche Identität (**T**rans) seien getrennt voneinander zu behandeln.

Die Idee findet Nachahmung. Innerhalb von drei Jahren wurden in Europa und Übersee zwölf weitere *LGB Alliance*-Gruppen gegründet. Seit 2022 auch in Deutschland. Eine der Mitgründerinnen ist Sabeth Blank, eine bekennende Detransitioniererin, die in den deutschen Medien gerne gegen einen angeblichen trans*-Hype stänkert und davor warnt, wie leicht man an Hormone gelangen kann. Kein Wunder, denn damit hat sie ja Erfahrung: In sozialen Medien und Interviews hat sie selbst davon berichtet, dass sie nicht den offiziellen Weg gegangen ist. Sie hat alles dafür getan, um diesen zu unterwandern, Ratschläge der trans*Community ignoriert, sich nicht an die vorgeschriebenen Therapien gehalten und nach Alternativen gesucht, um Hormontherapie und Brust-Operation vorzeitig durchzuführen. Den Weg anschließend zu *bereuen* und sich zum Sprachrohr für Detransition zu machen, erscheint vor diesem Hintergrund mehr als paradox. So wird das Thema Detransition immer häufiger als Motor gegen das Selbstbestimmungsgesetz verwendet, um darauf hinzuweisen, dass Transitionen ein großes Risiko für Fehlentscheidungen bergen, etc. Immer häufiger liest man Medienberichte darüber und plötzlich findet man auch im Gesetzesentwurf zum Selbstbestimmungsgesetz entsprechende Passagen, die einen »Übereilungsschutz« bieten sollen. Fachlich fundiert ist das nicht. Zumal auch hier das Prinzip der Fokus-Verlagerung angewendet wird, denn mit medizinischen Maßnahmen hat das Gesetz nichts zu tun.

Gefährliches Anti-Gender-Movement

Das US-amerikanische Lemkin Institut für Genozidprävention stuft die gesamte *gender critical* (GC)-Bewegung sogar als faschistisch ein.[26] Die Autor*innen sind der Meinung, dass es eine faschistische Bewegung ist, die eine speziell genozidale Ideologie verfolgt, mit dem Ziel der vollständigen Ausrottung der trans*-Geschlechtlichkeit auf dem gesamten Globus. Und tatsächlich gibt es in den USA Menschen, die diese Forderung ungeniert öffentlich aufstellen, und in der Folge dauerte es nicht lange, bis auch in Deutschland Menschen den Mut dazu fanden.[27] Mittlerweile liest man regelmäßig davon, dass trans*Personen gefährlich seien, insbesondere für Kinder.

In mehreren US-Bundesstaaten wurden mittlerweile Gesetze eingebracht, die Drag-Lesungen vor Kindern verbieten sollen – dabei haben Dragqueens mit trans*-Geschlechtlichkeit erst einmal nicht viel zu tun.[28] Ebenso sollen LGBT-Themen im Schulunterricht verboten werden, oder etwa der Besuch von Damentoiletten für trans*Frauen unter Strafe gestellt werden. Die Webseite https://translegislation.com/ listet mit Stand Oktober 2023 für die USA 574 Gesetze und Verordnungen zum Nachteil von trans*Menschen auf, wovon bereits 83 verabschiedet und

26 https://www.lemkininstitute.com/statements-new-page/statement-on-the-genocidal-nature-of-the-gender-critical-movement%E2%80%99s-ideology-and-practice (aufgerufen am 24.10.2023).

27 https://www.queer.de/detail.php?article_id=45222 (aufgerufen am 24.10.2023).

28 https://www.spiegel.de/ausland/republikaner-wollen-drag-shows-verbieten-santos-trat-offenbar-als-dragqueen-auf-a-cc994aa6-f04d-40de-bc96-3381c939b058 (aufgerufen am 24.10.2023).

366 noch in Bearbeitung sind. 125 Vorhaben sind mittlerweile gescheitert.

Ähnliche Vorhaben existieren mittlerweile auch in Europa. So können trans*Personen beispielsweise in Ungarn nicht mehr gesetzlich anerkannt werden, und auch in Deutschland gibt es erste Bemühungen mit erstaunlichen Parallelen zu den Entwicklungen in den USA. Im unmittelbaren zeitlichen Zusammenhang des Besuchs einer CSU-Delegation beim republikanischen Gouverneur Ron DeSantis in Florida, einem der politischen Wortführer in Sachen Anti-Trans*-Gesetzgebung, forderte die Partei prompt das Verbot einer Drag-Lesung in München.[29] Und es ist zu befürchten, dass wir davon in Zukunft mehr sehen werden. Wir werden mehr über »Frühsexualisierung« lesen, mehr Verleumdungen erleben und es werden noch mehr Fake News verbreitet. Umso wichtiger wird es, einige dieser Desinformationen genauer zu erklären.

Manipulation mit dem Bugs-Bunny-Effekt

In einem berühmt gewordenen Experiment der Psychologin Elizabeth Loftus erinnerten sich Studierende daran, bei einem Besuch in Disneyworld in ihrer Kindheit Bugs Bunny begegnet zu sein. Das Problem: Der Comic-Hase ist eine Figur des Disney-Konkurrenten Warner Brothers, in Disneyworld ist er nicht anzutreffen. Mittels einer gefälschten Disney-Werbeanzeige war ihr Gedächtnis manipuliert worden.[30]

29 https://www.tagesschau.de/inland/regional/bayern/br-geplante-drag-lesung-fuer-kinder-sorgt-fuer-kulturkampf-in-muenchen-100.html (aufgerufen am 24.10.2023).

30 https://www.youtube.com/watch?v=eZlPzSeUDDw (aufgerufen am 24.10.2023).

Ähnliche Dinge tragen sich auch in der Debatte um das Selbstbestimmungsgesetz zu. Es werden Gedanken in die Köpfe der Menschen verpflanzt, die sie glauben lassen, das Gesetz habe in irgendeiner Form Konsequenzen für das gesellschaftliche Miteinander. Wie zum Beispiel der Besuch einer Toilette. Bis heute war es nie erforderlich, vor dem Besuch ein Ausweisdokument vorzuzeigen. Weder das alte Transsexuellengesetz noch das diskutierte Selbstbestimmungsgesetz regeln den Zugang zu irgendwelchen Räumen. Es wird einzig und allein der Geschlechtseintrag korrigiert und ein neuer Vorname bestimmt. Dennoch wird immer wieder eine vermeintliche Gefahr diskutiert, die das Gesetz angeblich zur Folge habe. Bugs Bunny lässt grüßen. Einige dieser Mythen sollen im Folgenden kurz und knapp erläutert werden.

Schutzräume

Besonders gefährlich ist die Umdeutung von WCs und Umkleidekabinen zu »Schutzräumen« und die Behauptung, dass mit dem geplanten Selbstbestimmungsgesetz eine Gefahr für Frauen entstünde. Männer können angeblich einfach beim Standesamt das Geschlecht »wechseln«, um dann problemlos WCs und Umkleideräume aufzusuchen, die für Frauen gedacht sind. Es ist von »Frauenschutzräumen« die Rede. Dieser Begriff ist derart manipulativ, dass ein detaillierter Blick auf die Realität notwendig wird. Männer betreten Frauen-WCs auch heute schon und das ganz ohne Selbstbestimmungsgesetz. Zum Beispiel, wenn Sie ihr Baby wickeln möchten. Denn häufig genug stehen auf den Herren-WCs gar keine Wickeltische, dem

Patriarchat sei Dank. Die Behauptung, das Selbstbestimmungsgesetz könnte missbraucht werden, um leichteren Zugang zu den WCs zu erhalten, ist also ziemlich absurd. Eher nimmt sich Papi eine Wickeltasche, um mal einen Blick ins Damen-WC zu erhaschen.

Natürlich ist ein WC ein Ort der Intimsphäre, etwas sehr Privates. Aber die Umdeutung von »intimer Raum« zu »Schutzraum« ist eine gezielte Manipulation. Bestimmte Begriffe erzeugen sehr konkrete Bilder in den Köpfen. Spricht man von »Schutz« und einem »Eindringling«, assoziiert mensch dies in der Regel sofort mit »Gewalt«. Mit der Verwendung des Begriffs »Schutz« werden Lesende bewusst getäuscht. Denn ein WC oder eine Umkleidekabine sind nicht dafür gedacht, Menschen vor Gewalt zu schützen. Es handelt sich um alltägliche Räume, die für alle Menschen öffentlich zugänglich sind. Sinn und Zweck eines echten »Schutzraumes« ist nämlich echter Schutz vor echter Gewalt. Zum Beispiel in einem Frauenhaus. Dieses ist nicht offen zugänglich, hat in der Regel auch ein Schutzkonzept und ist für die Öffentlichkeit gar nicht auffindbar. Hier wird also der Schutzbegriff völlig bewusst zweckentfremdet und auf einen Kontext ausgeweitet, der eigentlich gar keinen Schutz bieten kann und dafür auch nie gedacht war.

Operationen und Selbstbestimmungsgesetz

Natürlich stellt das SBGG auch eine Gefahr für trans*Kinder und Jugendliche dar – wenn man der rechtskonservativen Berichterstattung glaubt. Wenn sie in Zukunft das SBGG in Anspruch nehmen, dann liegen sie offensichtlich einen Tag später auf dem OP-Tisch, so wird es einem jedenfalls häufig suggeriert. Auch das ist ein völlig irreführendes Argument, denn das SBGG regelt gar keine medizinischen Maßnahmen, ebenso wie das alte TSG hierzu keine Regelungen enthielt. Zwar forderte das TSG zunächst, dass man sich vor der Änderung des Geschlechtseintrags fortpflanzungsunfähig operieren lassen müsse, aber diese Regelung wurde später als verfassungswidrig eingestuft und abgeschafft. Es darf niemand zu Operationen gezwungen werden, nur um den korrekten Geschlechtseintrag zu bekommen. Es existiert keine gegenseitige Abhängigkeit zwischen Recht und Medizin. Dies gilt natürlich auch umgekehrt. Ein Geschlechtseintrag legitimiert niemanden dazu, irgendwelche Operationen vornehmen zu lassen. Dennoch werden diese Mythen verbreitet und eine vermeintliche Abhängigkeit zwischen Geschlechtseintrag und medizinischen Maßnahmen konstruiert. Für Operationen sind weiterhin medizinische Diagnosen erforderlich und kein juristischer Verwaltungsakt. Erst wenn die Diagnosen gestellt wurden, wird bei den Krankenkassen ein Antrag auf Kostenübernahme eingereicht, dieser muss ein Genehmigungsverfahren durchlaufen inkl. einer psychologischen Begutachtung beim Medizinischen Dienst etc. Ein langwieriger Prozess, mit dem das Selbstbestimmungsgesetz nichts zu tun hat.

Geschlechterwechsel einmal pro Jahr

Ein weiterer Mythos ist das sogenannte »Geschlechterhopping«. In den (sozialen) Medien liest man immer wieder, man könne mit dem geplanten Selbstbestimmungsgesetz einmal pro Jahr sein Geschlecht wechseln. Diese Behauptung stammt ebenfalls aus der Bubble von Verschwörungstheorien. Tatsächlich ist in den bisherigen Überlegungen für das geplante Selbstbestimmungsgesetz von einer sogenannten »Sperrfrist« die Rede. Diese soll sich auf 1 Jahr belaufen und dem sogenannten Übereilungsschutz dienen sowie die Ernsthaftigkeit des Änderungswunsches sicherstellen.

In juristischen Kontexten ist eine solche Jahresfrist durchaus üblich. Zum Beispiel das Trennungsjahr, wenn eine Ehe zu Ende geht. Angenommen man würde am 1.1. eines Jahres heiraten, diese Entscheidung wieder bereuen, dann muss man erst ein Jahr warten, bevor man sich scheiden lassen darf, um entsprechend neu zu heiraten. Hier kommt allerdings kein Mensch auf die Idee, die Angst vor einem »Ehehopping« zu schüren. Weder bei der Heirat noch beim Geschlechtseintrag handelt es sich um eine jährliche Wechseloption. Es soll die Ernsthaftigkeit des Wunsches gewährleistet werden, bei dem Trennungsjahr soll man vor voreiligen Scheidungswünschen bewahrt werden. Also auch hier spielen die Themen Übereilungsschutz und Ernsthaftigkeit eine entscheidende Rolle.

Trans* als Modeerscheinung

Früher mussten trans*Menschen einen sogenannten *Transvestitenschein* beantragen, wenn sie sich in »gegengeschlechtlicher« Kleidung in der Öffentlichkeit bewegen wollten. Ohne Schein bestand die Gefahr, durch polizeiliche Behörden verfolgt zu werden.[31] Der Sexualforscher Magnus Hirschfeld fand bereits Anfang 1900 heraus, dass

31 https://de.wikipedia.org/wiki/Transvestitenschein (abgerufen am 13.04.2023).

das Bedürfnis, sich in der »gegengeschlechtlichen Rolle« zu zeigen, nicht zwingend mit der Sexualität eines Menschen in Verbindung stand. Als Arzt betrachtete er es als seine Pflicht, Menschen zu helfen, und erklärte das Tragen gegengeschlechtlicher Kleidung für einige seiner Patient*innen mittels eines Attests zu einer medizinischen Notwendigkeit. Diese Möglichkeit hatten trans*Personen jedoch überwiegend in Berlin und in ein paar wenigen anderen deutschen Großstädten. Die Gesamtsituation war weiterhin schwierig und die behördlichen Schikanen hörten dadurch keinesfalls auf. Von gesellschaftlicher Verachtung ganz zu schweigen. In Deutschland begann man also erst zu Beginn des 20. Jahrhunderts, sich juristisch dem trans*Thema zu nähern und nach Möglichkeiten der Legalisierung zu suchen.

Queere Menschen hatten im 20. Jahrhundert vor dem Gesetz keinen guten Stand, weshalb sie sich eher im Verborgenen aufhielten. Die Regeln und Gesetze sind heute nicht mehr so menschenverachtend wie damals. Heute dürfen homosexuelle Menschen heiraten und trans*Personen offiziell ihren Geschlechtseintrag korrigieren lassen. Und wenn die Rechtsprechung besser wird, und damit auch staatliche Strafverfolgung weniger wird, dann nimmt das logischerweise den Menschen die Angst. Man ist weniger gehemmt, zu sich zu stehen, und findet eher den Mut, sich zu entfalten. Von außen kann dies so wirken, als gäbe es viel mehr trans*Menschen als früher. Nein, es gab trans*Personen schon immer. Sie werden nur nicht mehr so übel verfolgt wie früher, sodass sie sich nicht mehr in dunklen Ecken verstecken müssen.

Im 21. Jahrhundert treffen Kinder und Jugendliche auf eine insgesamt tolerantere Gesellschaft und eine deutlich liberalere Rechtsprechung und Gesetzgebung. Als das Lebenspartnerschaftsgesetz 2001 in Kraft getreten ist, waren einige der Generation Z noch Säuglinge. Sie wuchsen damit auf, dass die Lieblingstante völlig selbstverständlich mit ihrer Partnerin zusammen war. Wenn ich Vorträge an Schulen halte, sitzen viele mit heruntergefallener Kinnlade im Publikum und können es gar nicht verstehen, dass die Lieblingstante vor 10 Jahren ihre Partnerin noch gar nicht heiraten durfte.

Dies führt dazu, dass diese jungen Generationen völlig selbstverständlich ihre sexuelle Orientierung und geschlechtliche Identität leben. Natürlich sind die Ängste der vorherigen Generationen dadurch nicht vollständig verschwunden. Queere Jugendliche wachsen noch immer in einer heteronormativen und binär geprägten Gesellschaft auf und müssen sich mit ihr auseinandersetzen. Die Coming-out-Studie des Deutschen Jugendinstituts (Krell/Oldemeier)[32] zeigt hier sehr eindrücklich, mit welchen Sorgen junge LSBTI-Menschen sich heute herumplagen müssen. Doch insgesamt ist man unbefangener als in den Generationen zuvor. Die Angst vor einem autoritären Staat und einer intoleranten Gesellschaft ist kleiner geworden.

Betrachtet man nun also generationenübergreifend die Situation queerer Menschen, stellt man hier tatsächlich einen *Trend* fest. Das Gallup-Institut fand 2021 in einer Um-

32 https://www.dji.de/fileadmin/user_upload/bibs2015/DJI_Broschuere_ComingOut.pdf (aufgerufen am 24.10.2023).

frage[33] heraus, dass in der Generation der vor 1946 Geborenen (»Traditionalisten«) sich 0,2 % der Menschen als bisexuell bezeichneten. In den Jahrgängen zwischen 1946–1964 (»Baby Boomer«) waren es 0,7 %, in der »Generation X« (die Jahrgänge 1965–1980) waren es 1,7 %. In den Jahrgängen 1981–1996 (»Millennials«) waren es schon 6,0 % und in den Jahrgängen danach (»Generation Z«) sogar 15 %.

Die Gesellschaft ist offener und toleranter geworden und probiert sich entsprechend aus. Aber von »Bisexualität als Trend« spricht merkwürdigerweise niemand. Bei trans* wird jedoch gleich ein ganzer *Hype* heraufbeschworen, obwohl der Anstieg bei den Zahlen deutlich niedriger ist als bei der Bisexualität: Bei den Traditionalisten waren es noch 0,2 %, die sich als »Transgender« identifizierten. Bei der Generation Z 2,1 %.

Es handelt sich also um einen völlig normalen Trend, also um einen *stetigen Anstieg*, aber nicht, weil es cool oder hip ist, sondern weil insgesamt weniger Angst kursiert als in den Generationen zuvor. Und das nicht nur beim Thema trans*, sondern bei LSBTI-Themen allgemein. Trans*Kinder und Jugendliche leben heute in einer viel aufgeklärteren Welt und finden schneller einen Namen dafür, wie sie sich identifizieren. In den meisten Fällen geht dem eine lange Phase der Selbstfindung voraus, in der sie sich darüber bewusst werden, wer sie sind. Laut einer Studie des Deutschen Jugendinstituts (DJI)[34] ver-

33 https://news.gallup.com/poll/389792/lgbt-identification-ticks-up.aspx (aufgerufen am 24.10.2023).

34 https://www.dji.de/fileadmin/user_upload/bibs2015/DJI_Broschuere_ComingOut.pdf (aufgerufen am 24.10.2023).

gehen zwischen dem inneren und dem äußeren Coming-out bei trans*Mädchen durchschnittlich 6,8, bei trans*Jungen 4,1 Jahre. Dabei beschreibt das innere Coming-out den Zeitpunkt, an dem man sich selbst eingestehen kann, wer man ist. Das äußere Coming-out ist der Zeitpunkt, zu dem man bereit ist, diese Erkenntnis Dritten zu offenbaren. Wer so einen langen Zeitraum des »Über-sich-Nachdenkens« als plötzlich auftretenden »Hype« abtun will, der verkennt, dass es sich dabei um eine lange Phase voller Ängste und Unsicherheiten handelt. Diese zu überwinden und den Mut zu finden, sich dem Umfeld oder den Eltern zu offenbaren, kostet viel Kraft. In dieser Phase abgelehnt oder nicht ernst genommen zu werden, zu hören, es sei nur eine Phase oder eine Mode – da verwundert es kaum, wenn die Jugendlichen sich zurückziehen, die Leistungen in der Schule schlechter werden oder sich sogar Depressionen und Suizidalität entwickeln. Eine Studie des Trans*PULSE Project in Kanada aus dem Jahr 2012[35] zeigt, welche Auswirkungen die fehlende Unterstützung haben kann. Von 433 Befragten gaben 75 Prozent der trans*Jugendlichen an, unter Depressionen zu leiden, wenn es kein unterstützendes Umfeld gibt, gegenüber 23 Prozent bei einem unterstützenden Umfeld. Die Suizidversuchsrate lag ohne unterstützendes Umfeld bei 57 % und geht runter auf nur 4 %, wenn es ein unterstützendes Umfeld gab. Bei solchen Zahlen kann das Herunterspielen, trans* sei lediglich eine *Mode*, zur Lebensgefahr werden.

35 https://transpulseproject.ca/research/impacts-of-strong-parental-support-for-trans-youth/ (aufgerufen am 24.10.2023).

Hinter der Gender-Ideologie steht eine finanzstarke Genderlobby

»Genderlobby« und »Gender-Ideologie« sind zentrale Kampfbegriffe, die vor allem von rechtspopulistischen, rechtskonservativen oder rechtsreligiösen Gruppen genutzt werden. Mit dem Begriff »Lobby« verbinden Menschen gemeinhin Akteur*innen, die im Auftrag verborgener Mächte die Politik beeinflussen. Das Wort »Ideologie« steht für ein geschlossenes, interessengeleitetes, also nicht objektives oder neutrales Weltbild. Dementsprechend stellen Menschen, die den Begriff benutzen, ihre eigene Weltanschauung als neutral und objektiv dar. Im vorliegenden Fall sind es aber tatsächlich diese Menschen selbst, die einer Ideologie anhängen: nämlich der Vorstellung, dass es nur zwei Geschlechter gibt, nur Mann und Frau sich lieben dürfen, und zwar nur mit dem Ziel, sich fortzupflanzen. Ihre Grundlage findet diese Ideologie in der Bibel.

Es ist kein Geheimnis, dass insbesondere religiöse Kreise ein Interesse daran haben, die »traditionelle Familie« zu erhalten. Das hat unter anderem der Vatikan mehr als einmal öffentlich kundgetan.[36] [37] Religiös motivierte Netzwerke unterstützen laut einem EPF-Report »Tip of the iceberg« (2021)[38] mit mehr als 700 Millionen US-Dollar zahlreiche Anti-Gender-Netzwerke. Welche Absichten hinter diesen Netzwerken stecken, wird in einem weiteren

36 https://www.vatican.va/roman_curia/congregations/cfaith/documents/rc_con_cfaith_doc_20030731_homosexual-unions_ge.html (aufgerufen am 24.10.2023).

37 https://www.spiegel.de/politik/legalisierung-des-boesen-a-60ef80e7-0002-0001-0000-000028102373 (aufgerufen am 24.10.2023).

38 https://www.epfweb.org/node/837 (aufgerufen am 24.10.2023).

EPF-Report von 2018 deutlich. »Die natürliche Ordnung wiederherstellen« lautete damals der Titel.[39]

Diesen 700 Millionen US-Dollar wird gerne mal eine angeblich »finanzstarke Genderlobby« gegenübergestellt. Doch diese finanziellen Mittel besitzt die trans*Community bei Weitem nicht. Laut Studien sind nur etwa 0,6 % der erwachsenen Bevölkerung trans*[40]. Von denen sind rund 21 % arbeitslos aufgrund von multiplen Belastungssituationen[41] oder auch sogenanntem Minderheitenstress. Es gibt sogar Forderungen, trans* grundsätzlich als Härtefall anzuerkennen. Dennoch geht dieses gewaltige religiösfundamentalistische Netzwerk mit scheinbar endlosen Ressourcen gegen diese kleine und angeblich »gefährliche« Minderheit vor. Diffamierung, Verunglimpfung, Verleumdung, Desinformationen. Eine angeblich mächtige Genderlobby, die der Mehrheitsgesellschaft ihre Weltanschauung aufzwingen möchte. Sie werden kriminalisiert und permanent in die Nähe von Pädophilie gerückt. Von »Cancel Culture« ist die Rede, wenn diese angeblich gefährliche Minderheit sich gegen Ungleichheit und Unterdrückung zu wehren beginnt, auf die Straßen geht und protestiert. Schnell werden die Begriffsungetüme »Meinungsfreiheit«, »Wissenschaftsfreiheit« und »Religionsfreiheit« aufgefahren, um sich der eigenen Verantwortung zu entziehen. Es findet eine Täter-Opfer-Umkehr statt

39 https://www.epfweb.org/node/175 (aufgerufen am 24.10.2023).

40 https://williamsinstitute.law.ucla.edu/publications/trans-adults-united-states/ (aufgerufen am 24.10.2023).

41 https://www.lsvd.de/fileadmin/pics/Dokumente/TSG/Studie_NRW.pdf (aufgerufen am 24.10.2023).

und von einem empathischen Miteinander, geschweige denn von biblischer Nächstenliebe ist nicht der Hauch einer Spur zu finden. Jan Böhmermann, mit dem ich im Dezember 2022 im ZDF Magazin Royale Teile dieser Netzwerke der Öffentlichkeit präsentieren konnte, schließt daraus: »Nicht Transsein ist Mode, sondern Transfeindlichkeit ist Mode.«[42]

42 https://www.youtube.com/watch?v=rh7hH-ua8oI (aufgerufen am 24.10.2023).

Cornelia Kost

Trans*: Fakten und Zahlen

Cornelia Kost ist Psychotherapeutin, hat Sexualwissenschaft studiert und ist anerkannte Gutachterin im TSG-Verfahren. Seit 1994 arbeitet sie bei Therapiehilfe gGmbH in der Suchtkrankenhilfe. Seit 2019 leitet sie mit »4be-TransSuchtHilfe« bundesweit die erste Suchtberatungsstelle mit dem Schwerpunkt geschlechtsdiverse Menschen. Sie engagiert sich als trans*Frau in der dgti e. V. und im VLSP*e. V.

Die Diskussion um transgeschlechtliche Menschen ist zugespitzt. Transkritische Positionen bedienen sich wiederholt an Gedankenketten, in denen Genitalien, Körperabwertungen, sexuelle Perversionen, Kinder, Kriminalität, biologische und psychologische Versatzstücke in Variationen miteinander verknüpft werden. Diese Art der Diffamierung ist nicht neu, schon 1979 schrieb die US-Amerikanerin Janice Raymond ein Buch über ein, nur von ihr erkanntes, »transsexuelles Imperium« (Grigowski, 2016). In diesem Traktat wird dargelegt, dass das Patriarchat Männer dazu zwänge, sich zu Frauen konstruieren zu lassen (umzuwandeln), um mittels dieser Strategie alle Frauen auszulöschen. Nach diesen Vorstellungen würden trans*Männer zu den Frauen zählen und trans*Frauen wären »male-to-constructed-females« (»Männer-zu-Frauen-konstruiert«). Es gäbe einen »patriarchalen Mythos« der »männlichen Mutterschaft«, der darauf abziele, »Frauen nach dem Abbild des Mannes zu schaffen«, um »feministische Identifikation, Kultur, Politik und Sexualität zu kolonisieren«. Transsexualität verstärke traditionelle Geschlechterstereotype, weil mit geschlechtsangleichenden Maßnahmen stereotype Weiblichkeit angestrebt würde. »Alle Transsexuellen vergewaltigen Frauenkörper, indem sie die echte weibliche Form auf ein Artefakt reduzieren und sich diesen Körper für sich selbst aneignen.« Trans*Menschen würden lediglich »die offensichtlichsten Mittel der Invasion in Frauen weglassen, sodass sie nicht-invasiv erscheinen«. Sie wären demnach eine »Täuschung«, um Frauenräume zu »penetrieren«.

Auch die therapeutische Behandlung von trans*Kindern und Jugendlichen steht unter großem öffentlichen Druck. Im Jahr 2016 wurde im Internet ein Phänomen kreiert, das »Rapid Onset Gender Dysphoria – plötzlich auftretende Geschlechtsdysphorie« (ROGD) genannt wurde (Davies-Arai, 2016). Die Namensgebung suggeriert, es handele sich um eine anerkannte Diagnose. Damit sollte die Wahrnehmung der Eltern von trans*Kindern erklärt werden, dass ihre Kinder scheinbar plötzlich, oft während der Pubertät, trans* würden und dass die Ursache darin bestünde, dass sie Kontakt zu gleichaltrigen trans*Kindern hatten und mit trans*-thematisierenden sozialen Medien interagierten. ROGD unterstellt, dass die betroffenen Jugendlichen sich »sozial anstecken« und in der Folge eine falsche, weil extern aufgezwungene, Geschlechtsdysphorie erleben würden (Serano, 2018). Das simplifizierende Argumentationsschema der »sozialen Ansteckung« ist die Gleichsetzung des Anlasses oder Auslösers mit der Ursache.

Im Fokus der Kontroverse stehen besonders Mädchen, angeblich würden diese sich verleiten lassen, trans*-Geschlechtlichkeit als Ausweg aus praktisch jeder in der Adoleszenz vorkommenden Lebenskrise zu wählen (parentsofrogdkids, 2017). Dies würden sie später bereuen und von trans*Jungen wieder zu Mädchen detransitionieren wollen. Ein Ziel dieser politischen Agitation ist es, die Behandlung von unter 18-jährigen trans*Kindern und Jugendlichen zu verhindern oder mindestens deutlich zu erschweren.

Trans*-Geschlechtlichkeit ist zunehmend ein Anziehungspunkt für Pseudofeministinnen, rechte und evangelikale Akteure und Verschwörungsmytholog*innen aller Couleur. Es ist an der Zeit, sich mit den Fakten zu beschäftigen.

Es ist normal, anders zu sein

In der transfeindlichen Berichterstattung wird viel von einem »Trans-Hype«, von angeblich »epidemisch« ansteigenden Zahlen von trans*Menschen gesprochen. Tatsächlich steigen die Zahlen der Menschen, die sich dem LGBT-Spektrum zuordnen. Wir könnten sagen: In einer zunehmend aufgeklärten Gesellschaft, und in dieser Aufklärungsphase befinden wir uns immer noch, bekennen sich mehr Menschen zu sexueller und geschlechtlicher Vielfalt. Wir haben es mit einer Normalisierungsentwicklung zu tun.

Es gibt aktuelle Studien zur Entwicklung der Zahlen im

LGBT-Spektrum. Im 2022 veröffentlichten Statista Global Consumer Survey wurden von 2021 bis 2022 in Deutschland 23675 Menschen befragt (Zandt, 2022), von denen sich 7,3 % dem LGBT-Spektrum zuordnen. In der Gruppe der Menschen, die der Generation Z angehören, also die zwischen 1995 und 2012 Geborenen, bezeichnen sich rund 13 % dem LGBT-Spektrum als zugehörig. Auf vergleichbare Zahlen kam eine Gallup-Studie in den Vereinigten Staaten (Jones, 2022). Die neuesten Ergebnisse basieren auf mehr als 12400 Interviews, die im Jahr 2021 mit Menschen im Alter von 18 Jahren und älter durchgeführt wurden. Im Vergleich zu Deutschland sind es in den USA mit 21 % fast doppelt so viele Menschen, mithin jeder Fünfte, die sich zum LGBT Spektrum zählen (Jones, 2022). In der vorherigen Generation, den Millennials, waren es noch halb so viele Menschen.

Im Zeitraum von 2012 bis 2021 steigerte sich der Anteil von erwachsenen Menschen, die sich dem LGBT-Spektrum zuordnen, von 3,5 % auf 7,3 % (Jones, 2022). Den Zahlen des Bundesamts für Justiz (Justiz, 2020) zufolge, ist seit Aufhebung des OP-Zwangs für die Personenstandsänderung im Jahr 2011 die Anzahl der Verfahren nach dem Transsexuellengesetz (TSG) bis 2020 pro Jahr von 1657 auf 2687 Fälle gestiegen. Soweit sie bekannt sind, bewegen sich die Steigerungsraten in Deutschland folglich auf vergleichbarem Niveau wie in den USA. Es handelt sich also nicht um einen »Hype«, sondern um eine gesamtgesellschaftliche Entwicklung.

Nach der Gallup-Studie liegt der Anteil der Jungerwachsenen in der Generation Z, die sich in den USA als transgender bezeichnen, bei 2,1 % (Jones, 2022). Eine der wenigen gesicherten Zahlen zum Thema Geschlechterverständnis unter Jugendlichen in Deutschland findet sich in den 2021 in Hamburg und Bremen durchgeführten Schüler*innen- und Lehrkräftebefragungen zum Umgang mit Suchtmitteln (SCHULBUS). Insgesamt 130 der insgesamt mehr als 5300 befragten Jugendlichen im Alter von 13 bis 18 Jahren gaben als Geschlecht »divers« an. Das entspricht einem Anteil von 2,4 % der bereinigten Gesamtstichprobe (Baumgärtner, 2023). Auf Deutschland hochgerechnet, ergibt das fast 100 000 Jugendliche, die sich nicht im binären Geschlechtersystem verorten (Destatis, Lebendgeborene, Gestorbene, Geburten-/Sterbeüberschuss (ab 1950), 2023). Der »IPSOS LGBT+ Pride 2021 Global Survey«, der von der Organisation für wirtschaftliche Zusammenarbeit und Entwicklung (OECD) vorgelegt wurde, geht davon aus, dass »LGBTI+ Deutsche 14 % der Bevölkerung ausmachen«. Es »identifizieren sich schätzungsweise 3 % der Deutschen selbst als nicht-cisgender« (OECD, 2023).

Alles o. k. mit den Jugendlichen

Wenn die Zahlen steigen, warum transitionieren nicht massenhaft 14-jährige Mädchen? Weil die geschlechtliche Entwicklung von Menschen in biologisch und psychosozial festgelegten Entwicklungsschritten erfolgt.

Im Alter von 3 bis 6 Jahren entdecken Kinder den Unterschied zwischen den Geschlechtern und können sie benennen. Der zweite und wesentliche Impuls für die geschlechtliche Entwicklung bei Jugendlichen ist dann die

Pubertät. In dieser Phase werden durch die körperlichen Veränderungen die Differenzen zum eigenen Geschlecht für transgeschlechtliche Jugendliche unmittelbar spürbar.

Nach einer dänischen Studie (Brix et al., 2018) sinkt das Eintrittsalter in die Pubertät bei beiden Geschlechtern kontinuierlich. Bei Mädchen beginnt die Pubertät im Alter von 10 Jahren, bei Jungen durchschnittlich mit 11 Jahren. Dieser Effekt hat bei trans*Personen Einfluss auf das Alter, in dem mit der Transition begonnen wird.

In der frühen Entwicklung von trans*-Geschlechtlichkeit werden in der Regel vier Abschnitte unterschieden:

1. das Bewusstsein, dass etwas mit der eigenen Geschlechtlichkeit anders ist,
2. das innere Coming-out,
3. das äußere Coming-out und
4. das Ergreifen von konkreten Schritten zur Transition.

Gut zwei Drittel aller trans*Menschen wissen vor dem 10. Lebensjahr, dass etwas mit ihrem Geschlecht »anders« ist. Das Durchschnittsalter dieses Bewusstseins liegt bei trans*Jungen im Alter von 8 Jahren, bei trans*Mädchen im Alter von 9 Jahren (Kost, 2023).

Das innere Coming-out, also eine innere Klarheit über das eigene trans*-Sein, haben trans*Jungen im 15. Lebensjahr und trans*Mädchen erst mit 18 Jahren. Dieser Altersunterschied erklärt die großen Unterschiede bei den Behandlungseinrichtungen, bei denen in diesem Alter vor allem als Mädchen kategorisierte Jugendliche nach Unterstützung fragen.

Den entscheidenden Impuls für das innere Coming-out geben die körperlichen Veränderungen in der Pubertät. Zwei Drittel haben deshalb im Alter zwischen 14 und 18 Jahren das innere Coming-out. Angesichts der komplexen körperlichen und psychischen Prozesse, die die Entwicklung von trans*-Geschlechtlichkeit ausmachen, scheint ein »massenhaftes« Transitionieren junger Menschen wenig wahrscheinlich – jedenfalls deuten die verfügbaren Zahlen nicht darauf hin.

Der Anteil der unter 18-Jährigen, die die trans*-Beratung der 4be-TransSuchtHilfe in Hamburg in Anspruch nehmen, liegt über die letzten Jahre stabil bei 6 %, wobei der Anteil trans*Jungen mit 9 % höher ist als der von trans*Mädchen mit 2 %. In der therapeutischen Beratungsarbeit bleiben Kinder und Jugendliche eine kleine Gruppe. Das liegt an dem nach wie vor großen Abstand zwischen innerem Coming-out und dem Ergreifen von konkreten Schritten zur Transition.

Konkrete Schritte zur Transition, etwa das Aufsuchen einer Beratungsstelle, werden in der Regel erst im erwachsenen Alter unternommen. Der Altersschnitt war in den letzten Jahren stabil. So liegt er etwa bei trans*Männern bei 24 Jahren (Kost, 2023). Eine vergleichbare Zahl ist etwa der Altersdurchschnitt beim Ausstellen des dgti-Ergänzungsausweises, der für das Jahr 2016 bei 24,5 Jahren lag (Schaaf, 2019), in der Studie von Kurt Seikowski waren es ebenfalls 24 Jahre (Seikowski, 2019).

Trans*Frauen unternehmen deutlich später Schritte für eine Transition. Der Altersdurchschnitt für den Kontakt mit der Beratungsstelle liegt bei 31 Jahren. Das Durchschnittsalter für die Ausstellung eines dgti-Ergänzungsausweises lag 2016 bei 37,9 Jahren (Schaaf, 2019), Seikowskis Studie kam auf 35,5 Jahre (Seikowski, 2019). Der Abstand zwischen den Geschlechtern liegt bei 7 Jahren und nimmt leicht ab.

Die patriarchale Gesellschaft wertet Mädchen ab, ihnen wird zugeschrieben, dass sie besonders »anfällig« für psychische Erkrankungen aller Art seien. Deshalb seien sie besonders leicht dazu zu verführen, trans* zu sein, oder etwa Essstörungen zu entwickeln. Angeblich sei der Anteil der Mädchen, die transitionieren wollten, viel höher als unter Jungen. Sogar der SPIEGEL übernimmt in einem Text zum Thema die Mutmaßung des Psychiaters Bernd Meyenburg, dass auf 20 transitionierende Mädchen nur 1 Junge käme (Pfister, 2022).

Dabei ist die Verteilung der Geschlechter unter den Menschen, die sich als trans* definieren, seit Jahren stabil. Sie liegt in der Beratungsstelle in Hamburg bei 45 %, die sich dem transmännlichen Spektrum zuordnen, und 39 %, die sich dem transweiblichen Spektrum zuordnen; 16 % ordnen sich nicht in das binäre Spektrum ein, mit unterschiedlichen Selbstdefinitionen. Wenn das nichtbinäre Spektrum in die Geschlechterbinarität nach Geburtszuweisung kategorisiert wird, ergibt sich eine Verteilung von 56 % zu 44 %.

Zusammenfassend lässt sich Folgendes feststellen:

1. Es gibt geschlechtsspezifische Unterschiede beim Transitionsbeginn, bei der Geburt weiblich kategorisierte Menschen beginnen damit früher, bei der Geburt männlich

kategorisierte Menschen später. Mit fortschreitendem Alter nähern sich die absoluten Zahlen an.

2. Es gibt einen »Entstehungshintergund«, also eine zeitliche Abfolge von lange andauernden einzelnen Schritten, bis sich Jugendliche als trans* outen. Ohne diesen Hintergrund kann ein auslösender Faktor, wie beispielsweise spezifische Informationen aus dem Internet oder eine Peergroup, nicht wirksam sein. Es ist eher umgekehrt, erst der Entstehungshintergrund bringt Jugendliche dazu, sich Informationen aus dem Internet oder den Kontakt zu Jugendlichen mit ähnlichen Themen zu suchen.

3. Transitionen werden überwiegend erst im erwachsenen Alter angestrebt, Jugendliche werden auch in Zukunft eine kleine Gruppe bleiben.

Medizin macht nicht trans*

Wer sich um die Gesundheit von Mädchen Sorgen machen will, sollte sich besser um den Reitsport kümmern als um trans*-Geschlechtlichkeit. Mädchen unter 14 Jahren machen zwar nur etwa 18 % der organisierten Reiterinnen in Deutschland aus, sie sind jedoch bei 40 % aller Reitunfälle betroffen (Roggenkamp, 2016). 16 000 Mädchen unter 14 Jahren verletzen sich jährlich beim Pferdesport.

Es gibt verschwörungstheoretische Ansätze, in denen über »die Rolle des industriellen Komplexes der Gender-Medizin mitsamt den institutionellen Förderern und individuellen Sponsoren« (Bode, 2023) fabuliert wird. Um diese Ansätze einordnen zu können, lohnt ebenfalls ein Blick über den Tellerrand, und zwar auf die Zahl der chirurgischen Eingriffe in Deutschland beim »Volksleiden« Rückenschmerzen (Blech, 2022). Rückenschmerzen, so lesen wir dort, haben in 85 % der Fälle keine erkennbare organische Ursache. Trotzdem wurden 2020 mehr als 387 000 Rückenoperationen mit 808 507 verschiedenen Eingriffen am Rücken durchgeführt. Das entspricht einer Steigerung von mehr als 100 % gegenüber 387 618 Eingriffen aus dem Jahr 2006. Eine Überprüfung von 7500 Fällen zwischen 2015 bis 2021 ergab, dass nur 5 % dieser Rückenoperationen gerechtfertigt waren. Die Quote der Unzufriedenheit bei diesen Eingriffen liege einer Schätzung zufolge bei 30 %, der Fachbegriff dazu: »Failed Back Surgery Syndrome«.

Im Jahr 2021 gab es nach offiziellen Zahlen 2598 geschlechtsangleichende Operationen in Deutschland (Radtke, 2022), verglichen mit den Rückenoperationen eine verschwindend geringe Zahl. Der Anteil der unter 20-Jährigen lag über den Zeitraum 2015 bis 2020 bei 6 % (Brandt, 2021). In fünf Jahren fanden nur zwei Operationen bei unter 15-Jährigen statt, durchschnittlich fand eine geschlechtsangleichende Operation über alle Geschlechter hinweg erst im Alter von 34 Jahren statt.

Zur Quote der Unzufriedenheit mit den geschlechtsangleichenden Operationen gibt es eine ganze Reihe fundierter wissenschaftlicher Studien (Hess, Neto, Panic, Rübben & Senf, 2014). Explizit unzufrieden waren demnach nur 3,3 % und mit der Funktionalität waren 8,7 % unzufrieden.

Diese Zahlen verdeutlichen, dass beim Umgang mit Zahlen im Kontext von trans*-Geschlechtlichkeit im Internet oder anderen Medien äußerste Vorsicht angeraten ist. Aus aufgebauschten Zahlen einen »Hype« zu stilisieren folgt allzu oft einem politischen Kalkül, es wird Desinformation verbreitet, um Stimmung gegen transgeschlechtliche Menschen und den ihnen helfenden Menschen zu schüren.

Geschlechtsangleichende Operationen

Besonders deutlich wird es, wenn die harten Zahlen der deutschen Krankenhausstatistik zugrunde gelegt werden (Destatis, 2022). Der Anteil der unter-18-Jährigen, die mit der Diagnose »Transsexualität« (F64) behandelt werden, liegt stabil bei 3 %, Jungen 2,6 % und Mädchen 3,5 %.

Die Verteilung der Geschlechter über die gesamte Altersspanne liegt bei 66 % trans*Frauen zu 34 % trans*Männern*. Zwar stieg der Anteil der Behandlungen seit 2011 jährlich um etwa 16 %, allerdings stellen trans*Frauen den weit größeren Anteil bei den Krankenhausaufenthalten. Im Vergleich zwischen der Krankenhausstatistik und den Zahlen der Beratungsstelle ist das Verhältnis Frauen zu Männern also umgekehrt: 1,3 zu 1 gegenüber 1 zu 1,9. Das könnte zumindest ein Hinweis darauf sein, dass es in Deutschland bei der trans*-Geschlechtlichkeit keine signifikanten Unterschiede zwischen den Geschlechtern gibt. Allerdings gibt es Geschlechterunterschiede bei den konkreten Schritten zur Transition. Trans*Männer handeln in dieser Hinsicht im Schnitt deutlich früher, trans*Frauen werden meist erst mit zunehmendem Alter aktiv. Die Gründe dafür lassen sich etwa in den unterschiedlichen Pubertätsverläufen und den jeweiligen gesellschaftlichen Rahmenbedingungen finden:

So setzt etwa die Pubertät bei Mädchen deutlich früher ein als bei Jungen, ihre äußerlich wahrnehmbaren körperlichen Folgen sind größer, für Mädchen ist es eher akzeptiert, männlich konnotierte Kleidung und Haarschnitte zu tragen, mit dem Beginn einer Testosteronbehandlung setzt eine männliche Pubertät mit Stimmbruch ein, die ein einfacheres *Passing* ermöglicht, während (trans*)-Weiblichkeit eher abgewertet wird und trans*Mädchen deutlich mehr Gewalt ausgesetzt sind.

Kinder und Jugendliche

Trans*Kinder und Jugendliche, vor allem in einem nicht unterstützenden Umfeld, erhalten häufig psychiatrische Diagnosen und werden mit Psychopharmaka ruhiggestellt. Im Fachkontext sind solche Diagnosen bei Minderjährigen umstritten (Brisinski, 2021). Darüber hinaus dient die häufig fehlerhafte Verortung einer trans*-Geschlechtlichkeit im Feld psychischer Krankheiten transfeindlichen Akteur*innen als Argument.

Auch die überdrehten Meldungen über ungewöhnliche Steigerungen bei weiblichen Jugendlichen (»5.337 % bei Mädchen!«) lassen sich aus den Zahlen der Beratungsstelle nicht belegen – und sie entbehren jeglicher fachlichen Grundlage (Bartosch, 2021).

In ihrer Dynamik hin zur Transition sind die Werte für Mädchen und Jungen nach unserer Auswertung identisch, lediglich hinsichtlich des Zeitpunkts und der dementsprechend unterschiedlichen Transitionsverläufe ergeben sich bei den unter-18-Jährigen unterschiedliche Zahlen: Hier sind 78 % mehr Mädchen, die sich mit einem Transitionswunsch an die Beratungsstelle wenden. Über die gesamte Altersspanne nivelliert es sich, wie bereits erwähnt, auf ein Verhältnis von 1,3 zu 1.

Medizinische Maßnahmen zur Transition sind in Deutschland für Jugendliche nur schwer zugänglich. Es gibt sehr begrenzte Behandlungskapazitäten mit Wartezeiten über viele Monate. Weil die Versorgung mangelhaft ist, gehört trans*-Geschlechtlichkeit bei Jugendlichen zu den »unterdiagnostizierten« Phänomenen (Maur, 2021). Jugendliche bekommen Hormone frühestens ab einem Alter von 16 Jahren, nach Vorlage einer positiven psychiatrischen Indikation, und nur wenn die Eltern zustimmen. Für operative Maßnahmen liegen die Schwellen noch höher, dafür werden zwei indikative Gutachten benötigt und es sind zahlreiche weitere Bedingungen zu erfüllen.

Es gibt keinen Grund, therapeutische Maßnahmen für trans*Kinder und Jugendliche im Besonderen zu beschränken (Siedenbiedel, 2016). Auch für sie sollte gelten, was allgemeingültige Rechtsprechung ist. Zumal die gesellschaftliche Diskussion sich in sämtlichen Bereichen in Richtung der Stärkung von Kinderrechten orientiert. Der Deutsche Ethikrat hat im Februar 2020 in seiner Ad-hoc-Empfehlung (Ethikrat, 2020) festgestellt: »Ist das Kind hinreichend einsichts- und urteilsfähig, um die Tragweite und Bedeutung der geplanten Behandlung zu verstehen, sich ein eigenes Urteil zu bilden und danach zu entscheiden, muss sein Wille maßgeblich berücksichtigt werden. Ohne seine Zustimmung oder gar gegen seinen Willen – allein aufgrund der Einwilligung seiner Eltern – darf das Kind dann nicht behandelt werden.«

Bei gesetzlich versicherten Kindern und Jugendlichen gilt nach § 36 Abs. 1 S. 1 SGB I, dass Jugendliche von der Vollendung des 15. Lebensjahres an selbstständig alle Leistungen der gesetzlichen Krankenversicherung ohne Einwilligung oder Genehmigung ihrer Erziehungsberechtigten in Anspruch nehmen können (Netzer-Nawrocki, 2018). Ob ein Kind selbst in einen geschlechtsangleichenden Eingriff einwilligen kann, beurteilt sich nach § 630d BGB: Entscheidend ist, ob das Kind als Patient*in einwilligungsfähig ist oder nicht. Jeder ärztliche Heileingriff, wie die Verschreibung von Blockern oder Hormonen, erfüllt den Tatbestand der Körperverletzung. Es gilt, dass die Einwilligungsfähigkeit eine Frage der individuellen Reife ist (Bundestag, 2020). Grundsätzlich gibt es dabei keine Altersgrenzen! Selbst wenn bei Minderjährigen unter 16 Jahren die Umstände des Einzelfalls maßgebend sind und bei Jugendlichen zwischen 16 und 18 Jahren in der Regel von der Einwilligungsfähigkeit ausgegangen werden kann.

Detransition

Im grundsätzlichen Umgang mit trans*-Geschlechtlichkeit haben wir es oft mit einem relevanten fachlichen Denkfehler zu tun: Mit der Idee vom »Geschlechtswechsel« oder der »Geschlechtsumwandlung«. Darauf beruhen etwa die binären Setzungen der mds-Richtlinie und diese beeinflussen wiederum die sich darauf stützenden Behandlungsansätze und den Begutachtungsprozess. Sie implizieren bei Behandelnden und Begutachteten Erwartungen an Lebensläufe, Indikationskriterien, Rollen, Sexualität, *Passing* und viele weitere Faktoren, die mit »richtig« und »falsch« gelabelt werden. Es gibt einen bewussten und unbewussten Druck, dem binären System zu entsprechen, obwohl das möglicherweise gar nicht passend ist.

Der Weg zum eigenen Geschlecht ist selten gradlinig, sondern für die meisten trans*Menschen mit Irrungen, Versuchen und Umwegen verbunden. Deshalb ist Detransition ein wichtiges Thema, also die Frage danach, die Geschlechtsangleichung oder Teile davon rückgängig zu machen. Transition wird nicht als gradliniger Prozess verstanden, und dieser Aspekt wird bei der Arbeit unserer Beratungsstelle besonders berücksichtigt. Abbrüche und Pausen sind ausdrücklich erwünscht. Denn nichts ist fataler, als wenn von therapeutischer Seite binäre Transitionen eingefordert und forciert werden.

Es gibt für Deutschland keine öffentlichen Zahlen zur Detransition (Wilken, 2022). Trotzdem, oder vielleicht sogar deshalb, geistert die Frage des »Bereuens« der Transition wie ein Schreckgespenst durch die mediale Berichterstattung. Eine verfügbare Zahl: Seit 2019 war Detransition bei der »4be-TransSuchtHilfe« in Hamburg für 14 Menschen ein Anliegen, das entspricht einem Anteil von 1 % der geleisteten Beratungen und ist damit vergleichbar mit den Ergebnissen einer Studie zu den Rückabwicklungen über das Transsexuellengesetz im Zeitraum von 2005–2014 (Weitzel, 2021), die eine Quote von 0,43 % ergab.

Eine aktuelle Studie zeigt, dass 94 % der Kinder, die sehr früh transitionieren, auch nach einem Zeitraum von

5 Jahren bei der Aussage bleiben, dass ihnen bei Geburt das falsche Geschlecht zugewiesen wurde (Olson, Durwood, Horton, Gallagher & Devor, 2022). Nur 2,5 % kehren zum Zuweisungsgeschlecht zurück, 3,5 % identifizieren sich später als nichtbinär und 1,3 % sind zunächst nicht-binär, dann cis und letztlich binär trans. Die These, dass der überwiegende Anteil von sich geschlechtsdivers einordnenden Kindern nach der Pubertät homosexuell würden, ist dieser Studie zufolge schlicht falsch.

Eine der größten Analysen zum Thema Detransition, mit Daten aus dem U.S. Transgender Survey, ergab, dass 8 % der trans*Personen auf ihrem Weg Phasen von Detransition erlebten (Turban, Loo, Almazan & Keuroghlian, 2021). Die Gründe waren zu 82,5 % externe Faktoren, wie Druck durch die Familie und gesellschaftliche Stigmatisierung. Für den kleineren Teil, 15,9 % der Befragten, waren es innere Faktoren, darunter Schwankungen der Geschlechtsidentität oder Unsicherheiten.

Die Veränderungsdynamik zur Detransition ist also bei Menschen, die sehr früh transitionieren, mit 2,5% leicht erhöht, bei einer späteren Transition liegt der Anteil bei 1 %. Für die praktische Arbeit hat das keine Auswirkungen, weil es sich in Deutschland um absolute Einzelfälle handelt.

Desinformationskampagnen

Eine Analyse politischer Flugblätter und Botschaften, die zwischen 1974 und 2013 bei Kampagnen der religiösen Rechten in den USA verwendet wurden, konnte zeigen, dass vor allem schwule Männer und trans*Frauen als

Bedrohung für Kinder und Frauen in der Schule und auf öffentlichen Toiletten dargestellt wurden (Stone, 2019). Lesben, Bisexuelle und trans*Männer tauchen selten in diesen Rollen auf. Die Angriffe konzentrierten sich in den 1970er- und 1980er-Jahren auf schwule Männer und machten Lesben und Bisexuelle unsichtbar. Durch die Erfolge der LGBT-Bewegung in Bezug auf positive Sichtbarkeit, Nichtdiskriminierungsgesetze und gleichgeschlechtliche Ehe ist der schwule Mann als Feind politisch weniger interessant geworden. In vielerlei Hinsicht haben heute trans*Frauen den Platz als Sündenbock im Diskurs der religiösen Rechten übernommen. Zumal trans*Frauen weniger als schwule Männer von einer liberalen LGBT-Politik profitieren, weil sie patriarchaler Unterdrückung unterliegen.

Auf Facebook werden Meldungen mit einem Bezug zum Thema Transgender viermal häufiger von rechten Nachrichtenseiten wie etwa LifeSiteNews, Daily Wire und Daily Caller verbreitet als von allen anderen Accounts zusammen (Fitzsimons, 2020). Da es sich dabei quasi ausnahmslos um Anti-Transgender-Inhalte handelt, entsteht bzw. verstärkt sich bei den Nutzer*innen ein hochgradig voreingenommenes und zutiefst negatives Bild. Insgesamt waren sieben der Top-10-Quellen für Transgender-Inhalte auf Facebook anti-trans*Seiten. Facebook-Interaktionen zu Transgender-Themen werden also vonseiten dominiert, die sich gegen trans*-Rechte stellen und trans*Personen erniedrigen.

Literatur

Anastasia. (23.03.2022). Reflections on the Gender Debate. Abgerufen am 26.05.2022 von https://substack.com: https://lysistrata327.substack.com/p/reflections-on-the-gender-debate-8d2?s=r

Bartosch, J. (05.2021). Erfolgreich verhindert! EMMA, S. 71–73.

Baumgärtner, T. (2023). Suchtmittelgebrauch und Geschlechtsidentität. Hamburg: Sucht.Hamburg gGmbH.

Berg, A. (19.05.2019). Kinder und Jugendliche in der digitalen Welt. Abgerufen am 18.02.2023 von bitkom.org: https://www.bitkom.org/sites/default/files/2019-05/bitkom_pk-charts_kinder_und_jugendliche_2019.pdf

Blech, J. (17.12.2022). Rücken ohne Schmerz. Der Spiegel (51), S. 100–107.

Bode, S. (14.02.2023). Stefanie's two cents. Abgerufen am 20.02.2023 von Der Sammelband »Transsexualität« von Alice Schwarzer und Chantal Louis: https://stefaniebode.substack.com/p/der-sammelband-transsexualitat-von

Brandt, M. (16.11.2021). Transition findet mehrheitlich in den 20ern statt. (S. GmbH, Hrsg.) Abgerufen am 23.02.2022 von Statista: https://de.statista.com/infografik/26187/anzahl-der-geschlechtsangleichenden-operationen-in-deutschland/

Brisinski, D. I. (2021). Diagnostik: Diagnosen. (K. u. Berufsverbände für Psychiatrie, Hrsg.) Abgerufen am 30.05.2023 von Neurologen und Psychiater im Netz: https://www.neurologen-und-psychiater-im-netz.org/kinder-jugendpsychiatrie-psychosomatik-und-psychotherapie/diagnostik

Brix, N., Andreas, E., Braskhøj Lauridsen, L., Parner, E., Støvring, H. & Brink Henriksen, T. (11.11.2018). Timing of puberty in boys and girls: A population based study, Pediatric and Perinatal Epidemiology, 2018. doi:10.1111/ppe.12507

Brix, N., Ernst, A., Braskhøj Lauridsen, L., Parner, E., Støvring, H., Olsen, J., Høst Ramlau-Hansen, C. (01.2019). Timing of puberty in boys and girls: A population-based study. Paediatr Perinat Epidemiol (33(1)), S. 70–78. doi:10.1111/ppe.12507

Bundesamt, S. (30.09.2021). Bevölkerungsstand: Amtliche Einwohnerzahl Deutschlands 2021. (S. Bundesamt, Hrsg.) Abgerufen am 23.02.2022 von destatis.de: https://www.destatis.de/DE/Themen/Gesellschaft-Umwelt/Bevoelkerung/Bevoelkerungsstand/_inhalt.html;jsessionid=658C1EB95DA1BF8BD52CAD2103FFC33C.live722

Bundesamt, S. (22.01.2022). Altersstruktur der Bevölkerung in Deutschland zum 31. Dezember 2020. (S. Bundesamt, Hrsg.) Abgerufen am 04.03.2022 von de.statista.com/: https://de.statista.com/statistik/daten/studie/1351/umfrage/altersstruktur-der-bevoelkerung-deutschlands/

Bundestag, D. (2020). 19. Wahlperiode – 25 – Drucksache 19/24686.

Davies-Arai, S. (2016). Transgender-Trend. (S. Davies-Arai, Hrsg., & Genspect) Abgerufen am 04.03.2022 von Transgender-Trend: https://www.transgendertrend.com/

Destatis. (30.05.2022). Krankenhauspatienten: Deutschland, Jahre, Geschlecht, Altersgruppen, Hauptdiagnose ICD-10 (F64) 2011–2020. (S. Bundesamt, Hrsg.) Abgerufen am 30.05.2022 von www.destatis.de: https://www-genesis.destatis.de/genesis/online?operation=abruftabelleBearbeiten&levelindex=1&levelid=1653904122127&auswahloperation=abruftabelleAuspraegungAuswaehlen&auswahlverzeichnis=ordnungsstruktur&auswahlziel=werteabruf&code=23131-0002&auswahltext=&n

Destatis. (2023). Lebendgeborene, Gestorbene, Geburten-/Sterbeüberschuss (ab 1950). (S. B. (Destatis), Hrsg.) Abgerufen am 17.02.2023 von https://www.destatis.de/: https://www.destatis.de/DE/Themen/Gesellschaft-Umwelt/Bevoelkerung/Sterbefaelle-Lebenserwartung/Tabellen/lrbev04.html#242408

Ethikrat, D. (21.02.2020). Ad-hoc-Empfehlung »Trans-Identität bei Kindern und Jugendlichen: Therapeutische Kontroversen – ethische Orientierungen«. Abgerufen am 09.03.2022 von www.ethikrat.org/: https://www.ethikrat.org/mitteilungen/mitteilungen/2020/deutscher-ethikrat-veroeffentlicht-ad-hoc-empfehlung-zu-trans-identitaet-bei-kindern-und-jugendlichen/#:~:text=Der%20Deutsche%20Ethikrat%20lud%20am,und%20medizinischen%20Umgangs%20mit%20Trans%2D

Fitzsimons, T. (20.07.2020). nbcnews.com. Abgerufen am 20.02.2023 von Transgender Facebook content dominated by right-wing sources, study finds: https://www.nbcnews.com/feature/nbc-out/transgender-facebook-content-dominated-right-wing-sources-study-finds-n1234252

Grigowski, Z. (2016). Zitiert: Raymond, J., The Transsexual Empire, S. 104. In Z. Grigowski, Trans*Fiction (S. 25). Unrast-Verlag.

Hess, J., Neto, R. R., Panic, L., Rübben, H. & Senf, W. (25.08.2014). Zufriedenheit mit der Mann-zu-Frau-geschlechtsangleichenden Operation. doi:10.3238/arztebl.2014.0795

Hinrichs, A. (04.2021). Katastrophale Versorgung und viel Druck von außen. Eppendorfer, 3–4.

jimcontent. (29.11.2020). Welche Denk-Fehler sind mir bei mir bekannt? Abgerufen am 04.03.2022 von jimcontent.com: https://s9d9ae2f48daae4c6.jimcontent.com/download/version/1562063313/module/13907363823/name/Lernen.pdf

Jones, J. M. (17.02.2022). LGBT Identification in U.S. Ticks Up to 7.1 %. Abgerufen am 22.02.2022 von GALLUP: https://news.gallup.com/poll/389792/lgbt-identification-ticks-up.aspx?fbclid=IwAR25EUtQJpq5GjisrUsOzT31nOW4UO04yYH7eCE7_dUD3XjteVAfVcZkg9U

Jurkschat, R. (21.06.2022). Berliner Polizei registriert deutlich mehr queerfeindliche Straftaten. Abgerufen am 04.01.2023 von rbb24.d: https://www.rbb24.

de/politik/beitrag/2022/06/berlin-gemeldete-straftaten-gewalt-queer-feindlich-lgbtiq-polizei.html

Justiz, B. f. (02.11.2020). Geschäftsentwicklung der freiwilligen Gerichtsbarkeit – Amtsgerichte 1995–2019. Abgerufen am 23.02.2022 von bundesjustizamt.de: https://www.bundesjustizamt.de/DE/SharedDocs/Publikationen/Justizstatistik/Geschaeftsentwicklung_Amtsgerichte.pdf

Klein, J. (03.02.2023). queer.de. Abgerufen am 20.02.2023 von Wie »Detrans«-Geschichten zum Vehikel für Transhass werden: https://www.queer.de/detail.php?article_id=44571

Kost, C. (18.01.2021). Trans und Sucht – Suchtberatung für geschlechtsdiverse Menschen. (B. S. Corinna Mäder-Linke, Hrsg.) Abgerufen am 04.03.2022 von KONTUREN online. Fachportal zu Sucht und sozialen Fragen: https://www.konturen.de/fachbeitraege/trans-und-sucht/

Kost, C. (2023). Geschlechter- und Altersverteilung bei Transsexualität, 4Be 2019–2022 (N=1.370). Hamburg: Therapiehilfe gGmbH.

Levin, S. (01.04.2021). Interview mit Jules Gill-Peterson, Professor_in für gender, sexuality and women's studies an der University of Pittsburgh. Abgerufen am 09.03.2022 von Guardian: https://www.theguardian.com/us-news/2021/apr/01/trans-children-history-jules-gill-peterson-interview

Louis, C. (01.2020). Wir wissen nicht, was wir anrichten. EMMA, S. 52–60.

Louis, C. (28.03.2022). emma.de. Abgerufen am 19.02.2023 von Was die Maus noch lernen muss: https://www.emma.de/artikel/transsexualitaet-was-die-maus-noch-lernen-muss-339343

Louis, C., Amelung, T. & Korte, D. (01.2020). Sie Er Ich – Einfach das Geschlecht wechseln? (A. Schwarzer, Hrsg.) EMMA, S. 50–65.

MacKinnon, C. A. (27.11.2015). Sex, Gender, and Sexuality: An Interview With Catharine A. MacKinnon by Cristan Williams. Abgerufen am 26.05.2022 von radfem.transadvocate.com: http://radfem.transadvocate.com/sex-gender-and-sexuality-an-interview-with-catharine-a-mackinnon/

Maur, S. (05.02.2021). Die Pubertät aufschieben, nimmt den Stress raus – Interview von Nantke Garrelts. Der Tagesspiegel. Abgerufen am 13.03.2022 von https://www.tagesspiegel.de/gesellschaft/queerspiegel/debatte-um-trans-jugendliche-die-pubertaet-aufschieben-nimmt-den-stress-raus/26884908.html

MDS. (31.08.2020). Begutachtungsanleitung Richtlinie des GKV-Spitzenverbandes nach § 282 SGB V – Geschlechtsangleichende Maßnahmen bei Transsexualismus (ICD-10, F64.0). (M. D. (MDS), Hrsg.) Abgerufen am 24.02.2022 von md-bund.de: https://md-bund.de/fileadmin/dokumente/Publikationen/GKV/Begutachtungsgrundlagen_GKV/BGA_Transsexualismus_201113.pdf

Munz, D. D. (20.04.2021). Keine Zwangs-Psychotherapie bei Transsexuellen. Abgerufen am 24.02.2022 von Bundespsychotherapeutenkammer

(BPtK): https://www.bptk.de/keine-zwangs-psychotherapie-bei-transsexuellen/?cookie-state-change=1645708559839

Netzer-Nawrocki, D. J. (2018). Juristische Aspekte bei der Verschreibung von Kontrazeptiva an Minderjährige. Kinder und Jugendarzt (9/18).

Newport, F. (18.05.2018). In U.S., Estimate of LGBT Population Rises to 4.5 %. Abgerufen am 27.05.2022 von news.gallup.com: https://news.gallup.com/poll/234863/estimate-lgbt-population-rises.aspx

Nieder, P. D. (09.10.2018). S3 Leitlinie »Geschlechtsinkongruenz, Geschlechtsdysphorie und Trans-Gesundheit: Diagnostik, Beratung, Behandlung«. (D. G. (DGfS), Hrsg.) Abgerufen am 24.02.2022 von AWMF: https://www.awmf.org/leitlinien/detail/ll/138-001.html

OECD. (2023). The Road to LGBTI+ Inclusion in Germany: Progress at the Federal and Länder Levels. Paris: OECD Publishing. doi:https://doi.org/10.1787/977b463a-en

Olson, K., Durwood, L., Horton, R., Gallagher, N. & Devor, A. (04.05.2022). Gender Identity 5 Years After Social Transition. Pediatrics. Abgerufen am 28.05.2022 von https://doi.org/10.1542/peds.2021-056082

parentsofrogdkids. (2017). ANDERE URSACHEN FÜR GESCHLECHTERDYSPHORIE. Abgerufen am 03.04.2022 von parentsofrogdkids.com: https://www.parentsofrogdkids.com/andere-ursachen-fr-geschlechterdysphorie

Petersen, O., Reich, T., Nockemann, D., Wolf, D., Walczak, K. & Schulz, M. (03.02.2021). »Trans-Hype« in Hamburg? Einsatz von Pubertätsblockern, Große Anfrage der AfD. Abgerufen am 15.03.2021 von buergerschaft-hh.de: https://buergerschaft-hh.de/parldok/dokument/74368/trans_hype_in_hamburg_einsatz_von_pubertaetsblockern.pdf?fbclid=IwAR3yaplpH-Q6xDY26z12cVOwxSQY8aVCvsyRL7QD9fkYAckKMaubxkXP4JXsk

Pfister, R. (19.02.2022). Mein Wille geschehe – In Deutschland sollen die Bürger ihr Geschlecht bald wählen können. Was bedeutet es, wenn sich der Mensch von den Grenzen der Biologie befreit? Der Spiegel, S. 52–55.

Prof. Dr. Zimmermann, P. (2010). Sexualisierte Gewalt gegen Kinder in Familien. Von Deutsches Jugendinstitut e. V. abgerufen am 09.11.2023 von: https://www.dji.de/veroeffentlichungen/literatursuche/detailansicht/literatur/13757-sexualisierte-gewalt-gegen-kinder-in-familien.html.

Radtke, R. (14.10.2022). Anzahl von Operationen zur Geschlechtsumwandlung in Deutschland in den Jahren 2012 bis 2021. Abgerufen am 10.01.2023 von statista.com: https://de.statista.com/statistik/daten/studie/272600/umfrage/anzahl-von-operationen-fuer-geschlechtsumwandlungen-in-deutschland/

Regh, A., Wißgott, S. & Weitzel, P. (12.08.2021). Zahlenspiele. Abgerufen am 23.02.2022 von dgti.org: https://dgti.org/2021/08/12/zahlenspiele/

Roggenkamp, G. (14.09.2016). Reiten für Kinder – ein Spaß mit hohem Risiko. Abgerufen am 16.04.2022 von Stiftung Kindergesundheit: https://idw-online.de/de/news659029

Rudek, F., & Herold, H. (10.2022). Bundesweite Frauenhaus-Statistik 2021 Deutschland. (1. B. Frauenhauskoordinierung e.V. (FHK) Tucholskystr. 11, Hrsg.) Abgerufen am 04.01.2023 von http://www.frauenhauskoordinierung.de: https://www.frauenhauskoordinierung.de/publikationen/frauenhaus-statistik

Schaaf, S. (2019). »Es werden immer mehr ...!« Zur Situation transidenter/transsexueller Menschen in Deutschland: Dokumentation Ergänzungsausweis und Bestandsanalyse über den Zeitraum von 1999–2016. Frankfurt: Deutschen Gesellschaft für Transidentität und Intersexualität e.V. (dgti).

Seikowski, K. (2019). »Das Problem der Psychopathologisierung von Transsexualität«, Studie von 1988 bis 2015, N=1234. In G.S. (Herausgeber), Das Geschlecht in mir: Neurowissenschaftliche, lebensweltliche und theologische Beiträge zu Transsexualität.

Serano, J. (22.08.2018). Everything You Need to Know About Rapid Onset Gender Dysphoria. Abgerufen am 04.03.2022 von juliaserano.medium.com: https://juliaserano.medium.com/everything-you-need-to-know-about-rapid-onset-gender-dysphoria-1940b8afdeba

Siedenbiedel, M. (2016). Selbstbestimmung über das eigene Geschlecht: Rechtliche Aspekte des Behandlungswunsches transsexueller Minderjähriger (Bd. 43).

Stone, A.L. (03.2019). Frame Variation in Child Protectionist Claims: Constructions of Gay Men and Transgender Women as Strangers. Social Forces, 3(97), S. 1155–1176. doi:https://doi.org/10.1093/sf/soy077

Turban, J., Loo, S., Almazan, A. & Keuroghlian, A. (31.03.2021). Factors Leading to »Detransition« Among Transgender and Gender Diverse People in the United States: A Mixed-Methods Analysis. LGBT Health, 8(4) (May–Jun 2021), S. 273–280. doi:10.1089/lgbt.2020.0437

von Knoblauch, A. & Späth, M. (09.2022). Straftaten gegen Lesben, Schwule, Bisexuelle, trans- und intergeschlechtliche Menschen (LSBTI). Abgerufen am 04.01.2023 von https://www.berlin.de/polizei/: https://www.berlin.de/polizei/_assets/aufgaben/praevention/straftaten_lsbti.pdf

Weitzel, P. (2021). Ist Detransition ein Thema? Frankfurt: dgti. Abgerufen am 28.05.2022 von https://www.facebook.com/dgtiev/posts/pfbid-02KYLwGD8PqTqqph9mYEp3U6JoHqSndcgBEP4wgnHtAmezDD-oPRinLpBpswPFYj7XJl

Wilken, J. (28.09.2022). dgti.org. Abgerufen am 23.02.2023 von Detransition, Fakten und Studien: https://dgti.org/2022/09/28/jenny-wilken-detransition-fakten-und-studien-9-2-2022/

Zandt, F. (13.05.2022). Wer sich in Deutschland als LGBTQI+ identifiziert. Abgerufen am 27.05.2022 von de.statista.com: https://de.statista.com/infografik/27440/anteil-der-befragten-die-ihre-sexuelle-orientierung-wie-folgt-angeben-nach-geburtsjahr/

»Schutzräume für ALLE Frauen« – Ein Gespräch mit Katrin Frank

Katrin Frank ist Referentin für Familienhilfe/-politik, Frauen und Frühe Hilfen im Paritätischen Gesamtverband. Zudem ist sie derzeit Mitglied im Vorstand der Frauenhauskoordinierung (FHK).

Die FHK vernetzt zahlreiche bundesweit agierende Wohlfahrtsverbände und ihre Einrichtungen im Bereich Frauengewaltschutz. Mitglieder sind der Bundesverband der Arbeiterwohlfahrt, der Deutsche Caritasverband, der Paritätische Gesamtverband, die Diakonie Deutschland und der Sozialdienst katholischer Frauen Gesamtverein sowie weitere Träger von Frauenhäusern und Fachberatungsstellen. Mit zusammen rund 270 Frauenhäusern und 300 Fachberatungsstellen fördern und sichern die Mitglieder das Hilfe- und Unterstützungssystem für Frauen, die von Gewalt betroffen sind, sowie für ihre Kinder.

JANKA KLUGE: Frau Frank, Sie sind unter anderem mit der Frage beschäftigt, wie sich Frauenhäuser aufstellen und welche Personen in einem Frauenhaus Schutz bekommen können. Ist meine Formulierung nicht eigentlich schon ein bisschen falsch, wenn ich sage »welche Personen«?

KATRIN FRANK: Nein, das ist keinesfalls falsch. Aber auch nicht so ganz richtig. Denn nach dem Verständnis des Paritätischen Wohlfahrtsverbandes, aber auch der Frauenhauskoordinierung, gilt es, alle von häuslicher oder geschlechtsspezifischer Gewalt betroffenen Menschen zu schützen. Frauen sind von häuslicher und geschlechtsspezifischer Gewalt allerdings überdurchschnittlich häufig betroffen.

JANKA KLUGE: Im Rahmen Ihrer Arbeit bei der Frauenhaus-Koordinierung haben Sie sich mit der Frage auseinandergesetzt, ob trans*Frauen auch in Schutzräume für Frauen gehen können, also ob sie dort aufgenommen werden können. Wie ist der aktuelle Stand dieser Diskussion?

KATRIN FRANK: Der Anspruch unserer Arbeit ist, dass alle gewaltbetroffenen Frauen den Schutz erhalten, den sie benötigen – und dazu zählen aus Perspektive der Frauenhauskoordinierung ganz selbstverständlich auch trans*Frauen. Das Recht auf Selbstbestimmung ist für uns bei der FHK als Frauenrechtsorganisation ja ein hohes Gut. In der Praxis muss dann immer, in jedem Fall, egal ob cis oder trans*Frau, individuell festgestellt werden, ob das konkrete Haus für die Aufnahme geeignet ist, ob es seitens der Frau Ausschlussgründe für eine Aufnahme gibt, wie z.B. bei Drogenkonsum.

Wir haben uns intensiv mit der Frage der Aufnahme von trans*Frauen beschäftigt, insbesondere mit Blick auf das Selbstbestimmungsgesetz, weil wir gemerkt haben, dass die Diskussion so richtig Fahrt aufgenommen hat. Einige Akteur*innen der Debatte nehmen das Thema gezielt in den Fokus. Wir hatten etwa in den sozialen Medien mit Anfeindungen zu tun und mehrfach wurde dort auch ein vermeintlicher Zwischenfall im Kontext der Aufnahme einer trans*Frau thematisiert. Dem sind wir dann umgehend nachgegangen und haben Kontakt mit dem betreffenden Frauenhaus aufgenommen. Die Mitarbeiter*innen vor Ort haben uns mitgeteilt, dass dieser – übrigens viele Jahre zurückliegende – Konflikt gar nichts mit der trans*Identität zu tun hatte, sondern es da einfach aufgrund anderer Umstände des Zusammenlebens Schwierigkeiten gab, wie es in Frauenhäusern immer wieder vorkommt. Trotzdem wollten wir die Sorgen nicht einfach abtun und uns ein umfassenderes Bild machen. Wir sind dann auf unsere Mitgliedschaft in den Wohlfahrtsverbänden zugegangen – das sind insgesamt rund 270 Frauenhäuser und 300 Frauenberatungsstellen – und haben eine Abfrage gemacht: Wie sind denn die Erfahrungswerte in der Praxis? Treten Probleme, wie sie auf Social Media oder in der Presse thematisiert werden, in der Realität auf?

JANKA KLUGE: Können Sie das Ergebnis zusammenfassen? Gab es solche Vorfälle in der Vergangenheit?

KATRIN FRANK: Weder im Rahmen der Umfrage noch im Zuge unseres anhaltenden Austauschs mit der Praxis sind Fälle an uns herangetragen worden, in denen Frauenhäuser im Kontext trans* missbräuchlich genutzt worden sind oder es zu Übergriffen kam. Natürlich haben sich nicht alle der 270 bei uns vernetzten Frauenhäuser an der Umfrage beteiligt, es ging also eher um ein Stimmungsbild als um eine statistische Vollerhebung. Trotzdem war das Bild sehr klar: Es gibt eine große Offenheit für die Aufnahme von trans*Frauen, in über 50 % der Einrichtungen ist das längst gelebte Haltung. Vielerorts gibt es auch bereits Erfahrungen mit der Aufnahme. Es ist also schon lange gängige Praxis, dass trans*Frauen in Frauenhäusern Schutz finden. Lediglich ein kleiner Anteil der Einrichtungen setzt für die Aufnahme einen geänderten Geschlechtseintrag voraus.

Allerdings gibt es gerade bei Häusern ohne praktische Erfahrung in diesem Kontext oftmals auch noch Unsicherheiten und offene Fragen zum Thema, mit denen wir uns befassen müssen.

JANKA KLUGE: Gibt es Zahlen darüber, wie viele der Frauenhäuser schon Erfahrungen mit trans*Frauen gemacht haben?

KATRIN FRANK: Über ein Viertel der Frauenhäuser, die befragt wurden, haben bereits Erfahrung mit der Aufnahme von trans*Frauen gemacht. Und etwa jedes zehnte Frauenhaus schon mehrfach. Nur in ca. zehn Prozent der Fälle mussten bis dato Anfragen von trans*Frauen abgelehnt werden. Dabei waren aber eher Gründe ausschlaggebend, die cis und trans*Frauen gleichermaßen betreffen, beispielsweise, dass keine häusliche Gewalt vorlag. Denn man muss dazu sagen, dass auch ich als cis Frau nicht automatisch allein aufgrund meines Frauseins ein Recht auf Zugang zum Frauenhaus habe. Es muss eben eine Gewaltbetroffenheit vorliegen und gleichzeitig muss das Frauenhaus abwägen, ob es in der jeweiligen Situation adäquate Unterstützung bieten kann. Ein weiterer Grund für Ablehnungen sind z.B. ungeeignete Räumlichkeiten. In Deutschland haben nicht alle Frauenhäuser ein Apartment-Modell, wo etwa die Nasszelle zum jeweiligen Zimmer gehört. Und wir haben leider auch Frauenhäuser, wo sich, je nach Belegungsstärke, nach wie vor auch noch Frauen ein Zimmer teilen müssen. Und wenn in solchen Situationen die Mitarbeiter*innen aufgrund der Trauma-Erfahrung oder auch der besonderen Gewaltbetroffenheit der jeweiligen Frauen die Einschätzung treffen, dass das problematisch wäre, dann kann es auch mal zu Abweisungen kommen. Das ist dann aber nicht trans*-spezifisch, sondern kommt auch in anderen Zusammenhängen vor. Wir haben eine ähnliche Problematik auch bei Müttern, die mit älteren Söhnen ins Frauenhaus gehen. Da kommt es ebenfalls aufgrund dieser ungeeigneten Räumlichkeiten und der fehlenden Apartment-Lösung immer wieder zu Abweisungen. Als Paritätischer Gesamtverband, aber auch als FHK machen wir uns natürlich stark für einen bestmöglichen Ausbau der Frauenhäuser. Wir wollen nicht, dass weiterhin Schutzsuchende abgewiesen werden müssen, weil die Räumlichkeiten zu beengt und unterfinanziert sind.

JANKA KLUGE: Wie sieht denn der Bedarf von trans*Frauen

in einem Frauenhaus aus? Bekommen sie dort die notwendige Unterstützung?

KATRIN FRANK: Zwei Drittel der befragten Einrichtungen sieht einen zusätzlichen Bedarf für die angemessene Unterstützung von trans*Frauen. Zentral sind dabei die räumlichen Voraussetzungen, etwa abschließbare, separate Sanitäranlagen. Außerdem entsprechende Fortbildungen für Mitarbeitende sowie die Sensibilisierung für das Thema unter den Bewohner*innen, um Ängsten und Diskriminierung vorzubeugen. All das sind aber auch immer Ressourcenfragen in einem chronisch unterfinanzierten System. Und schließlich sollten auch Fachstellen aus der LSBTIQ-Community und ihre Expertise stärker einbezogen werden. Bisher ist nur ein kleiner Teil der Frauenhäuser mit lokalen Fachberatungsstellen und Akteur*innen der LSBTIQ-Community vernetzt. Frauenhäuser sind auch im Stadtbild, in der Kommune nicht sichtbar, wenn sie nicht gerade ein offenes Schutzkonzept haben. Und die meisten Frauenhäuser in Deutschland haben kein offenes Schutzkonzept. Umso bedeutender ist diese Vernetzung in der Kommune mit anderen Fachberatungsstellen, etwa auch mit einer Suchtberatungsstelle oder queeren Selbsthilfegruppen.

JANKA KLUGE: Was verstehen Sie unter einem offenen Schutzkonzept?

KATRIN FRANK: Bislang finden sich die meisten Frauenhäuser in Deutschland anonym im Stadtbild. Die Adressen sind nicht bekannt, um die gewaltbetroffenen Frauen und ihre Kinder bestmöglich zu schützen. Wenn man zum Beispiel durch eine Stadt geht und es ist irgendwo ein Frauenhaus, dann steht da kein Schild davor. Als Adresse findet man im Internet dann auch nur Postfachadressen. Das dient dem Schutz, damit die ehemaligen Partner*innen das Frauenhaus nicht finden können. Das wäre dann kein offenes Schutzkonzept.

Ein offenes Schutzkonzept hingegen wäre, dass draußen ein Schild hängt und das Frauenhaus in der Nachbarschaft als solches sichtbar und bekannt ist. Solche Frauenhäuser sind dann in der Regel durch ein umfassendes Sicherheitskonzept inklusive Alarmsystemen, Kameras und speziellen Vorkehrungen der Polizei gesichert. Dass ein so hoher Aufwand nötig ist, ist der Grund, warum viele Frauenhäuser eben nicht öffentlich sind. Und das wiederum führt viele Diskussionen, die auf Social Media laufen, ad absurdum: Die Debatte wird so geführt, als würde man bei einem Frauenhaus einfach klingeln und automatisch reingelassen werden, als ob jede Frau wüsste, wo ein Frauenhaus ist, und qua Geschlecht das Recht zur Aufnahme hätte. In Deutschland hat bis dato niemand einen Rechtsanspruch auf Aufnahme in ein Frauenhaus, auch nicht cis Frauen und ihre Kinder.

JANKA KLUGE: Also ich habe auch das Gefühl, dass manche Menschen ein Frauenhaus mit einem Frauenhotel verwechseln.

KATRIN FRANK: Genau. Also, dass da auch ein bisschen, der

Begriff ist jetzt vielleicht komisch, aber »romantisiert« wird, was ein Frauenhaus ist. Frauenhäuser sind kein offener Treff. Das Frauenhaus ist für viele die letzte Bastion. Die Zimmer in Frauenhäusern sind in der Regel eher klein, teilweise müssen sich die Frauen ihr Zimmer auch mit ihren Kindern teilen. Oder in Extremfällen gar mit anderen Frauen. Vielerorts teilen sich die Frauen auch die Sanitäranlagen und die Küche. Das kann im Zusammenleben schwer traumatisierter Menschen sehr belastend sein. Frauenhäuser sind in der Regel kein Ort, wo man gerne hingeht. Und vor allem, wo man nicht gerne über Monate hinweg wohnen möchte. Ans Frauenhaus wenden sich oftmals Frauen, die nicht auf andere Ressourcen zurückgreifen können und aufgrund der Gewalterfahrung schon von ihrem Umfeld isoliert sind. Gewalt wird immer noch als Scham empfunden, teilweise lassen die Täter*innen den Frauen auch keine andere Wahl, indem sie bewusst eine finanzielle Abhängigkeit herstellen. Viele Frauen, die ins Frauenhaus gehen, haben kein eigenes Einkommen, sind nicht erwerbstätig. Denn wer guten Kontakt zur weiteren Familie hat, wer Freunde hat, wer Arbeitskolleg*innen hat, kann in der Regel irgendwo untertauchen. Die soziale Isolation der Frauen, die im Frauenhaus sind, darf nicht unterschätzt werden.

JULIA MONRO: Ich verstehe unter einem Frauenhaus eine Art Zufluchtsstätte und finde es ja schon bedauerlich, dass wir in unserer Gesellschaft überhaupt solche Orte brauchen. Sind Frauenhäuser denn ausreichend ausgestattet und gibt es Forderungen an die Politik, hier mehr Gelder zur Verfügung zu stellen?

KATRIN FRANK: Das Hilfesystem für gewaltbetroffene Frauen in Deutschland ist seit Jahrzehnten chronisch unterfinanziert und hat riesige Lücken. Bundesweit fehlen über 14000 Frauenhausplätze, das muss man sich mal vorstellen. Die Finanzierung der bestehenden Plätze ist wiederum so heterogen und unsicher, dass etwa ein Viertel der schutzsuchenden Frauen sich sogar selbst an den Kosten beteiligen muss. Das ist völlig inakzeptabel. Es fehlt an Personalressourcen, an angemessener Ausstattung für die mitbetroffenen Kinder und, ganz wichtig: die existierenden Schutzplätze sind fast nie für alle Frauen gleichermaßen zugänglich. Die allerwenigsten Frauenhäuser sind zum Beispiel vollständig barrierefrei. Und viele dieser Probleme geraten durch die Debatte um trans*Frauen noch einmal besonders in den Blick. Es wäre beispielsweise auch ganz unabhängig von der Aufnahme von trans*Frauen für so viele Betroffene sinnvoll, wenn Frauenhäuser Apartments mit barrierefreien Sanitärräumen anbieten könnten: für stark belastete Frauen, für Frauen mit Handicaps, zum Infektionsschutz und nicht zuletzt, um auch ältere Söhne aufnehmen zu können. Ein potenzieller Frauenhaus-Aufenthalt darf nicht daran scheitern, dass man vor der Wahl steht, in der gewalttätigen Partnerschaft zu verbleiben oder seinen Sohn zurückzulassen.

Aber um das zu ermöglichen, brauchen wir endlich einen Rechtsanspruch auf Schutz und ein Bundesgesetz, was dafür sorgt, dass Frauenhäuser langfristig und den Bedarfen angemessen finanziert werden. Und zwar in ausreichender Zahl.

JANKA KLUGE: Wie ist denn das mit Therapieplätzen in Frauenhäusern? Also bei Menschen mit posttraumatischen Störungen ist es ja enorm wichtig, dass sie therapeutisch aufgefangen werden. Wird so etwas in Frauenhäusern geleistet? Und gibt es dann da Gruppentherapien, Gruppentherapiesitzungen, wo Personen mit unterschiedlichen Gewalterfahrungen aufeinandertreffen?

KATRIN FRANK: Was im Frauenhaus geleistet wird, ist eine Betreuung und ein Empowerment der Frau. Die Sozialarbeiter*innen sind psychologisch geschult, aber es praktizieren dort keine Psychotherapeut*innen und es werden auch keine einzeltherapeutischen Maßnahmen durchgeführt. Nur sehr wenige Frauenhäuser können therapeutische Unterstützung anbieten. Die Frauen nehmen in der Regel, wenn sie das benötigen, eine solche Unterstützung extern in Anspruch. Im Frauenhaus steht im Mittelpunkt, dass die Frau wieder ihr Alltagsleben auf die Reihe kriegt. Nach schweren Traumatisierungen ist es für diese Frauen oft schon eine Herausforderung, ihren Alltag zu bewältigen. Dann stellen sie sich die Fragen: Was ist mit den Kindern? Was ist mit mir selber? Es geht darum, dass die Frauen Zeit für sich bekommen. Dann übernehmen die Sozial-

arbeiter*innen und schauen nach Möglichkeiten zur Kinderbetreuung, damit die Frau sich beruflich orientieren kann, etc.
Natürlich finden auch Gespräche in Gruppen statt, etwa um das Zusammenleben im Haus zu organisieren, usw.

JANKA KLUGE: Ins Frauenhaus gehen Frauen, die im unmittelbaren Umfeld Gewalt erlebt haben, also oftmals in häuslichen Situationen. Diese geht nicht immer, aber in der Regel, von sogenannten cis Männern aus. Von dieser Gewalt können Frauen, aber auch intergeschlechtliche oder nichtbinäre Menschen betroffen sein. Wie ist die Erfahrung der Frauenhäuser in Bezug auf trans*Frauen – ist es auch hier die Gewalt im unmittelbaren Umfeld, durch Eltern oder Brüder?

KATRIN FRANK: Ins Frauenhaus gehe ich ja, wenn ich häusliche Gewalt erfahre, also, wenn ich es zu Hause nicht mehr aushalte oder dort nicht mehr sicher leben kann. Und wenn ich meinen Nahraum aufgrund einer Gewalterfahrung verlasse, dann geht es vielfach um die Partner*innen, mit denen ich zusammenwohne. Frauenhäuser richten sich v. a. an volljährige Frauen mit und ohne Kinder. Minderjährige, die gewaltbetroffen sind, erhalten Unterstützungen in den Strukturen der Kinder- und Jugendhilfe. Eine gesonderte statistische Erhebung zu trans*Frauen und trans*Mädchen führen wir aber nicht.

JANKA KLUGE: Und ich denke, es ist wichtig zu betonen, dass natürlich auch der Schutzbedarf der cis Frauen, die in einem Frauenhaus Schutz suchen, respektiert werden muss.

KATRIN FRANK: Ja, darum kümmern sich die Mitarbeiter*innen vor Ort und haben bei Aufnahmeanfragen neben den Bedarfen der neu einziehenden natürlich auch die der schon im Haus lebenden Frauen im Blick. Wenn wir von Menschenrechten und von menschenrechtsbasierter sozialer Arbeit sprechen, dann muss das immer für alle Menschen gelten. Ohne Ausschlüsse. Und beim Gewaltschutz ganz besonders, das hat nicht zuletzt auch die Istanbul-Konvention des Europarats festgestellt, die in Deutschland seit 2018 in Kraft ist. Es müssen alle besonders von geschlechtsspezifischer Gewalt betroffenen Menschen geschützt werden. Was mir an der ganzen Diskussion wichtig ist: Wenn ich mich als Frau für Selbstbestimmung einsetze, dann muss ich mich für die Selbstbestimmung aller Menschen einsetzen. Dazu gehört für mich selbstverständlich auch die Selbstbestimmung von trans*Personen. Es bringt nichts, in einen Wettstreit der Vulnerabilitäten einzutreten, wie es etwa in der Diskussion um das Selbstbestimmungsgesetz zu beobachten ist. Es macht keinen Sinn, wenn wir den Einsatz für Menschenrechte auf bestimmte Personengruppen kanalisieren. Alle von Gewalt betroffenen Personen verdienen unseren Schutz und alle benötigen Schutzräume.

JULIA MONRO: Der Begriff Schutzraum wird in der gegenwärtigen Diskussion oft in einen Kontext gesetzt mit Umkleidekabinen, öffentlichen Toiletten und so weiter. Sehen Sie hier Unterschiede in Bezug auf Frauenhäuser?

KATRIN FRANK: Ein Schutzraum ist für mich kein allgemein zugänglicher Raum, sondern ein Raum, der mir aufgrund meiner Vulnerabilität in einer spezifischen Bedrohungssituation zusteht. Hier bestehen besondere Zugangsvoraussetzungen und auch -hürden, die an anderen Orten so nicht bestehen oder nicht in gleicher Form kontrolliert werden. So würde ich Schutzraum jetzt ad hoc definieren. Umkleidekabinen und öffentliche Toiletten sind für mich demgegenüber Rückzugsorte.

JULIA MONRO: Haben trans*Männer Zugang zu Frauenschutzhäusern?

KATRIN FRANK: Wie bereits geschildert, checken die Mitarbeiter*innen in den Frauenhäusern nicht bei Ankunft die Papiere. Es wird von ihnen immer im Einzelfall entschieden und ist oftmals abhängig vom äußeren Erscheinungsbild. Wenn eine trans*männliche Person als männlich gelesen wird, dann wird sie in der Regel keinen Zugang im Frauenhaus bekommen. Es ist auch die Frage, ob sie das Frauenhaus dann als den passenden Ort für sich ansteuern würde. Es kommt in diesem Kontext sehr darauf an, wie die Person auftritt und sich selbst verortet, wie ihr Erscheinungsbild ist und vor allem, ob sie reale Gewalterfahrungen gemacht hat. Und sobald jemand männlich gelesen wird, denke ich nicht, dass eine Mitarbeiterin die Person aufnimmt. Ich hoffe dann, dass die Mitarbeiterin vor Ort die Person an geeignete Beratungsstellen und Schutzräume weiterleitet. Denn jede Person braucht im Falle von häuslicher Gewalt einen Rückzugsort.

JANKA KLUGE: Was ich ehrlich gesagt auch richtig finde. Vielen Dank für das Gespräch.

Sabine Maur

»Ich möchte einfach nur mein Leben leben« – Erfahrungen aus der Psychotherapie mit trans*Kindern und Jugendlichen

Sabine Maur, Psychologische Psychotherapeutin mit Zusatzqualifikation Kinder- und Jugendlichenpsychotherapie, niedergelassen in eigener Praxis in Mainz. Dozentin und Supervisorin. Präsidentin der Landespsychotherapeutenkammer Rheinland-Pfalz.

»Ich möchte einfach nur mein Leben leben« und »Ich möchte endlich ich sein können« sind die Sätze, die ich von trans*Menschen in Begutachtungen und Therapien am häufigsten gehört habe. Die trans*Menschen, die ich in meiner Tätigkeit als Psychotherapeutin und TSG-Gutachterin kennenlernen durfte, haben nichts gemein mit den Zerrbildern, die in der Öffentlichkeit von ihnen gemalt werden. Während trans*Menschen seit Jahrzehnten individueller und struktureller Diskriminierung ausgesetzt sind, wird von verschiedenen Seiten seit einiger Zeit der Frame gesetzt, dass trans*Menschen ihrerseits eine *Bedrohung für andere* seien. Der Gegensatz zu dem, was meine Kolleg*innen und ich in unseren Praxen wahrnehmen und was die Empirie bestätigt, könnte nicht größer sein. Eine klassische Täter-Opfer-Umkehr.

Wer oder was wird angeblich bedroht dadurch, dass einige Menschen ihren Namen und Personenstand ändern lassen und/oder sich geschlechtsangleichenden Maßnahmen unterziehen? Gefährdet seien wahlweise die »klassische Familie«, Kindergartenkinder, »die jungen Mädchen«, lesbische Frauen oder Frauen in »öffentlichen Räumen«. Unterstellt wird dabei, dass trans*Menschen sozial und geschlechtlich transitionieren, *um* andere gefährden zu können bzw. um die »Genderideologie« und ihre (vermeintliche) »internationale Macht« auszubauen. Und dabei mit »Pharmaindustrie« und Operateur*innen unter einer Decke stecken zwecks Bereicherung derselben. Wahlweise wird auch trans*Menschen zunehmend ihre Existenzberechtigung abgesprochen bzw. ihnen werden abwegige »sexuelle Störungen« unterstellt, die sie mit dem angeblichen trans*-Sein kaschieren wollten.

Wir haben durch die Coronapandemie schmerzlich lernen müssen, dass keine Verschwörungstheorie zu absurd und kein *rabbit hole* zu tief ist, als dass Menschen nicht darin voll tiefster Überzeugung verschwinden könnten, völlig immun gegen Fakten und emotional aufgeladen genug, (politisch) aktiv zu werden und im Zweifelsfall auch noch mit Rechtsextremen an einem Strang zu ziehen. Wir mussten auch lernen, dass bestimmte politische Gruppierungen solche Fake News gezielt befördern und für sich nutzen. In den USA sehen wir, dass dies nicht eine exotische politische Spielwiese einiger weniger ist, sondern in konkrete Gesetzesänderungen und Erlasse mündet, die signifikante, negative Auswirkungen auf trans*Menschen und ihre Gesundheitsversorgung haben.

Als Psychotherapeut*innen sehen wir uns nun in zuvor ungekanntem Ausmaß mit der ethischen Frage konfrontiert, ob wir uns als Expert*innen für psychische Gesundheit nicht deutlich vernehmbar einbringen müssen. Wir registrieren voll Ungläubigkeit, dass viele Medien auch bei diesem äußerst komplexen und sensiblen Thema erneut *false balance* betreiben, wie wir es von Corona und der Klimakrise bereits kennen. Die Feuilletons der großen deutschen Zeitungen, die noch nie von S3-Leitlinien oder der Begutachtungsanleitung gehört haben, schwurbeln empirie- und erfahrungsfrei vor sich hin, wenn es um das Leben von trans*Menschen geht. Medizinische Außenseiterhaltungen werden durchgereicht und fachlich nicht eingeordnet. Affirmative Therapieansätze werden gleichgesetzt mit unlauterer Beeinflussung gender-nonkonformer junger Menschen und schnellem Durchwinken geschlechtsangleichender Maßnahmen. Transidentität wird wieder grundsätzlich infrage gestellt, trans*Menschen pathologisiert und mit diskriminierenden anderen Diagnosen überzogen, Biologismus auf Grundschulniveau propagiert, obwohl die fachliche Entwicklung der letzten Jahre in Medizin und Psychologie genau gegenläufig war (Romer & Lempp, 2022, S. 309):

»In der medizinischen Fachwelt hat sich in den vergangenen 2 Jahrzehnten ein grundlegender Paradigmenwechsel im Verständnis diverser Geschlechtsidentitäten vollzogen: Es erfolgte einerseits eine konsequente Entpathologisierung und andererseits eine Abkehr von der dichotomen Vorstellung binärer Geschlechtlichkeit.«

Und in den sozialen Medien ist bekanntermaßen jede*r Expert*in, während die tatsächlichen Expert*innen aus Medizin und Psychologie in der Regel keine Social-Media-Accounts besitzen, unter anderem deshalb, weil sie sich das nicht antun möchten. Denn wenn man als Expertin zum Thema Transidentität twittert, wird man bedroht, beleidigt und herabgewürdigt, im Internet werden negative Bewertungen abgegeben zu Büchern und beruflicher Tätigkeit. Und dies ist noch »harmlos« im Vergleich dazu, welchen Anfeindungen trans*Menschen in den sozialen Medien ausgesetzt sind.

Aber ist es so wichtig, was und wie Medien berichten und wie in den sozialen Medien diskutiert wird? Es trifft trans*Menschen. Es beeinflusst unsichere Eltern von trans*Jugendlichen. Es prägt ein gesellschaftliches Klima, in dem trans*Menschen noch mehr Angst vor Diskriminierung und Gewalt haben müssen. Es verstärkt den Minoritätenstress (Meyer, 2013) von trans*Menschen und beeinflusst ihre psychische Gesundheit negativ. Es spielt denjenigen in die Hände, deren politische Agenda durch gruppenbezogene Menschenfeindlichkeit bestimmt wird.

Die Realität in der psychotherapeutischen Arbeit mit trans*Jugendlichen und jungen Erwachsenen ist eine ganz andere. Wir lernen häufig sehr reflektierte Jugendliche kennen, von denen viele von klein auf das Empfinden hatten, »anders« zu sein und nicht den gängigen Geschlechtsrollen zu entsprechen, und die insbesondere durch die körperlichen Veränderungen in der Pubertät unter quälenden Druck und in großes Unglück geraten. Die in Studien gut belegte hohe Rate an sekundären Depressionen, Ängsten, selbstverletzendem Verhalten und

Suizidalität sehen wir genauso auch klinisch (Forcier et al., 2020; Turban & Ehrensaft, 2017). Viele unserer trans*Jugendlichen und Erwachsenen berichten von Hänseleien, Abwertungen, Mobbing bis hin zu verbalen und tätlichen Übergriffen durch andere – auch das deckt sich mit zahlreichen Studienergebnissen (Forcier et al., 2020; Krell & Oldemeier, 2017). In den letzten Jahren sehen wir eine zunehmend bessere (!) Unterstützung dieser Jugendlichen durch Gleichaltrige, Schule und Eltern – der wichtigste Faktor für eine gute Entwicklungsprognose (James et al., 2016). Zum Beispiel weisen Möller et al. (2018, S. 16) auf die psychische Entlastung durch die geschlechtliche Selbstbestimmung hin:

»Studien haben gezeigt, dass Trans*-Kinder und Jugendliche, die in der fremdzugewiesenen Geschlechtsrolle bzw. Geschlechtsidentität leben müssen, ein hohes Risiko haben, emotionale Störungen, Verhaltensprobleme und andere psychische Auffälligkeiten zu entwickeln; dagegen zeigen Trans*-Kinder und Jugendliche, die geschlechtlich selbstbestimmt und authentisch leben können, deutlich weniger Risiko, an reaktiven Störungen zu erkranken (...).«

Entgegen vieler medialer Darstellungen sind »vorschnelle« Hormonbehandlungen oder geschlechtsangleichende Operationen im Jugendalter in Deutschland nicht möglich. Wir erleben in der großen Mehrzahl Jugendliche und junge Erwachsene, die sich innerlich seit vielen Jahren mit ihrer Geschlechtsidentität auseinandersetzen und sehr fundiert informiert sind über mögliche geschlechtsangleichende Maßnahmen. Wir erleben auch Jugendliche, deren Identitätsentwicklung insgesamt eher labil ist und die eine längere und intensivere Begleitung brauchen auf ihrem Weg für oder wider solche Maßnahmen.

Die soziale und medizinische Transition wird psychotherapeutisch begleitet. Im deutschen Gesundheitswesen ist eine Psychotherapie über mindestens 12 Sitzungen vor geschlechtsangleichenden Maßnahmen Pflicht (obwohl Transidentität keine psychische Erkrankung ist!). Zur Psychotherapie gehören selbstverständlich eine ausführliche Anamnese- und Verlaufserhebung sowie die sorgfältige diagnostische und differentialdiagnostische Abklärung, im Jugendalter regelhaft unter Einbezug der Bezugspersonen. Es müssen ausführliche psychotherapeutische Indikationsschreiben für geschlechtsangleichende Maßnahmen vorgelegt werden. Die Psychotherapie einschließlich des Indikationsschreibens muss dabei den berufsrechtlich vorgegebenen Regeln der Berufsausübung folgen, insbesondere auch den Sorgfaltspflichten (BPtK, 2021). Relevanter fachlicher Standard ist dabei die evidenzbasierte S3-Leitlinie zur Geschlechtsinkongruenz (AWMF, 2018), die von führenden medizinischen und psychotherapeutischen Fachgesellschaften und Organisationen gemeinsam verantwortet wurde. Die Leitlinie für das Kindes- und Jugendalter befindet sich gerade in einem sorgfältigen Abstimmungsprozess und wird voraussichtlich im Herbst 2023 veröffentlicht. Romer und Lempp (2022, S. 310) beschreiben die Ziele einer solchen Psychotherapie wie folgt:

»Nach aktuellen Leitlinienempfehlungen soll (...) das vorrangige Bestreben von professionell Helfenden zur Reduzierung psychischer Gesundheitsprobleme darauf ausgerichtet sein, die betreffende Trans-Person darin zu unterstützen, die eigene Persönlichkeit im Einklang mit ihrer empfundenen Geschlechtsidentität zu entfalten, sich dabei selbst zu akzeptieren und sich sozial akzeptiert zu fühlen. (...) Im Kindes- und Jugendalter schließt dies ein, an der Schaffung einer sicheren und akzeptierenden sozialen Umgebung in Elternhaus und Schule mitzuwirken.«

Psychotherapeut*innen stehen dabei in engem interdisziplinären Austausch mit Endokrinolog*innen und Chirurg*innen. Jugendliche und ihre Bezugspersonen werden über alle medizinischen Eingriffe mehrfach sorgfältig und ausführlich aufgeklärt, die Tragweite und Konsequenzen gemeinsam reflektiert und die Einsichtsfähigkeit der Jugendlichen berücksichtigt.

Psychotherapeutische Maßnahmen, die die geschlechtliche Identität eines Menschen *verändern* wollen, sind unethisch und strafbar (Gesetz zum Schutz vor Konversionsbehandlungen).

Auch die besonderen *ethischen Aspekte* werden in den beteiligten Professionen intensiv diskutiert und reflektiert (z.B. Möller et al., 2018; Romer & Möller, 2020; Romer & Lempp, 2022), was in der medialen Debatte nahezu keinen Widerhall findet. Zentrale medizinethische Prinzipien müssen sorgfältig abgewogen und berücksichtigt werden, wie etwa der Respekt vor Würde und Selbstbestimmung, die Wichtigkeit von ärztlich-psychotherapeutischer Fürsorge und des Nicht-Schadens sowie die Entpathologisierung und der Abbau von Diskriminierung.

Der Deutsche Ethikrat hat das 2020 im Hinblick auf die mögliche Behandlung von Jugendlichen mit Pubertätsblockern sehr differenziert getan:

»Eine Spannung entsteht dadurch, dass sich einerseits Reflexions- und Entscheidungsfähigkeit im Heranwachsenden erst entwickeln und andererseits die in der Pubertät stattfindende körperliche Entwicklung Zeitdruck schafft. In dieser Situation können sowohl die in Betracht gezogenen Behandlungsmöglichkeiten als auch deren Unterlassung schwerwiegende und teils irreversible Folgen haben. Für die beteiligten Erwachsenen – die sorgeberechtigten Eltern und die behandelnden Fachleute – stellt sich dabei überdies die Aufgabe, sowohl die Vorstellungen und Wünsche des Kindes zu berücksichtigen als auch dessen Wohl zu schützen. Die ethische Herausforderung besteht darin, Minderjährige auf dem Weg zu einer eigenen geschlechtlichen Identität zu unterstützen und zugleich vor – teils irreversiblen – Schäden zu bewahren. Erschwerend kommt hinzu, dass einige Entscheidungen getroffen werden müssen, wenn das Kind noch nicht vollumfänglich einsichts- und urteilsfähig ist. (...) In allen Entscheidungsprozessen muss das Kind gehört und müssen seine Vorstellungen und Wünsche seiner Reife und seinem Alter entsprechend berücksichtigt werden. Diese Regel erhält umso mehr Gewicht, als es hier um Fragen der persönlichen Identität geht, über die die betroffene Person in letzter Konsequenz selbst zu entscheiden hat. (...) Ist das Kind hinreichend einsichts- und urteilsfähig, um die Tragweite und Bedeutung der geplanten Behandlung zu verstehen, sich ein eigenes Urteil zu bilden und danach zu entscheiden, muss sein Wille maßgeblich berücksichtigt werden.«

Reflektiert wird auch die Rolle der Psychotherapeut*innen als Gatekeeper*innen für geschlechtsangleichende

Maßnahmen. In einer Stellungnahme verschiedener S3-Leitlinie-Autor*innen (Nieder & Strauß, 2021) wird die aktualisierte Begutachtungsanleitung der Krankenkassen scharf kritisiert: Psychotherapie setze Freiwilligkeit und Bereitschaft voraus, Psychotherapeut*innen stünden nicht als »Aufsichtspersonen« für einen »Alltagstest« zur Verfügung und der Ausschluss non-binärer Personen sei fachlich nicht gerechtfertigt. Die Psychotherapeut*innen Günther et al. (2019, S. 46 f.) beschreiben hier eine transsensible Haltung zu diesem Dilemma:

»Im Sinne des ethischen Prinzips der Autonomie sollte die Entscheidung für oder gegen körperverändernde Maßnahmen letztendlich in den Händen der behandlungssuchenden trans*Person liegen. Für diesen Entscheidungsprozess sollten sie Unterstützung bekommen, um ihre Entscheidungen in einem bestmöglichen Rahmen abzuwägen und schließlich zu treffen. (…) In diesem Zusammenhang müssen Psychotherapeut_innen den Zwangskontext, in dem sie in der Behandlung von trans*Personen tätig sind, sorgfältig reflektieren, die Klient_innen darüber aufklären und nach einer Umgangsweise damit suchen, der die Klient_innen zustimmen können und die ihnen hilft, ihren Weg selbstbestimmt zu gehen. (…) Das Risiko medizinischer Interventionen im Rahmen der Transition ist dem Schaden gegenüberzustellen, der entstehen würde, wenn der Person die körperliche Transition verweigert wird.«

Das ethische Prinzip des Abbaus von Diskriminierung war auch handlungsleitend für den Deutschen Psychotherapeutentag (DPT) bzw. die Bundespsychotherapeutenkammer (BPtK) bei ihren Stellungnahmen und Resolutionen hinsichtlich des »Transsexuellengesetzes«, zuletzt im Mai 2022: »Der DPT spricht sich dafür aus, dass künftig auch die Änderung des Geschlechtseintrags bei Transidentität über eine Erklärung gegenüber dem Standesamt und nicht länger über ein Gerichtsverfahren mit zwei Gutachten geregelt wird.«

Empirisch begründete Fachlichkeit, die Fähigkeit zu Differenzierung und Ambiguitätstoleranz, die Berücksichtigung zentraler ethischer Prinzipien und eine grundsätzliche Haltung von Empathie und Respekt sollten handlungsleitend für Psychotherapeut*innen sein, auch was ihre öffentlichen Äußerungen angeht. Gleiches wäre auch geboten für andere Berufsgruppen, die sich in den Medien über Minderheiten äußern. Die Destruktivität der »sozialen« Medien kann für einzelne Menschen bedrohlich für Leib und Seele sein. Hier sind Gesellschaft und Politik nachdrücklich gefordert.

Literatur

AWMF-Leitlinie (2018). *Geschlechtsinkongruenz, Geschlechtsdysphorie und Trans-Gesundheit: S3-Leitlinie zur Diagnostik, Beratung und Behandlung.* Zugriff am 23.07.2022: www.awmf.org/leitlinien/detail/ll/138-001.html

BPtK (2021). *Musterberufsordnung (MBO).* Zugriff am 23.07.2022 unter www.bptk.de/wp-content/uploads/2022/05/Muster-Berufsordnung-der-BPtK.pdf

BPtK (2022). *Resolution des Deutschen Psychotherapeutentags: Abbau von struktureller Diskriminierung gegenüber trans Menschen.* Zugriff am 23.07.2022 unter www.bptk.de/wp-content/uploads/2022/05/Resolution-Abbau-von-struktureller-Diskriminierung-gegenueber-trans-Menschen.pdf

Deutscher Ethikrat (2020). *Trans-Identität bei Kindern und Jugendlichen: Therapeutische Kontroversen – ethische Orientierungen.* Zugriff am 23.07.2022 von: www.ethikrat.org/mitteilungen/2020/deutscher-ethikrat-veroeffentlicht-ad-hoc-empfehlung-zu-trans-identitaet-bei-kindern-und-jugendlichen/

Forcier, M., van Schalkwyk, G. & Turban, J. L. (Eds.) (2020). *Pediatric Gender Identity.* Springer Switzerland.

Günther, M., Teren, K. & Wolf, G. (2019). *Psychotherapeutische Arbeit mit trans*Personen.* München: Reinhardt.

James, S. E., Herman, J. L., Rankin, S., Keisling, M., Mottet, L. & Anafi, M. (2016). *The Report of the 2015 U.S. Transgender Survey.* Washington, DC: National Center for Transgender Equality.

Krell, C. & Oldemeier, K. (2017). *Coming-out – und dann...?!* Coming-out-Verläufe und Diskriminierungserfahrungen von lesbischen, schwulen, bisexuellen, trans* und queeren Jugendlichen und jungen Erwachsenen in Deutschland. Opladen/Berlin/Toronto: Barbara Budrich.

Meyer, I. H. (2013). Prejudice, social stress, and mental health in lesbian, gay, and bisexual populations: Conceptual issues and research evidence. *Psychology of Sexual Orientation and Gender Diversity, 1,* 3–26.

Möller, B., Güldenring, A., Wiesemann, C. & Romer, G. (2018). Geschlechtsdysphorie im Kindes- und Jugendalter: Behandlung und Entwicklungsförderung im Spannungsfeld von gesellschaftlichen Kontroversen, Wertewandel und Kindeswohl. *Kinderanalyse, 26,* 228–263.

Romer, G. & Lempp, T. (2022). Geschlechtsinkongruenz im Kindes- und Jugendalter – Ethische Maßgaben und aktuelle Behandlungsempfehlungen. *Nervenheilkunde, 41,* 309–317.

Romer, G., & Möller, B. (2020). Geschlechtsinkongruenz und Geschlechtsdysphorie im Jugendalter. *Ärztliche Psychotherapie, 15,* 87–94.

Turban, J. L. & Ehrensaft, D. (2018). Research review: gender identity in youth: treatment paradigms and controversies. *Journal of Child Psychology and Psychiatry, 59,* 1228–1243.

Kathrin Bach

Begleittherapie als Schlüssel zum Verständnis von trans*Kindern und Jugendlichen, auf dem Hintergrund der aktuellen Genderdiskussion

Kathrin Bach ist analytische Kinder- und Jugendlichenpsychotherapeutin. Sie arbeitet seit 2011 als niedergelassene Kinder- und Jugendlichenpsychotherapeutin, seit 2019 schwerpunktmäßig im Themengebiet Identität und trans*Identität bei Kindern und Jugendlichen, Einzeltherapie und Gruppentherapie. Sie ist Gutachterin im TSG-Verfahren und Dozentin am C. G. Jung-Institut in Stuttgart.

Wie entsteht jugendliche Identität? Warum beschäftigen sich aktuell so viele junge Menschen mit ihrer Genderidentität bzw. mit *gender troubles?* Was ist eigentlich Transidentität und was ist Geschlechtsdysphorie? Mit diesen Fragen möchte ich mich im Folgenden auseinandersetzen.

Im Jahr 2018 meldete sich eine Mutter bei mir und fragte nach einem Therapieplatz für ihren 17-jährigen Sohn, dem bei Geburt das weibliche Geschlecht zugewiesen worden war. Er habe schwere Depressionen, spreche nur Spanisch oder Englisch und sei Transgender. Da ich mich mit der Behandlung von Depression gut auskenne und sehr gerne Englisch spreche, sagte ich zu. Ich fügte hinzu, dass ich gar nicht richtig wisse, was Transgender wäre, mich aber einarbeiten würde. Als ich Leon[43] und sein Schicksal kennenlernte, begriff ich sofort, dass ich diesen Menschen unterstützen möchte. Sein ungerechter, steiniger und extrem absturzgefährdeter Weg berührte mich tief, verbunden mit seiner liebenswerten Art und seiner großen Sehnsucht nach einem zukünftigen stimmigen Leben im für ihn »passenden« Geschlecht. Leon emigrierte während seiner Pubertät gemeinsam mit seinen Eltern nach Deutschland, wurde aber wenig später wieder nach Spanien zurückgeschickt, weil eine Integration mit dem sich schon damals abzeichnenden Transitionsthema in der deutschen Schule extrem schwierig erschien. Nach jahrelangem Zusammenleben mit einer transfeindlichen Großmutter in Spanien, der Sehnsucht nach den Eltern, völliger Einsamkeit und Perspektivlosigkeit hinsichtlich des Transitionsthemas kam Leon im Jahr 2018 ein zweites Mal nach Deutschland. Er ließ seine Freunde, sein geliebtes Land, Schulabschluss und Ausbildung zurück. Leon zog nach Deutschland, weil es hier bessere Perspektiven für trans*Menschen gibt. Mit 17 Jahren begann er noch mal ganz von vorne: Sprachkurs, Minijob, Ausbildung, Leben in der Fremde und mit sehr wenig Geld. Inzwischen ist Leon juristisch und optisch ein Mann, aus seiner Sicht war er dies schon immer. Die Arbeit mit Leon lehrte mich, was sich hinter dem Wort Transition für einen einzelnen Menschen verbergen kann. Durch ihn begriff ich, wie viel

43 Zum Schutz meiner Patient*innen habe ich die Namen und einige Eckdaten etwas verändert und die Fälle so beschrieben, dass keine Rückschlüsse auf lebende Personen möglich sind.

Mut, Kraft und unerschütterlicher Einsatz mitunter notwendig sind, bis ein trans*Jugendlicher ein Leben im für ihn passenden Geschlecht leben kann.

Die Psychoanalytikerin Inge Seiffge-Krenke schreibt, dass sich durch das »besondere Zusammenspiel von emotionalen und kognitiven Lernprozessen in der Adoleszenz die körperliche, psychische und soziale Identität herausbildet. In der Adoleszenz lässt der Mensch seine kindliche Identität hinter sich und bildet eine Identität als junger Erwachsener aus«[44]. Zu altersspezifischen Entwicklungsaufgaben kommen sozial und gesellschaftliche Aufgaben hinzu. Durch gescheiterte elterliche Identitätsentwürfe, vielerlei Einflüsse aus den Medien und dem Zusammenleben mit Menschen aus unterschiedlichen Kulturen, werden traditionelle Identitätsentwürfe in unserer Zeit häufiger hinterfragt. Die zunehmende gesellschaftliche Uneindeutigkeit, Komplexität und der Wegfall von traditionellen Beziehungs- und Rollenmustern schaffen neue Möglichkeiten und Freiheiten. Es entstehen neue Übereinkünfte für eine anscheinend gelungene Identität aller Mitglieder. Indikatoren sind: stereotype Bilder von sozialer Anerkennung, Leistung, Reichtum, Schönheit und ein hohes Maß an Perfektionismus. Aus dem Zusammenspiel von adoleszenter Entwicklungsaufgabe, Vulnerabilität, persönlichem, familiärem und gesellschaftlichem Druck und aktuellen gesellschaftlichen Problemen (Klimakrise, Coronapandemie, Ukraine-Krieg) können bei Jugendlichen Identitätskrisen entstehen, die sie bestenfalls

44 Seiffge-Krenke, I.: Die Jugendlichen und ihre Suche nach dem neuen Ich, Stuttgart 2021, S. 14.

in psychotherapeutische Praxen führen. Zu dieser Gruppe jugendlicher Identitätssuchender gehört der weitaus größte Teil meiner Patient*innen.

Neu ist die Tatsache, dass Jugendliche ihre Identität vor dem Hintergrund der Genderfrage diskutieren. Wieso hinterfragen sie ihr biologisches Geschlecht (engl. sex) und fordern eine Wahrnehmung im für sie richtigen, sozialen Gender? Was verbirgt sich hinter der allgegenwärtigen Gender-Diskussion? Dieser Frage möchte ich aus feministischer Sicht nachgehen und die folgenden Schwerpunkte setzen: Recht auf Gleichberechtigung, antiquierte weibliche *gender roles*, weibliche minder bezahlte Care-Arbeit und die Körperthematik.[45]

Im Jahr 1948 verabschiedeten die Vereinten Nationen die Menschenrechte und damit die Grundlage für die Würde und Rechte aller Menschen und die Gleichberechtigung beider Geschlechter. Ein Jahr später stellte Simone de Beauvoir die scheinbare Gleichberechtigung grundsätzlich infrage: »Die Menschheit ist männlich und der Mann definiert die Frau nicht als solche, sondern im Vergleich zu sich selbst: Sie wird nicht als autonomes Wesen angesehen (...). Er ist das Subjekt, er ist das Absolute: Sie ist das andere«.[46] Beauvoir formulierte damit die Realität der Diskriminierung und Objektivierung von Frauen, wie sie in der Gesellschaft schon lange und auch weiterhin stattfand. Während Männern Zuschreibungen wie »Außen, [...] Verstand, Tugend und Würde« gelten, werden Frauen Eigenschaften

45 Criado-Perez, C.: Unsichtbare Frauen, 2020, S. 14 ff.

46 Beauvoir, S.: Das andere Geschlecht, Sitte und Sexus der Frau, Hamburg 2000, S. 12.

wie »Innen, Nähe, häusliches Leben, Passivität, Schwäche, Ergebung, Hingebung, Bescheidenheit, Liebe, Güte, Gefühl, Keuschheit, Taktgefühl und Schönheit« zugeordnet.[47] Auffällig an der weiblichen *gender role* ist die Reduktion auf untergeordnete, unattraktive, meist passive Themen und eine erdrückende Anspruchshaltung von männlicher Seite. Noch immer existieren Teile dieses unzeitgemäßen Frauenbildes als latente Erwartung in den Köpfen patriarchaler Machtverteidiger. Dabei ist offensichtlich, wie wenig attraktiv, praktikabel und gerecht das konservative Frauenbild für Frauen in unserer Zeit ist. Die wenigsten jungen Mädchen können oder wollen sich heute auf »Schwäche«, »häusliches Leben« und »Bescheidenheit« beschränken, angesichts materieller Ansprüche, enger finanzieller Spielräume und hoher beruflicher Konkurrenz. Margarete Stokowski schreibt im Sinne eines jungen Feminismus: »Wir haben die Fesseln des Patriarchats nicht gesprengt, wir haben nur gelernt, in ihnen shoppen zu gehen.«[48]

Der Global Gender Report von 2022 (vergleicht 156 Länder)[49] prognostiziert, dass es, wenn alles so weitergeht wie bisher, vermutlich noch bis 2133 dauern wird, bis Männer und Frauen in der Arbeitswelt gleichgestellt sind. Der Gehaltsunterschied zwischen den Geschlechtern beträgt momentan im Durchschnitt 32,3 Prozent. Die Top-10-Wirtschaftsländer haben die Lücke bis zu 20 Prozent

47 Hausen, K.: Die Polarisierung der »Geschlechtscharaktere« – Eine Spiegelung der Dissoziation von Erwerbs- und Familienleben, in: Werner Conze (Hrsg.): Sozialgeschichte der Familie in der Neuzeit Europas, Stuttgart 1976, S. 368.

48 Stokowski, M.: Untenrum frei, Hamburg 2021, S. 93.

49 »Noch mehr als 100 Jahre bis zur Gleichstellung«, fr-online, 19. Nov. 2015.

geschlossen (Island 9,2 Prozent, Deutschland 19,9 Prozent). Traurige Schlusslichter bilden afrikanische Länder südlich der Sahara. Hier klafft die Lücke zwischen den Geschlechtern bis zu 67 Prozent auseinander (Angola).[50]

Zum Thema weibliches Körperbild schreibt Alice Schwarzer von einer Doppelbotschaft an Mädchen, denen »einerseits gesagt wird: Ihr seid gleichberechtigt, euch steht die Welt offen – es jedoch andererseits gleichzeitig eine Körperpolitik für Frauen gibt, die sie zurückstößt ins Vorgestern; in eine Welt, in der Mädchen gesagt wird: Nichts ist wichtiger, als (...) von Männern begehrt zu werden.«[51] Hochproblematisch ist außerdem die Tatsache, dass medial erzeugte und künstlich stilisierte Bilder von stereotyper idealer Weiblichkeit von jungen Mädchen als scheinbare Normalität interpretiert werden. Dadurch entsteht eine unerreichbare Messlatte für ein eigenes, positives Körperbild. Vergleiche mit Medienbildern führen Mädchen in psychische Teufelskreise, die keine liebevolle Beziehung zwischen ihrem Körper und ihrer Psyche zulassen. Nicht selten entstehen Gefühle von Verzweiflung, Scheitern am eigenen Körper und tiefgreifende Selbstwertprobleme. Naomi Wolf[52] konstituiert, dass über politischen, rechtlichen und finanziellen Möglichkeiten von Frauen letztlich weiterhin unausgesprochene, patriarchale Schönheitskonzepte stehen: »In dem Maß, wie es Frauen gelang, sich vom Kinder-Küche-Kirche-Weiblichkeitswahn frei zu machen,

50 https://www3.weforum.org/docs/WEF_GGGR_2022.pdf (aufgerufen am 24.10.2023).

51 Schwarzer, A; Louis, C: Transsexualität, Köln 2022, S. 19.

52 Wolf, N.: Der Mythos Schönheit, Reinbek, 1993, S. 13.

übernahm der Schönheitsmythos dessen Funktion als Instrument sozialer Kontrolle.« Sarah Pines schreibt über die Body-Positivity-Bewegung: »Nichts setzt Menschen mehr unter Druck als das ewige Geplänkel über Beine, Arme, Bauch, Gesichter, egal wie sie aussehen. Der Körper ist und bleibt Projektionsfläche unserer Ängste, Objekt unserer narzisstischen Wünsche.«[53] Auch die Themen Sexualität, Lust, Macht, Herrschaft und Differenzierung der sexuellen Polarität zwischen Weiblichkeit und Männlichkeit fallen in dieses Feld. Aktuell lässt sich die weibliche Körperthematik um die Diskussion der Einschränkung der Abtreibungsrechte in den USA ergänzen. Waren bisher die Rechte von Frauen und ungeborenen Kindern sorgfältig gegeneinander abgewogen (in Deutschland ist eine Abtreibung seit 1974 unter ganz bestimmten Bedingungen legal)[54], so wird dieses Recht momentan wieder zu Ungunsten von Frauen beschnitten. Dies ist ein massiver Angriff auf die Freiheit und Rechte aller Frauen.

Von zweierlei Denkansätzen möchte ich mich im Zusammenhang mit der aktuell geführten Debatte grundsätzlich distanzieren. Einerseits widerspreche ich Alice Schwarzer, die das Thema Transidentität darauf reduziert, »sich für die vermeintlich ›falsche‹ Geschlechterrolle einfach den ›passenden‹ Körper zu suchen«[55]. Sie schreibt: »Mädchen und junge Frauen geraten in den Gendertrouble. Sie halten ihr

53 Pines, S.: NZZ, Body Positivity, Du bist schön, so wie du bist (aufgerufen am 11.06.2022).

54 Acht Fakten zum Schwangerschaftsabbruch in Deutschland, Pro Familie factsheet, 2018, S. 1. International Planned Parenthood Federation, 2008.

55 Schwarzer, A; Louis, C.: Transsexualität, Berlin 2022, S. 10 ff.

so berechtigtes Unbehagen an der zunehmend widersprüchlich werdenden Frauenrolle für ›transsexuell‹.« Frau Schwarzer versteht nicht, dass genau diese Auseinandersetzung mit dem Thema *Gender Trouble*, bzw. die Abgrenzung zu anderen psychischen Themen, Inhalt der psychotherapeutischen Arbeit ist. Aus psychotherapeutischer Sicht ist es legitim, durch *Gender Troubles* und Identitätskrisen verunsichert zu sein. Jugendliche dürfen mit diesen Themen in psychotherapeutische Praxen kommen und mit Fachleuten darüber sprechen. Es ist die Aufgabe von uns Therapeut*innen, in diesen Situationen in der gesetzlich vorgeschriebenen und von den medizinischen Fachgesellschaften[56] festgelegten Begleittherapie für mehr Klarheit und letztlich eine Diagnosesicherheit zu sorgen. Einen zweiten Einwand möchte ich an meinen Kollegen Alexander Korte adressieren. Er empört sich darüber, dass ihn Eltern von Siebenjährigen fragten: »Wann soll meine Tochter Hormone bekommen? Und wann sollen die Eierstöcke raus?«[57] Ich sehe es als Aufgabe von uns Spezialist*innen der Bereiche Geschlechtsidentität, Sexualität, Geschlechtsdysphorie und psychische Krankheiten im Bereich des Kindes- und Jugendalters, Unsicherheiten und Fragen von Patient*innen und deren Eltern oder Sorgeberechtigten ernst zu nehmen, offen zu sein und keine Fragen zu verurteilen. Gemeinsam mit den Patient*innen möchte ich das psychische Thema seriös herausarbeiten und schließlich dort ansetzen. Ich sehe nicht die Patient*innen in der Rolle derje-

56 AWMF-S3-Leitlinie zur Diagnostik, Beratung und Behandlung im Kontext von Geschlechtsinkongruenz, Geschlechtsdysphorie und Trans-Gesundheit, 2018.

57 Kutter, K.; Feddersen, J.: »Ich weiß nicht, was mit Transidentität gemeint sein soll«, TAZ, 30. April 2022, das Gespräch mit A. Korte.

nigen, die uns Diagnosen vorsetzen, die wir absegnen sollen, und bin daher auch nicht überfordert oder schockiert von Fehleinschätzungen. Für mich gibt es immer triftige, ernst zu nehmende Gründe, wieso sich Menschen bei mir vorstellen und wieso sie Hilfe suchen. Diese Haltung hilft mir, Menschen freundlich und vorurteilsfrei zu begegnen und Kindern und Eltern ein Gefühl von Respekt und Akzeptanz zu vermitteln.

Einen zukunftsweisenden Denkanstoß liefert die amerikanische Philosophin Judith Butler mit ihrem Buch *Gender Trouble*[58]. Sie hinterfragt grundsätzlich das Denken in normativen Geschlechtern und heterosexuellen Zwangsbildern. Butler betont die »performative Kraft von Sprache« und die Verschränkung von »Subjekt und Macht«. Die Geschlechtsidentität ist aus ihrer Sicht nicht naturgegeben, sondern im Sinne normativer Ideale konstruiert. Männlichkeit und Weiblichkeit entstehen damit aus einer Wiederholung von Sprechakten (nach dem Prinzip ›Rosa ist typisch für Mädchen‹, ›Interesse für Technik ist typisch für Jungen‹) und nicht als natürliche oder unausweichliche Materialisierung.[59]

Butlers Idee bedeutet in ihrer Konsequenz, dass wir *gender roles* gestalten können und genau damit beginnen sollten. Nur wenn Rollenbilder Gleichberechtigung ausdrücken, ein gerechtes soziales Frauenbild widerspiegeln, Objektivierung von weiblichen Körpern verhindern und Vielseitigkeit und Uneindeutigkeit mitdenken, kann

58 Butler, J.: Gender Trouble, Feminism and the Subversion of Identity, 2006.

59 Bubitz, H.: Judith Butler zur Einführung, Wiesbaden 2011, S. 66 ff.

letztlich Gerechtigkeit und Freiheit gestärkt werden. Es geht dabei nicht um die Übervorteilung von gesellschaftlichen Minoritäten, sondern um Sichtbarkeit, Inklusion sowie darum, innerhalb unserer Gesellschaft für alle ihre Mitglieder einen guten Ort zu schaffen. Fortschritt und Empowerment zeigen sich daran, dass soziale Rollen und Machtverhältnisse verhandelbar sind. Im Gespräch mit Jugendlichen wird häufig klar, dass es bei den erhitzten Genderdiskussionen meist nicht um die Wahl eines anderen biologischen Körpers geht, sondern um die Sehnsucht nach einer passenden, attraktiven *gender role*.

Und die Tatsache, dass bei jugendlichen Genderdiskussionen mitunter realitätsferne oder überzeichnete Forderungen laut werden, ist der Tatsache geschuldet, dass Diskriminierung manchmal Überreaktion zur Folge hat. Sie ist kein Argument dafür, Forderungen grundsätzlich zurückzuweisen.

Wer aber sind nun die trans*Menschen, mit denen ich in meiner Praxis arbeite und als solche diagnostiziere? Sie zeichnen sich per Definition durch eine langfristige und feste innere Gewissheit aus, nicht dem bei der Geburt zugewiesenen Geschlecht, sondern dem »anderen Geschlecht« anzugehören. Eine große Schwierigkeit an dieser offiziellen Definition ist der binäre Denkansatz. Dies hat zur Folge, dass hier nichtbinäre Menschen oder Menschen, die sich binär verorten, aber eine Vereindeutigung der Körper ablehnen, nicht berücksichtigt werden.

Im ICD 11, dem neuen Klassifikationsschema der WHO (Juni 2018), wird der veraltete und pathologisierende Begriff »Transsexualität« durch den Begriff Geschlechtsinkongruenz ersetzt. Er bezeichnet ein anhaltendes und starkes Unbehagen und Leiden am eigenen biologischen Geschlecht. Transidente Menschen werden im ICD 11 nicht länger im Abschnitt »mentale Störung bzw. Verhaltensstörungen« eingeordnet, sondern im Abschnitt: »Mit der sexuellen Gesundheit zusammenhängende Umstände«. Mit der Anerkennung der Geschlechtsinkongruenz untermauert die WHO einerseits die Existenz und Ernsthaftigkeit der Thematik, gleichzeitig wird den Betroffenen ein Zugang zur Gesundheitsfürsorge gewährt, ohne sie zu pathologisieren und als »psychisch krank oder verhaltensgestört« zu beschreiben. Für trans*Menschen bedeutet die neue Diagnose einen großen Schritt in Richtung Anerkennung und Gleichberechtigung.

Was bedeutet aber nun Therapie mit transidenten Kindern- und Jugendlichen? Einige Fälle aus meiner Praxis könnten Einblicke und Verständnis geben. Zunächst möchte ich in Zahlen veranschaulichen, wie sich das Thema Transidentität in meiner Praxis darstellt. Zwischen 2018 und 2022 meldeten sich bei mir 347 Kinder und Jugendliche, bei denen das Thema Transsexualität zumindest im Raum stand. Gemeinsam gingen wir der Frage nach, ob sich die Vermutung zu einer Diagnose erhärten ließ. Von diesen 347 Kindern erhielten bisher 61 Kinder und Jugendliche die Diagnose F 64.0, »Transsexualität« (derzeit muss diese Diagnose noch nach ICD 10 vergeben werden). Bei 286 Kindern und Jugendlichen ergab sich die Diagnose nicht. Zumeist fühlten sich diese Jugendlichen von der LGBTQ-Community angezogen, erkannten dann aber rasch, dass ihr Thema eigentlich nicht die Transidentität ist, sondern z. B.

gender trouble, sexualitätsbezogene psychische Konflikte, Depression, soziale Angst, ADHS. An dieser Stelle möchte ich ausdrücklich sagen, dass ich es als wertvoll und hilfreich sehe, mit diesen Jugendlichen ihre Themen zu besprechen und sie nicht zu verurteilen, weil sie z.B. andere psychische Themen mit dem aktuell in allen Medien propagierten Thema Transidentität vermischen. Von den 61 diagnostizierten waren 28 trans*Jungen, sieben trans*Mädchen, 19 junge trans*Männer und sieben junge trans*Frauen. Neun junge trans*Männer und drei junge trans*Frauen begannen mit Hormontherapien. Drei Operationen fanden bei trans* Männern und zwei bei trans*Frauen statt. In langen, aufwendigen und intensiven Klärungsprozessen stelle ich mir gemeinsam mit den Patient*innen die Frage, ob in jedem persönlichen Fall tatsächlich eine Transidentität das ureigene Thema der Therapie ist und welche Umgangsweise damit die persönlich passendste ist. Ein regulärer Rahmen für eine Begleittherapie umfasst etwa ein Jahr und mindestens 12 Sitzungen, wobei in den meisten Fällen alle zwei Wochen eine Sitzung stattfindet oder sogar wöchentlich.

Therapie mit trans*Kindern (4.–9. Lj.)

Wenn Eltern mit jungen trans*Mädchen (MtF) oder trans*Jungen (FtM) (zwischen dem 4. und dem 9. Lebensjahr) vorstellig werden, haben die Eltern meist Probleme mit dem geschlechtsuntypischen Verhalten ihres Kindes. Die Eltern fragen mich, ob sie angesichts des ungewöhnlichen Verhaltens unterstützen, gewähren oder gegensteuern sollen. Die meisten jungen trans*Kinder, die ich kennenlerne, sind trans*Mädchen. Dies liegt an der gesellschaftlich höheren Toleranz für fußballspielende, kurzhaarige biologische Mädchen und den größeren Ressentiments gegenüber nagellacktragenden, sich schminkenden und vor dem Spiegel tanzenden biologischen Jungen. Feminines Verhalten von Jungen verunsichert Eltern häufiger und lässt sie daher vorstellig werden. Im Alter bis 9 Jahre (etwa bis zum Beginn der Pubertät) beobachte und berate ich die Kinder und Eltern und unterstütze bei anstehenden psychosozialen Themen. Diese gehen üblicherweise vom Kind aus, ohne dass es dabei in irgendeine Richtung gedrängt wird *(waitful watching)*. Was vom Kind kommt, wird affirmativ mitgetragen und unterstützt, jedoch immer im Wissen darum, dass alles, was getan wird, auch wieder reversibel ist. Gemeint ist das soziale Coming-out: die Wahl eines passenden Namens, die Wahl der Pronomen, Haarfrisur, gewünschte Kleidung, Überlegungen zur Benutzung von geschlechtsspezifischen Toiletten oder Umkleiden, Unterbringung bei der Klassenfahrt. Die meisten dieser jungen Kinder haben keinen Zugang zu TikTok oder anderen Medien und kennen nicht die Bezeichnung Transidentität. Das Vorurteil, dass junge Kinder von der allgegenwärtigen LGBTQ+-Diskussion in den Medien in die Transidentität gedrängt werden, erübrigt sich daher von selbst.

Eine kindliche MtF-Transition begleite ich bei Olivia. Sie stammt aus einer erfolgreichen, eher konservativen Familie, die per se keinerlei Berührungspunkte mit dem Thema Transidentität hat. Seit der Kindergartenzeit fällt Olivias ausgesprochen feminines Verhalten auf. Sie verkleidet sich häufig als Mädchen, sammelt Stöckelschuhe (und übt das Laufen darin) und Tanzkleider (tanzt in ihrer gesamten Freizeit). Bei einer Vorstellung in einem renommierten Zentrum für Transidentität in Olivias fünftem Lebensjahr bekommen die Eltern die Empfehlung »Gewähren, ohne zu forcieren, Zeit gewinnen«. Olivias typisch weibliche Interessen werden mit den Jahren immer stärker. So perfektioniert sie ihre Tanzkünste (Standard, Latein in einer Kindertanzschule) gemeinsam mit ihren Freundinnen. Außerdem liebt und pflegt sie ihre langen, wallenden Haare und schminkt sich täglich mit viel Freude. Zu allen möglichen Anlässen backt sie Torten, die sie liebevoll und kreativ verziert. Olivias Familie nimmt das ungewöhnliche Verhalten ihres Kindes zunehmend angespannt wahr und wartet nach fachärztlicher Empfehlung bis zu Olivias neuntem Geburtstag. Olivia ist in dieser Phase häufig traurig, verzweifelt und zieht sich in ihr Zimmer zurück. Einerseits versucht sie immer deutlicher, ihre weibliche Seite auszudrücken, gleichzeitig fühlt sie sich von ihren Eltern nicht unterstützt und unverstanden. In dieser Situation kommt die Familie zu mir. Wir bearbeiten anstehende psychosoziale Schritte: Outing bei Familie (kleines Fest mit Torte und Geschenken), in der Schule (passende Modalitäten hinsichtlich Schulleitung, Klassenleitung, Klasse, Schuleltern), bei Nachbar*innen, Vereinen, Freund*innen, Freund*innen der Familie. Meist lasse ich außerdem zur Sicherheit aller Beteiligten eine Zweitmeinung z. B. durch einen in diesem Gebiet erfahrenen Kinderpsychiater einholen. Parallel zur psychosozialen Ebene benötigen trans*Kinder, die schon seit der Kleinkindzeit als trans*Kinder leben, etwa ab dem neunten Lebensjahr eine endokrinologische Abklärung, also eine Überprüfung des Hormonstatus. Diese verschafft Klarheit darüber, ob bis zur körperlichen Entwicklung noch Zeit ist oder ob ggf. nach sehr sorgfältiger Abklärung rechtzeitig mit einer Pubertätsblockade zu beginnen ist. Der Vorteil dieser Blockade (dem medikamentösen Verhindern der biologischen Pubertät) ist die Tatsache, dass zum einen weit weniger Geschlechts- und damit Körperdysphorie entsteht und ausgehalten werden muss, Zeit gewonnen wird und später ggf. ein weitaus besseres *Passing* im trans*Geschlecht erzielt wird. Bei trans*Mädchen ist das ein zarter Körperbau, das Verhindern eines zu starken Längenwachstums und der Erhalt einer hellen Stimme. Bei trans*Jungen ist es das Ausbleiben der Regelblutung und das nicht einsetzende Brustwachstum. Nachteilig an der Behandlung durch Pubertätsblocker ist, dass sie nicht regulär als Medikamente zugelassen sind, sie das Längenwachstum deutlich reduzieren und unklar ist, ob durch die Medikation die Jugendlichen nicht automatisch in Richtung einer Transition geführt werden. In meiner persönlichen Erfahrung erlebe ich den sorgfältig abgeklärten Einsatz von Pubertätsblockern als großen Segen für betroffene Kinder. Die aktuellen Leitlinien sehen den Einsatz nicht als Regel vor, sondern nur in besonderen Situationen und mit zusätzlichen psychologischen Gutachten. Wichtig ist ein klinisch relevantes Leiden am subjektiv falsch empfundenen Geschlecht, Persistenz, Stärke, gravierende Aversion und Angst vor der Entwicklung der Geschlechtsorgane. Olivia befindet sich aktuell in dieser Phase (Pubertätsblockade), die bis zum 16. Lebensjahr so fortgeführt werden soll. Dann soll noch mal neu und offen entschieden werden, ob das Thema Transidentität noch weiterbesteht oder ob eine Pubertät im weiblichen Geschlecht ab dann durchlaufen werden soll. Olivias Therapie begann mit ihrem 9. Lebensjahr und dauert seit 3 Jahren an.

Die Transition des trans*Jungen Sammy (MtF) klingt unspektakulärer und unproblematischer. Sammy lebt seit der Kindergartenzeit in der sozialen Jungenrolle. Seine liberale, alleinerziehende Mutter kategorisiert nicht in männlich oder weiblich und kommentiert daher auch nicht Sammys Verhalten oder Aussehen. Er trägt schon immer kurze Haare und wählte Jungenkleidung aus der familiären Kleiderkiste. Seinen weiblichen Namen ersetzt er durch einen geschlechtsneutralen »Nickname«. Im reformpädagogischen Kindergarten und in der freien Grundschule benutzt er die Jungentoilette, trägt Jungenkleidung, ordnet sich im Sport bei der Jungenschlange ein. Sammy benutzt die Jungenumkleide und schläft bei der Klassenfahrt bei den Jungs. Seine Freunde sind ausschließlich Jungen und er verbringt die Pausen mit Jungen beim Fußballspielen. Auch in seiner Freizeit spielt er Fußball und turnt in der Jungenabteilung. Erste Probleme treten in der dritten Klasse auf, als Sammy bemerkt, dass sich die biologischen Mädchen in seiner Klasse langsam körperlich verändern. Er bekommt massive Ängste, gerät in eine psychische Ausnahmesituation, wendet sich verzweifelt an seine Mutter und fleht um Hilfe, dass ihm »keine Brüste wachsen mögen«. In dieser Situation lerne ich Sammy kennen. Durch eine umfassende Beratung zur Verbesserung der psychosozialen Situation, endokrinologische Abklärung, Hinweise auf Kindertranswäsche (sogenannte »Binder« machen die Brüste erst mal »unsichtbar«) kam Ruhe, Stabilität und Sicherheit in das System. Sammy und die Familie fühlen sich ernst genommen. Die Therapie von Sammy begann mit dem 9. Lebensjahr und dauert an. Sammy und seine Mutter nehmen einfach jeweils eine zweieinhalbstündige Autofahrt in Kauf, um zu meiner Praxis zu kommen.

Der Psychiater Wilhelm F. Preuss[60] schreibt, dass Kinder im vorpubertären Alter ihr diffuses geschlechtliches Unbehagen meist verdrängen oder überspielen können. Wenn jedoch die Pubertät über sie hereinbricht, erleben sie körperliche Veränderungen, gegen die sie sich nicht wehren können. Diese Veränderungen stellen für alle Jugendlichen eine große Herausforderung dar und können bei transidenten Kindern eine massive Verschlimmerung der Geschlechtsdysphorie hervorrufen, die bis zur Traumatisierung führen kann. Die Psychoanalytikerin Alessandra Lemma[61] beschreibt vier Hauptaffekte, die durch das Dilemma der Geschlechtsdysphorie gleichzeitig aktiviert werden und einen tiefen und anhaltenden Leidensdruck verursachen. Durch unpassende Genitalien entsteht Ekel, durch die äußere Sichtbarkeit der unpassenden Geschlechtsmerkmale Scham, Neid auf passende Geschlechtsmerkmale und Wut im Sinne von Ohnmacht-Wut, die angesichts eines fehlenden Objekts zu Selbsthass werden kann.

60 Preuss, W.: Geschlechtsdysphorie, Transidentität und Transsexualität im Kindes- und Jugendalter, München 2019, S. 112ff.

61 Lemma, A,: The body one has and the body one is, Understanding the Transsexuals Need to be seen, The International Journal of Psychoanalysis, 2012, S. 277–292.

Jugendliche trans*-Therapie, Jocy, Vincent, Tory*ie und Tim

Michele Angello und Alisa Bowman[62] schreiben zum Thema Liebesbeziehungen von queeren Menschen, dass jeder Mensch Beziehungen kenne, die in irgendeiner Weise Konventionen oder Normen sprengen (Unterschiede hinsichtlich Alter, Herkunft, Körper, Interessen, Persönlichkeit…). Gleiches gilt für geschlechtsvariante Menschen. Für sie ist die Partner*innenauswahl möglicherweise kleiner, ihre Partner*innen sind aber häufig aufrichtiger, toleranter und offener als heterosexuelle Menschen. Partner*innen von trans*Menschen sagen z.B. Sätze wie »ich liebe dich und dein Inneres und nicht deine Genitalien«. Zum Thema transgeschlechtlicher Liebe passt die Geschichte von **Jocy**. Sie wird mir von ihrer Mutter als 17-jährige junge trans*Frau (MtF) vorgestellt. Bis dahin lebt sie eher sozial ängstlich und depressiv mit ihrer russischen Herkunftsfamilie, dominiert von ihrem transfeindlichen Vater. Jocy erscheint zum Erstgespräch in einem für sie normalen, weiblichen Habitus und Look (Minirock, Strumpfhose, kurzes enges Oberteil, Push-up-BH, stark geschminkt und lange Haare). Sie berichtet, dass dies ihre normale Alltagskleidung innerhalb der Familie sei, sie aber von der Familie als Junge angesprochen werde. Ihre Weiblichkeit ist also sichtbar, wird jedoch gleichzeitig familiär tabuisiert. Faktisch lebt Jocy als Frau, hat jedoch familiär und außerfamiliär keinerlei Unter-

62 Angello, M; Bowman, A.: Mein Kind ist Transgender und jetzt?, Stuttgart 2020, S. 190ff.

stützung oder Rechte in der weiblichen Rolle. Nach jahrelangem Wegschauen (seit Jocys zwölftem Lebensjahr) und Konfliktvermeidung ergreift die Mutter die Initiative und bemüht sich für ihre Tochter um eine trans*-Therapie. Die Mutter unterstützt Jocy bei ihren Transitionsschritten (Therapie, Testoblockade, Bartepilation, feminisierende Hormone, Brust-OP auf der medizinischen Seite, daneben die Namens- und Personenstandsänderung auf der juristischen Seite). Erfreulicherweise stabilisieren sich im Zuge der Transition Jocys Stimmung und ihr Selbstwertgefühl. Sie beginnt eine Ausbildung im Einzelhandel und verlässt das Elternhaus. Inzwischen bezeichnet sie sich als »sehr stolze Frau«. Aus diesem Grund überrascht es mich nicht, dass sie mir eines Tages ihren Freund vorstellt. Dieser ist ein sehr netter junger Student, mit dem sie eine ernsthafte Beziehung führt, eine gemeinsame Wohnung bezieht, über Einrichtung diskutiert, ganz genauso, wie das bei vielen Pärchen der Fall ist. Durch Jocy lernte ich, dass es bei der Liebe keine Normen gibt und dass queere Liebe eine von unendlichen vielen Liebesspielarten ist.

Eine weitere interessante Transition (FtM) begleite ich bei dem 15-jährigen **Vincent**. Er erklärt glaubhaft, dass er sich seit etwa fünf Jahren als Junge empfindet. Von der trans*Community möchte er sich allerdings distanzieren. Er möchte als Junge gelesen werden und nicht als trans* Junge. Vincent möchte weder gesellschaftliche Aufmerksamkeit für seine Andersartigkeit noch Mitleid. Seine Transidentität belastet ihn und macht ihn traurig. Diese Gefühle möchte er nicht mit Mitschüler*innen diskutieren. Vincent möchte schlicht als Mensch anerkannt werden. Vincents Gedanken verdeutlichen, dass durch reißerische und schrille Medienbilder transidenter Menschen Vorurteile und Diskriminierung entstehen oder verstärkt werden. Durch eine spezifische mediale Präsenz von trans*Menschen entstünden Stereotype wie »psychisch krank, schrill, sonderbar, anders«. Dies wird trans*Kindern und Jugendlichen in keiner Weise gerecht, die sich in nichts von anderen Kindern und Jugendlichen unterscheiden, als in ihrer Transidentität. Während beispielsweise *political incorrectness* auf einen Konsens von großer gesellschaftlicher Ablehnung stößt, werden trans*Jugendliche in Schulen noch immer beschimpft oder übergriffig kommentiert. Viele trans*Jugendliche wollen daher nicht als solche erkannt werden, sie leiden unter stigmatisierenden, überzeichneten Medienbildern, offener gesellschaftlicher Diskriminierung, Wegschauen oder fehlender klarer Positionierung für ihre Nöte. Sie fühlen sich isoliert, vermissen Solidarität, Rückhalt und letztlich Sicherheit.

Durch die Geschichte von **Tory/Torie** möchte ich noch einen kurzen Blick auf das Thema Nichtbinarität werfen. Vor mehr als vier Jahren stellte sich Tory*ie mit der Frage vor, ob ich helfen könne bei der Klärung der Frage, ob er/sie ein Junge oder ein Mädchen sei. Tory*ie, damals 15 Jahre alt, war bei Geburt dem männlichen Geschlecht zugewiesen worden. In seiner/ihrer Freizeit beschäftigt sich Tory*ie mit Programmieren, weil in der PC-Welt alles so hübsch binär wäre. Hier gäbe es nur Null und Eins, das erlebe Tory*ie als unendlich erleichternd. In der Therapie beschäftigen wir uns jeden Monat mit der Frage, wer er/sie eigentlich ist. Antworten sind jeweils nur vorübergehend und hinsichtlich der klassischen binären Zuordnung nicht dauerhaft möglich. Tory*ie überlegt zu Beginn jeder Stunde, ob aktuell mehr der männliche (Tory) oder der weibliche Name (Torie) passt und welche Pronomen (er/sie) stimmig sind. Ebenso stellt sich die Frage, wie männlich oder wie weiblich das aktuelle Empfinden und der passende Ausdruck sind, wie Tory*ie aktuell von der Welt gelesen werden möchte. Tory*ie experimentiert mit Nagellack, langen Haaren, sehr engen Hosen, probiert in Kaufhäusern Damenwäsche und Herrenanzüge an. Die Epilation sämtlicher Körperhaare fühlt sich passend an, während die Einnahme von Testosteronblockern nicht vorstellbar ist. Auch der Gedanke an eigene Brüste ist keine Option. In den Therapiestunden geht es darum, Gedankenspiele zum Thema Weiblichkeit und Männlichkeit zu wagen, die dann in der Realität mit viel Freude teilweise umgesetzt werden. Tory*ie geht es nicht um medizinische oder juristische Schritte. Er/Sie verspürt ein sehr großes seelisches Bedürfnis, sich nicht auf seine/ihre biologische Identität zu reduzieren. Tory*ie möchte seiner/ihrer männlichen und weiblichen Seite Gehör und Ausdruck verschaffen. Für Tory*ie klingt es falsch, wenn man ihn/sie als Mann oder Frau bezeichnet. Tory*ies Platz ist irgendwo zwischen diesen beiden binären Positionen. Diese Uneindeutigkeit ist für alle Beteiligten nicht einfach auszuhalten. Mitunter verzweifelt er/sie daran und wünscht sich von mir Ratschläge, wie der Konflikt aufzulösen ist. Auch ich habe lange gebraucht, bis ich verstehen und annehmen konnte, dass es in Tory*ies Fall keinen klaren Weg mit Richtung und Ziel gibt, sondern dass es darum geht, diese Zwischensituation anzuerkennen, damit zurechtzukommen bzw. sie in die eine oder andere Richtung etwas auszugestalten. An Tory*ies Fall zeigt sich, wie vielseitig und individuell die Bedürfnisse von trans*Menschen sind und dass auch hier eine Reduktion auf stereotype Bilder, z. B. vom »typischen Transweg« der individuellen Menschlichkeit keineswegs gerecht wird.

Neben meiner Tätigkeit als Therapeutin arbeite ich auch im TSG-Verfahren bei verschiedenen Familiengerichten. Tim kam zur Begutachtung und erklärte: »Eigentlich hatte meine Oma Geld für meinen Führerschein gespart, nun nehme ich es dafür, dass ich meinen Namen tragen darf und mein Geschlecht nicht mehr infrage gestellt werden kann.« Tim war damals 19 Jahre alt und lebte seit 7 Jahren als trans*Junge.

Im Jahr 2017 wurde die Homoehe in Deutschland legalisiert. Konservative Stimmen warnten damals vor einer Bedrohung »traditioneller Formen des Zusammenlebens« und dem Verfall gesellschaftlicher Moralvorstellungen. Heute zeigt sich, dass Homosexualität weiterhin ein gesellschaftliches Randphänomen ist, keine moralische Bedrohung darstellt und der Wegfall von Diskriminierung keinen Trend zur Homosexualität verursachte. Die Legalisierung der Homoehe sorgt für mehr Toleranz und Akzeptanz, bringt Diversität, Gerechtigkeit und wirkt zielgenau gegen das psychische Leid der Betroffenen. Genau denselben Zweck soll das Selbstbestimmungsgesetz haben. Es soll eine Randgruppe unterstützen und gleichstellen, es wird keinerlei moralische Bedrohung für die Gesellschaft darstellen und der Wegfall einiger Diskriminierungen von transidenten Menschen wird auch keinen »Trend« hin zur

Transidentität verursachen. Aussagen wie »du kannst doch heutzutage in jedem Geschlecht dein Leben offen und frei gestalten« negieren den Unterschied zwischen *Gender Troubles* und Transidentität so wie die fundamentale Bedeutung von juristischer Sicherheit für trans*Menschen im empfundenen Geschlecht.

Weitere **Vorurteile**, dass transitionswillige Kinder und Jugendliche unkontrolliert und vorschnell an Hormone und OPs kommen, widerlegen sich bei genauerer Überlegung von selbst, wenn man bedenkt, wie schwierig es ist, einen Therapieplatz zu bekommen, und wenn man sich klarmacht, dass es auch für Transitionen Behandlungsleitlinien gibt, die genauso seriös und bindend sind wie Leitlinien in anderen Bereichen der Medizin und Psychotherapie. Es fällt auf, dass gerade bei diesem Thema die Seriosität der behandelnden Fachleute infrage gestellt wird, während diese Einwände in anderen medizinischen Bereichen deutlich weniger verbreitet sind. Es stellt sich die Frage, ob diese Skepsis etwas mit einer gesellschaftlichen **Angst vor Fragen zu Psyche, Körper, Sexualität, Normvarianz** zu tun hat. Das Leid transidenter Menschen wird entweder bagatellisiert oder sie empfinden sich durch überzeichnete mediale Negativbilder als entmenschlicht und gesellschaftlich ausgeschlossen. Hier spiegeln sich Schwierigkeiten im Umgang mit psychischen Themen wider, die leicht als »materiell nicht beweisbar« und damit »nicht existent« abgetan werden.

Therapeut*innen, die in diesem Bereich Verantwortung für weichenstellende Diagnosen übernehmen, arbeiten sich in das komplexe Thema ein, leisten aufwendige, notwendige Netzwerkarbeit (Austausch mit Psychiater*innen, Endokrinolog*innen, Schulen, Fachgesellschaften, Eltern) und sehr viel administrative Schreibarbeiten, um Menschen bei Transitionen zu begleiten. Angesichts von riesigen Nachfragen an Psychotherapieplätzen für Kinder und Jugendliche haben Therapeut*innen keinerlei äußeren Druck, queeren Kindern und Jugendlichen ein Angebot zu machen. Für die Betroffenen ist es daher ein Glücksfall, zeitnah und ortsnah eine qualifizierte Unterstützung zu bekommen. Die Tatsache, dass ich in meiner Praxis in Mainz Patient*innen aus Saarbrücken, Dortmund, Marburg, Ulm, dem Allgäu oder aus Offenburg behandle, offenbart eine noch immer unzureichende Versorgungsstruktur. Eltern und Kinder nehmen sehr lange Fahrten in Kauf, schlafen in Hotels, bezahlen Übernachtungen, opfern Urlaubstage, im Zweifelsfall regelmäßig über mehrere Jahre hinweg. Diesen riesigen Aufwand unternehmen Eltern und Sorgeberechtigte, damit ihr Kind psychisches Leid reduzieren kann, in seinem Transitionsthema weiterkommt und ggf. Zeitfenster nicht verpasst. Zeitfenster, die im Falle von trans*Mädchen bedeuten, dass die Stimmbänder unumkehrbar wachsen und eine eindeutig männliche Stimme entsteht oder in denen sich entscheidet, ob ein trans*Mädchen Schuhgröße 41 oder 45 trägt, 1,70 cm oder 1,90 cm groß ist. All dies sind verräterische körperliche Marker, die das sogenannte *Passing* von trans*Mädchen und trans*Frauen ein Leben lang erschweren. Alfred Adler wies im Jahr 1907[63] darauf hin, dass nicht selten psy-

63 Adler, A.: Studie über die Minderwertigkeit der Organe, Berlin/ Wien, 1907.

chische Erkrankungen ihre Ursache in körperlichen Kränkungen und Beschämungen haben, und aus einem Minderwertigkeitsgefühl, das der Mensch bestenfalls durch »Geltungsstreben«, dem »Willen zur Macht« zu überwinden versucht. In Zeiten von immer höherem Schönheitsdruck und stereotypisch propagierten Schönheitsidealen erscheint die konservative Forderung, doch die Pubertät zu durchlaufen und die körperliche und psychosexuelle Entwicklung abzuwarten, als eine arrogante, empathielose Farce.

Aus meiner Sicht leistet die therapeutische Arbeit mit trans*Kindern und Jugendlichen einen wesentlichen und wertvollen Beitrag zu deren psychischer Gesundheit und hilft darüber hinaus, das gesellschaftliche Miteinander im Sinne einer positiv erlebten Diversität zu verbessern. Wenn wir daran arbeiten, dass realistische und menschliche Bilder von trans*Menschen, deren Schwierigkeiten und Belange in die Gesellschaft transportiert werden, dann ist zu hoffen, dass die Bereitschaft erwächst, Angst vor der »Normvarianz« abzubauen, Gleichberechtigung und Selbstbestimmung zuzulassen und Diskriminierung zu überwinden.

4. »Weder Mann noch Frau« – Die Freiheit der Nichtbinarität

Irina Nekrasov/a

Nichtbinär

Irina Nekrasov/a (*1993, Tscheljabinsk) lebt in Leipzig und ist Autor*in, Kulturwissenschaftler*in und Migrationsberater*in. Schwerpunktthemen im Schreiben Queerness, Klasse und Klassismus und (post)sowjetische Erinnerungskultur. Irina ist Gründungsmitglied des Autor*innenkollektivs PMS Postmigrantische Störung.

Morgens aufwachen und durch die Wohnung laufen ins Bad. An sich runtergucken und sich wohlfühlen, an sich runtergucken und sich einen anderen Körper wünschen. Die Haare kämmen und Entscheidungen treffen. Zu den Kisten voll mit Kleidung treten und Entscheidungen treffen. Zum Spiegel treten und das Gesicht so nah an den Spiegel drücken, dass die Scheibe unter dem eigenen Atem beschlägt. Sekunde für Sekunde für Sekunde Entscheidungen treffen. Und jede der Entscheidungen ändert nichts daran, wer man ist.

Nichtbinär sein ist ein Outfit. Nichtbinär sein ist ein Trend. Nichtbinär sein ist kokett. Nichtbinär sein ist Aufmerksamkeit heischen. Nichtbinär sein heißt, eine selbsthassende Frau sein. Nichtbinär sein heißt, sich der Verantwortung von cis Männlichkeit zu entziehen. Nichtbinär sein heißt, ein Mädchen in Jungsklamotten sein. Nichtbinär sein heißt, ein Junge mit Nagellack sein.

Während man vom Bett zum Bad zur Klamottenkiste zum Spiegel läuft, trifft man Entscheidungen. Und im Kopf hat man Stimmen. Manche schützen einen, helfen einzuschätzen: Wo gehe ich nachher hin? Ist es gefährlich, dort so zu performen, dass jemand erahnen könnte, dass ich nichtbinär bin?

Gehe ich in einen Raum, in dem ich durchatmen kann? Oder ist es einer dieser Räume, der so binär ist, dass die Möglichkeit meiner Existenz gar nicht in Erwägung gezogen wird?

Nichtbinarität ist eine Geschlechtsidentität. Sie ist aber auch ein Sammelbegriff. Von sich erzählen und sagen, ich bin nichtbinär, sagt erst mal gar nichts über die Komplexität und Realität der Person aus, die es ausspricht. Wie auch? Es gibt Menschen, die sagen, ich existiere außerhalb von den Geschlechterkategorien. Es gibt Menschen, die sagen, ich bewege mich auf dem Spektrum zwischen der Binarität von Mann und Frau. Es gibt Menschen, die sagen, ich bin beides. Ganz oft heißt es deswegen jetzt in feministischen Texten und Demoreden: »An alle Frauen, Männer, die, die nichts davon sind, die beides sind oder die dazwischen.«

Das Uneindeutige wird eindeutig gemacht – die Trinität der Möglichkeiten des Nichtbinärseins. Nichtbinarität wird zur eingrenzbaren Kategorie. Natürlich gibt es jede dieser Möglichkeiten, trotzdem lässt sich das Erleben von Nichtbinarität nicht darauf reduzieren – und erst recht nicht behaupten, dass dies eine ausreichende Definition von nichtbinär sei.

Männlich, weiblich, divers – der Kampf um die dritte Geschlechtsoption wurde von inter*Personen gekämpft. Bis zum Bundesverfassungsgericht wurde sie eingeklagt, und mit einer bundesweiten Kampagnenarbeit zur dritten Option wurde Druck gemacht. Divers wird aber nun für manche ein Synonym für nichtbinäre Menschen. Du bist nicht Mann, nicht Frau, ah, dann bist du divers oder, wie es auf denglisch seit der Ausstrahlung der lesbischen Datingshow »Princess Charming« oft heißt: non-binär.

Die heilige Trinität der Möglichkeiten – auch wenn der Aussage »Es gibt mehr als zwei Geschlechter« mit viel Wut und Hass und Gewalt begegnet wird, hat sie noch lange nicht die Schlagkraft, die Nichtbinarität innewohnt. Nichtbinarität wird oft als »dritte Option« gedacht, obwohl hier Diskurse und Kämpfe von inter*Aktivist*innen vermischt und unsichtbar gemacht werden. Alles für den Wunsch nach Eindeutigkeit. Drei Möglichkeiten sind akzeptabler als unendlich viele Möglichkeiten.

Denn: Hinter dem Begriff nichtbinär steht erst mal kein Bild. Kein Körperteil. Keine Farbe. Keine Stimmhöhe oder

Tiefe. Kein Hobby. Kein Berufswunsch. Hinter diesem Begriff steht eine Unendlichkeit an Möglichkeiten, eine enorme Komplexität. Es gibt kein nichtbinäres Aussehen und kein nichtbinäres Performen. Es gibt nur einen Menschen, der dich anschaut und sagt, hör zu, ich bin nichtbinär. Und einen anderen Menschen, der das hört und sagt, okay, und denkt, ich weiß nicht, was das für dich bedeutet, und der hoffentlich fragt, brauchst du etwas von mir?

Transexkludierende radikale Feminist*innen sagen immer wieder: Es gibt trans*Personen, aber eben nicht so viele. Und wer trans* ist, wird es beweisen können. Zwischen Bett und Bad und Klamottenkiste und Spiegel ist immer auch die Stimme, die ruft:

BEWEIS ES MIR!

Und da steht man also vor der Klamottenkiste und denkt: Wenn ich mich nur genug anstrenge, nur hart genug kämpfe, das Richtige trage und das Richtige fühle, was ich schon immer gefühlt hab, woran ich nie gezweifelt hab. Dann wird diese Stimme am Ende des langen Korridors in einem dunkelbraunen Ledersessel sitzen, die Beine übergeschlagen, und rufen:

DU HAST ES MIR BEWIESEN!

Und man wird durchatmen und wissen: Jetzt habe ich den Test bestanden. Jetzt darf ich sein und darf ich leben. Aber liest man die Texte der durchschnittlichen menschenrechtsverachtenden, transexkludierenden, radikalen Feminist*innen, weiß man, am Ende des Korridors sitzen sie da, die Beine übergeschlagen, in diesem dunkelbraunen Ledersessel und rufen:

DU LÜGST.

Wer den Korridor entlanggeht, steht unter Beweispflicht. Es wird behauptet, wer die Hürden überwindet, kann seine eigene Existenz beweisen. Aber eigentlich ist doch die eigene Existenz schon durch sich selbst bewiesen. Der Korridor ist voll mit Erwartungen und Projektionen der cis heteronormativen Gesellschaft. Sie gibt vor, was man sagen und fühlen und denken und sein muss, um genehmigt zu werden.

Aber was ist Nichtbinarität in diesem Korridor? Wie kann man seine Nichtbinarität beweisen? Haare kurz schneiden? Oder Haare lang wachsen lassen?

Nur noch dunkle Farben tragen? Nur noch helle Farben? Nie wieder schminken? Immer schminken?

Nie wieder Kleider tragen? Nur noch Kleider tragen?

Neue Pronomen? Keine Pronomen? Neopronomen? Keine Pronomen?

Muss eine nichtbinäre Person immer androgyn aussehen? Haben die Gatekeeper*innen am Ende des Korridors überhaupt schon diesen Test erfunden? Oder setzt sich jeden Morgen auf dem Weg vom Bett zum Bad zur Klamottenkiste zum Spiegel jeder nichtbinäre Mensch bereits selbst unter Druck? Und das noch bevor transexkludierende radikale Feminist*innen sich selber überhaupt überlegt haben, welche die Bedingungen sind, die erfüllt sein müssen für das kurze anerkennende Nicken am Ende des Korridors.

Muss für dieses kurze Nicken ein dicker Körper Fett verlieren? Muss auf eine Hormontherapie verzichtet werden? Was muss man aus der Klamottenkiste ziehen für dieses eine kurze Nicken, für die Bestätigung, dass man selber existiert? Dabei weiß man selbst es doch ganz genau. Sonst wäre man doch nicht da.

Nichtbinarität lässt sich nicht eingrenzen. Nicht definieren. Nicht an Körpern ablesen. Nicht in Kleidung einschreiben.

Künstler*in, Lyriker*in, Performer*in Alok Vaid-Menon schreibt: »I don't have to be a woman or a man to be coherent.« They betont immer wieder, wie sehr die bloße Existenz von nichtbinären Menschen einen Angriff auf die Grundannahmen des weißen, cis heteronormativen, kapitalistischen Systems darstellt. Die eigene Existenz zeigt auf, dass es mehr gibt, als sich in Sprache und Normen einsperren lässt. Und die bloße Möglichkeit dessen, dass es eine Alternative gibt, hat eine Sprengkraft, die jede*r, der*die die Zweigeschlechterordnung mit aller Kraft verteidigt, spürt. Es gibt die Möglichkeit einer Welt, die freier ist. Daran erinnern Queers, ob sie es wollen oder nicht. Ihre bloße Existenz ist ein Angriff. Ob sie wollen oder nicht.

»Non-binär sind wir alle, kein Mensch, den ich kenne (und erst recht keine Frau!), ordnet sich irgendwelchen patriarchalen Genderrollen unter!«

Nichtbinarität als politisches Statement. Denkt man dieses Klo-Statement zu Ende, fragt man sich, wieso sind die Toiletten an diesem Institut binär geschlechtergetrennt. Warum hat die Person, die diesen Satz geschrieben hat, nicht längst die alten Symbole überschmiert und die Standesämter mit Steinen beworfen, in denen die Datenbanken zu den Personenstandsregistern gespeichert sind? Und wieso rutschen wir nicht alle längst den funkelnden, befreiten und wunderschönen Regenbogen herunter, in diese wunderbare Welt, die frei ist von patriarchalen Genderrollen?

Nichtbinär zu sein ist keine Entscheidung. Es gibt unendlich viele Möglichkeiten und Realitäten des Nichtbinärseins. Jede Person, die nichtbinär ist, ist es auf ihre eigene einfache oder komplexe Art und Weise und entscheidet selbst, wie sie performt, was sie preisgibt, was sie erklärt, was sie akzeptiert, um zu überleben in einer Welt, in der die eigene Existenz als nicht existent definiert wurde. Nur nichtbinär zu sein ist keine Entscheidung. Kein Statement. Und gleichzeitig ist es ein Angriff, eine Provokation, eine immer wieder aufleuchtende Erinnerung daran, dass die Geschichten, die wir über uns selbst und die Welt, in der wir leben, erzählen, komplexer sind, als die Sprache und die Vorstellungskraft eines Unterdrückungssystems uns weismachen wollen.

»Alle in der Familie haben einen Coming-out-Prozess und eine Transition durchzumachen« – Ein Gespräch mit Heik Zimmermann

Heik Zimmermann (sie/ihr/keine) kommt aus der pädagogischen Arbeit und ist unter anderem Sexualtherapeutin* und Sexualpädagogin. Seit Beginn der Gründung 2019 leitet sie das Kompetenzzentrum Trans* und Diversität in Frankfurt am Main/Mittelhessen (www.k-t-d.org). Sie begleitet dort tina*Menschen und ihre Familien während der Transitionsphase, berät pädagogische Institutionen in gendersensiblen Öffnungsprozessen, bietet Fortbildungen für Therapeut*innen und Mediziner*innen in der Begleitung von tina*Personen und engagiert sich beruflich sowie im Ehrenamt auf politischer Ebene.

JANKA KLUGE: Heik, du arbeitest als Koordinator*in beim Kompetenzzentrum Transidentität und Diversität in Frankfurt und betreust seit vielen Jahren trans*Kinder und trans*Jugendliche. Wie bist du dazu gekommen, diese jungen Menschen zu begleiten?

HEIK ZIMMERMANN: Wie ganz viele Personen bin ich aufgrund meiner eigenen Biografie dazu gekommen. Ich habe selbst zwei trans*Kinder, ein Pflegekind und mein leibliches Kind. Beide sind trans* beziehungsweise nichtbinär, und ich musste mich dann vor vielen Jahren damit auseinandersetzen, dass es kaum Unterstützung gab für uns als Familie mit minderjährigen trans* oder nichtbinären Personen. Und über diesen Weg habe ich mir einiges an Wissen draufschaffen müssen, wollte auch nicht alleine diesen Kampf kämpfen und habe dann einen Elterntreff gegründet.

JANKA: Und gemeinsam habt ihr euch dann dafür eingesetzt, dass ihr eure Kinder unterstützen könnt?

HEIK: Genau. Mit allem, was dazugehört, den Themen Verwaltung, Schule, medizinische Betreuung und therapeutische Betreuung. All das, was zu der Zeit noch nicht ganz so im Fokus stand, weder bei den Medien noch bei medizinischen oder auch pädagogischen Einrichtungen.

JANKA: Hat sich in dieser Zeit, also von deinen Anfängen in der Auseinandersetzung bis heute, etwas verändert, wenn du sagst, das stand damals noch nicht so im Fokus?

HEIK: Ja, zum Guten wie zum Schlechten. Ich glaube, es ist jetzt durchaus bekannt, dass Transidentität nichts mit der sexuellen Entwicklung von Kindern und Jugendlichen zu tun hat, sondern dass viele sich wirklich schon von kleinst auf ihrer Geschlechtsidentität bewusst sind. Heute gibt es dazu mehr qualitative Informationen. Es gibt mehr Familien, die sich gezielt und gut damit auch auseinandersetzen. Es gibt etwas mehr Angebote an Therapieplätzen, allerdings auch mehr U-18-Personen mit einem Coming-out. Aber da ist eben auch sehr viel mehr Negativaufmerksamkeit. Also sehr viel Populismus, sehr viel öffentliche Debatte, ohne dass dabei mit den Betroffenen selbst oder mit den betroffenen Familien gesprochen wird. Das Thema wird immer hochproblematisiert dargestellt, alle wissen Bescheid und werden zu Expert*innen, und betroffene Familien werden nicht gehört in ihren Bedarfen.

JANKA: Was würdest du den Leuten raten, die auf der einen Seite sagen, dass die Anzahl der trans*Kinder und Jugendlichen so angestiegen ist, und auf der anderen Seite, dass es eigentlich eine normale Phase in einer pubertären Entwicklung ist, die eigene Rolle und Geschlechtlichkeit infrage zu stellen?

HEIK: Es ist ja nicht von der Hand zu weisen, dass wir mehr Coming-outs im U-18-Bereich haben. Wir wissen aber gar nicht, ob wir unter dem Strich mehr trans*Personen haben, das sieht gar nicht danach aus, sondern einfach nur danach, dass sich durch verbesserte Informationsmöglichkeiten auch Jugendliche ihr Wissen jetzt aneignen können und deswegen einfach früher ein Coming-out haben. Dies spricht aber auch für eine positive gesellschaftliche Entwicklung. Wenn ich also eher ein Coming-out haben und früher »bei mir« sein kann, also früher so leben kann, wie ich bin, ist das eine positive Entwicklung. Ich sehe das überhaupt nicht negativ oder so kritisch wie die Personen, die das ansprechen. Über diesen Gedanken, dass es plötzlich viel mehr trans*Kinder und Jugendliche gibt und sich die Kinder angeblich anstecken, kann ich immer nur müde lächeln. Niemand steckt sich mit so

einem wahnsinnig anstrengenden Thema an. Und ich glaube, viele, die so etwas sagen, sprechen auch nicht aus Erfahrung oder aus Wissen, sondern eher, weil sie vielleicht die Diskussion spannend finden und einfach mal mitreden wollen. Da kann man ja sachlich ganz gut dagegenhalten. Ich sage immer: In den 60er-Jahren gab es ja auch keine schwulen Männer. Die gab es auch erst, als die Gesellschaft so weit war, auszuhalten, dass Männer ein Coming-out haben. Jetzt ist sozusagen das Thema Trans*und Nichtbinarität dran, und es kommen nun einfach mehr Menschen mit einem Coming-out und auch mit ihrem Anspruch auf ihr Recht, so zu sein, wie sie sind. Das finde ich völlig in Ordnung.
Und zu diesem zweiten Argument, dem Einwand seitens der Familie, das Gefühl, trans* zu sein, könnte ja eine Phase sein: Diese Sicht kann ich durchaus nachvollziehen. Denn viele trans*Jugendliche haben keine so ganz gradlinige Biografie und haben schon in ihrem jungen Leben viele Ideen entwickelt, wie sie ihrem Anpassungsdruck gerecht werden können. Ich habe ganz viele ganz kluge Kinder und Jugendliche in der Beratung, und die versuchen auch erst mal, viel mit dem Kopf zu managen. Die lernen Sprachen und gehen reiten und haben vorher ganz viele Hobbys gehabt. Und dass Eltern dann sagen, na ja, jetzt haben wir noch mal einen neuen Spleen, den wir hier bedienen sollen, das kann ich nachvollziehen. Die Frage ist, wenn ich vorher zum Beispiel dem Reiten oder dem Hebräischlernen

nachgegeben habe, gebe ich denn dann auch dem Drang nach, dass Jugendliche sich vielleicht anders kleiden möchten, einen anderen Haarschnitt, einen anderen Namen wollen? Ich sage dann immer, okay, auch wenn es eine Phase ist, wir begleiten die jetzt einfach mal so, wie das Kind oder die jugendliche Person diese Phase braucht, und dann kann man entscheiden, macht das glücklich oder macht das nicht glücklich? Und viele Eltern lassen sich da auch ganz gut darauf ein.

JANKA: Es gibt auch den Vorwurf, dass viel zu früh Medikamente verabreicht werden und dass durch diese wohlwollende Begleitung ein Weg eingeschlagen wird, der dann praktisch eine Einbahnstraße ist.

HEIK: Also, wir reden ja hier über Hormonblocker, und den Vorwurf, dass alle Kinder oder junge Jugendliche – das sind ja Jugendliche, die schon in die Pubertät gekommen sind, die Hormonblocker bekommen – sich später auch geschlechtsangleichenden Maßnahmen unterziehen. Das ist so der Vorwurf, der gerne in den Raum geworfen wird. Die Frage ist halt, gehen die in geschlechtsangleichende Maßnahmen, weil man sie dort hingedrängt hat? Das sehe ich überhaupt nicht so. Oder weil sie glücklicherweise durch die Dauer der Behandlung mit den Hormonblockern dann noch mal älter geworden sind und dann auch noch mal reifer in Begleitung mit Therapie, aber auch in Begleitung mit ihrer Familie gute Entscheidungen für sich treffen können. Und eine Entscheidung ist dann eben oft tatsächlich die hormonangleichende Therapie. Aber das ist ja nur eine logische Folge davon, dass ich, wenn ich schon immer wusste, dass ich ein trans*Mädchen bin und meine Familie das begleitet hat und ich therapeutisch gut aufgehoben bin, mir dann durch die Hormonblocker Zeit verschafft habe, noch mal reinzufühlen und herauszufinden, ob das für mich der richtige Weg ist. Weil ich eben so bin. Es geht ja nie ums Wollen. Ich will nicht irgendwas sein, sondern ich bin so. Dass ich dann einfach diesen Weg konsequent fortführe, ist für mich nicht verwunderlich, und die große Chance bei den Hormonblockern ist Zeit, die man den jungen Menschen schenkt, indem der Körper keine wilden pubertären Sachen macht, denen ich völlig ausgeliefert bin. Man will mit der Gabe von Hormonblockern sozusagen eine Traumatisierung am eigenen Körper vermeiden, und das funktioniert recht gut. Das heißt, drohende depressive Erkrankungen etc. kann man damit bei trans*Jugendlichen ganz gut in den Griff bekommen.

JANKA: Wie lange ist die Phase in der Regel, in der trans*Jugendliche Hormonblocker bekommen, bis dann die gegengeschlechtliche Hormonersatztherapie anfängt?

HEIK: Sehr unterschiedlich. Die Empfehlungen gehen so bis zu zwei Jahre, länger aber nicht, denn ab da können auch sehr unerwünschte Nebenwirkungen auftreten, zum Beispiel Osteoporose. Das wäre dann ein Risiko, das auf Kinder und Jugendliche zukäme, und das will man vermeiden. Es ist immer die Frage, ab wann Kinder gut therapeutisch betreut sind. Manche sind es ja fast von Anfang an, andere kommen erst durch den Pubertätsdruck zur Therapie, sie stehen dann unter so einem Leidensdruck, dass ein Coming-out unvermeidlich wird. Und die kommen dann erst mit dreizehn, vierzehn Jahren in die Therapie, und dann sind zwei Jahre auch regelhaft. Die Hormonblocker sorgen dann einfach dafür, dass dieser starke Leidensdruck, der dadurch entsteht, gemindert wird. Man kann beispielsweise trans*Mädels vielleicht noch davor bewahren, einen Stimmbruch zu bekommen. Trans*Jungs wiederum haben häufig das Problem, dass sie in eine sehr starke Depression rauschen, wenn sie menstruieren und vielleicht in der Zeit auch gar nicht die Schule besuchen können, weil sie wahnsinnige Bauchkrämpfe haben. Mit den Hormonblockern würde man zum Beispiel die Menstruation hormonell stoppen und dem trans*Jungen einfach eine Atempause verschaffen, in der er sich erholen und seine Situation noch mal gut reflektieren kann, immer begleitet durch eine Therapie.

JANKA: Was rätst du Eltern, wenn sie sagen, sie könnten damit nicht umgehen, dass ihr Kind, von dem sie dachten, es ist ein Mädchen, sagt: »Ich bin ein Junge«? Oder wenn ihr vermeintlicher Sohn sagt: »Ich bin ein Mädchen«?

HEIK: Erst mal habe ich volles Verständnis. Die Eltern sind mit einem schwerwiegenden Thema konfrontiert. Denn wenn sich die Transidentität bestätigt, dann müssen sie sich damit arrangieren, das Bild, welches sie von ihrem Kind haben, gehen zu lassen. Die Kinder und Jugendlichen wissen in der Regel schon immer, dass sie sich möglicherweise von Gleichaltrigen und von ihrer scheinbaren Peergroup stark unterscheiden. Die haben mit vier Jahren kein Wort dafür, dass sie trans* sind, aber irgendwie haben sie dieses Wissen, dass sie »nicht so ganz passen«. Das ist so ein Gefühl, das ganz viele Jugendliche dann später auch beschreiben. Sie haben sich meist schon sehr früh damit beschäftigt, woran das liegt, und denken sich: »Ich passe mich mal an, vielleicht fällt es mir dann leichter, diese Rolle auch zu spielen.« Die Eltern wiederum sehen ihre Kinder ja insbesondere im zugeordneten Geschlecht und denken: »Was ist denn jetzt los?« Und wenn die das erst mal nicht fassen können, sage ich: Ruhe bewahren, durchatmen, Zeit nehmen. Also so, wie man Kindern und Jugendlichen zum Beispiel mit Hormonblockern noch mal Zeit verschafft, brauchen auch Eltern Zeit. Und die Kunst oder das Schwierige im Beratungsgespräch ist, die Ungeduld der Jugendlichen unter einen Hut zu bringen mit der Zeit, die Eltern zum Verarbeiten brauchen.

Ich informiere Eltern zum Beispiel auch darüber, dass sie keine Schuld an der Transidentität haben. Schuld ist ein riesiges Thema. Ich unterstütze sie bei der Vernetzung mit anderen Sorgeberechtigten. Ich helfe ihnen, die Situation zu sortieren, ihnen die Angst zu nehmen. Sie denken oft: Jetzt hat mein Kind ein Coming-out, und morgen liegt es unterm Messer. Das ist tatsächlich so ein Bild, das ganz viele Eltern haben. Wobei das völlig unrealistisch ist. Und ich versuche mit ihnen gemeinsam zu überlegen, was sie als Eltern in der Unterstützung ihres Kindes schon leisten können, damit das Kind nicht noch mehr Traumatisierung und Verletzung erfährt. Aber auch Kinder und Jugendliche müssen verstehen, dass mit dem Coming-out nicht die ganz große Wende kommt, sondern auch Eltern ihre Zeit brauchen zum Verarbeiten. Und da kommen dann oft noch ganz andere Sachen mit dazu, nämlich, dass beide Elternteile plötzlich gar nicht einer Meinung sind. Vorher war man sich vielleicht einig über Themen wie »Keine Handys am Esstisch«. Aber wenn es um Transidentität geht, sind sie sich plötzlich nicht einig, ein Elternteil hat vielleicht mehr Verständnis als der andere. Und da muss man eben auch hingucken, dass man nicht noch Konflikte schafft zwischen den Partner*innen, die vorher gar nicht bestanden haben. Oder Konflikte, die schon da sind, sich daran festmachen, sodass die Transidentität des Kindes nicht bearbeitet wird, sondern letztendlich auch als Waffe in der Beziehung genommen wird. Auch das kommt vor.

JANKA: Und wie wichtig ist es dann, dass die Eltern für das Kind den richtigen Namen und das richtige Pronomen nutzen?

HEIK: Wenn Name und Pronomen nicht wichtig wären, dann könnten Eltern eigentlich von Anfang an umswitchen. Aber es ist ganz, ganz selten, dass Eltern das auch schaffen. Denn irgendwie hängt man an diesem Namen, den man dem Kind gegeben hat. Ich weiß nicht, warum, es ist sehr schwer zu sagen. Aber ich glaube, wenn man den Namen gut gehen lassen kann, kann man auch das Bild, das man von seinem Kind erschaffen hat, gehen lassen und anfangen, gemeinsam mit dem Kind ein neues Bild zu formen. Jugendliche tendieren oft dazu zu sagen, so schwer kann das doch nicht sein, die wissen das seit zwei Wochen und die benutzen immer noch ein falsches Pronomen und meinen falschen Namen, und denen sage ich das Gleiche. Wenn das mit dem Namen so lapidar und unwichtig wäre, wäre es für dich als jugendliche Person ja auch nicht wichtig, einen neuen Namen zu besitzen und ein neues Pronomen, oder? Ich rate also dazu, immer mal zu versuchen, eine andere Brille aufzusetzen, das hilft ganz gut. Und ganz oft hilft tatsächlich, dass man beispielsweise alte Koseworte wieder rausholt oder einfach nur »Kind« sagt. Es gibt ganz viele Eltern, die wechseln erst mal zu »Kind«, statt den neuen Namen zu verwenden. »Komm her, mein Kind.« Und das klingt ja auch liebevoll. Dass man solche Übergänge schafft, finde ich immer ganz wichtig, und dass man sich nicht so verbeißt in einem Thema.

JANKA: Eine relativ neue Entwicklung ist, dass Jugendliche sich auch häufiger als nichtbinär verstehen. Ist das eine weitere Herausforderung, oder ist das irgendwie in dieser Palette einfach mit drin?

HEIK: Gesellschaftlich ist es eine ganz große Herausforderung, weil wir das Schema F schon seit geraumer Zeit bedienen. Es gibt Männer, und es gibt Frauen. Punkt. Dabei wissen wir alle ganz genau, dass es DIE Frau und DEN Mann nicht gibt. Wir haben eben auch da auf der Skala alles, und es darf auch alles bedient werden. Wir haben sehr feminine männliche Personen, wir haben sehr burschikose weibliche Personen und trotzdem sind es Menschen, die sich ganz normal in diesem Heterocis-Spektrum bewegen. Und genauso ist es eben auch bei trans*Personen. Aber das Angebot, nichtbinär zu sein, ist ein verhältnismäßig neues. Wir hatten ja bis 2011 diese Regelung im unsäglichen Transsexuellengesetz, das vorsah, dass man eine komplette operative Angleichung vornehmen lassen musste, wenn man Personenstand und Namen ändern wollte. Und für mich ist es gar nicht so spannend, dass junge Leute für sich in Anspruch nehmen, nichtbinär zu sein, weil ich glaube, sie sind mitten im Prozess, und Nichtbinarität ist vielleicht auch noch mal ein Angebot, zu sagen, ich ordne mich jetzt erst mal nicht ganz zu, und dann muss ich vielleicht auch meine geliebte Peergroup, meinen geliebten Sozialraum nicht verlassen. Ich darf mit meinen Freunden bzw. Freundinnen weiterhin in die Umkleide gehen, wenn ich sage, ich bin nichtbinär. Und ich darf mich auch noch entwickeln. Vielleicht komme ich zu dem

Schluss, ich bin eine nichtbinäre Person. Das ist für nichtbinäre Menschen wirklich anspruchsvoll, weil es kaum Vorbilder oder Modelle gibt, an denen sie sich irgendwie entlanghangeln können. Und für alle anderen ist es möglicherweise wirklich noch mal so ein guter Übergang, um sich in dieser Zwischenstufe, in der man sich entwicklungsmäßig im trans*-Prozess befindet, auch noch mal einordnen kann. Für mich aber wäre viel, viel spannender, hinzugucken, was mit den Menschen vorher ist, also mit den alten, älteren, mittelalten trans*Personen, die vor 2011 ihre Transition hatten und gezwungen waren, sich einem binären Geschlechtseintrag zuzuordnen. Wie glücklich oder unglücklich sind die denn mit dem eigentlich ja wieder zugeschriebenen Geschlecht oder dem geforderten Geschlecht der Vereinheitlichung im Sinne einer heteronormativen Matrix? Sind das wirklich alles trans*Frauen und trans*Männer?? Wie glücklich oder unglücklich sind die denn mit ihren Biografien und wie viele nichtbinäre Personen gibt es denn da? Das finde ich die viel spannendere Frage, die jetzt erst so ganz langsam auch in der trans*Community gestellt wird.

JANKA: Also, ich persönlich kenne einige, die von sich sagen: »Wenn ich früher diese Möglichkeit der nichtbinären Zuordnung gehabt hätte, hätte ich die genommen.«

HEIK: Ja.

JANKA: Ich habe mich das natürlich selbst auch gefragt, aber für mich wäre das keine Option gewesen. Ich fühle mich in diesem binären System eigentlich sehr wohl.

HEIK: Das wird auf einen Teil der Menschen bestimmt auch zutreffen, aber ich kenne mittlerweile auch mehrere Personen, so in meinem Alter und älter, die auch wirklich deswegen trauern, dass man ihnen diese Möglichkeit nicht gegeben hat. Ich denke nicht, dass das ein neues Phänomen ist. Es gab nur keine Schublade dafür, kein Wort, keine Begriffsannäherung.

JANKA: Und es war ja auch so, also zumindest, als ich diesen Weg vor vierzig Jahren, Anfang der 80er-Jahre, gegangen bin. Damals haben die Klischeebilder – wie hat eine Frau, wie hat eine trans*Frau zu sein? – ganz stark dominiert. Als Bild hatte man also praktisch immer lackierte Fingernägel und Rock und am besten Dauerwelle vor Augen – wirklich Klischeepüppchen aus irgendeiner Modezeitschrift. Und wenn man dem nicht entsprochen hat, ist man oftmals abgelehnt worden.

HEIK: Ich glaube, dass das nicht nur die trans*Frauen damals betroffen hat. Ich sage mal, der Feminismus hat da ja noch mal richtig Fahrt aufgenommen. Und wenn man überlegt, dass ja die Frauen lange Zeit, also bis in die 70er hinein, ihre Männer noch fragen mussten, ob sie arbeiten gehen durften und so was, dann kann man sagen, dass da ein großer Umbruch auch in der heteronormativen Welt stattgefunden hat. Und wer da als trans*Frau drin war, war halt drin, im Klassenkampf oder im Geschlechterkampf sozusagen. Und jetzt ist das eine logische Fortführung von feministischer Aktivität, dass man wieder drüber nachdenkt, was es denn eigentlich heißt, ein Geschlecht zu öffnen für alle. Für mich ist das eine ganz normale logische Fortführung der Idee, dass jede Person für sich bestimmen darf, wer sie ist, welches Geschlecht sie hat und was sie damit für sich selbst definiert und verbindet.

JANKA: Ich möchte noch mal zurückkommen zu den Jugendlichen. Du hast vorhin davon gesprochen, dass, wenn Jugendliche sich als nichtbinär definieren, dies auch eine Chance ist, weiter in ihrer gewohnten Umgebung bleiben zu können, zum Beispiel in Umkleideräumen. Ich weiß, dass es für viele Jugendliche und Eltern eine Riesenherausforderung ist, wie die Schulen mit diesen Kindern und Jugendlichen umgehen. Hast du da Erfahrungswerte?

HEIK: Meine Erfahrung mit Schule ist nicht so toll. Was nicht heißt, dass es keine guten Erfahrungen gibt. In die Beratung kommen ja Personen, die Beratung brauchen. Das heißt, entweder fehlen ihnen Informationen oder es hakt irgendwo. Meine Erfahrung basiert also auf denen, die in die Beratung kommen, und alle anderen bekomme ich nicht mit. Also gehe ich mal davon aus, dass es viele Schulen auch gut machen. So kann man es ja auch positiv sehen. Aber da, wo es nicht gut läuft, da ist es auch wirklich schon fast dramatisch, mit welcher Haltung dann insbesondere Lehrkräfte – nicht Mitschüler*innen, das gibt es auch, aber häufig sind es die

Erwachsenen im schulischen Kontext – mit welcher Selbstverständlichkeit da strukturelle Diskriminierung an Schulen durchsetzen. Wo gegen das Grundgesetz, das Schulrecht, gegen Schulgesetze, die es eben ja auch gibt, oder gegen die Kinderrechtskonvention verstoßen wird und man die Last hauptsächlich den Kindern und Jugendlichen, aber eben auch deren Familien aufbürdet. Dabei wird völlig übergangen, dass diese Diskriminierung einen Impact auf die ganze Familie hat und damit auch den Schüler*innen sozusagen ihren eigenen Zugriff auf ihre Leistungsfähigkeit nicht nur verweigert, sondern eigentlich zerstört. Und hier kommt die Schule dem Auftrag, den sie auch hat, nämlich Minderheiten zu schützen, überhaupt nicht nach. Und was ich da besonders verwerflich finde, ist, dass man den Familien dann oft verkauft, dass man »nicht über die persönliche Neigung von bestimmten Menschen spricht«. So die Aussage einer Schulleitung. Wenn eine Lehrkraft beispielsweise sagt: »Du bist zwar ein trans*Junge und du hast in der Grundschule schon immer als Junge gelebt und warst mit deinen Kumpels da immer zusammen, aber hier in der weiterführenden Schule geht es nicht«, dann zeugt das davon, dass viele Schulen zu feige sind zu sagen: »Wir wollen das nicht.« Oder: »Wir haben uns noch keine pädagogischen Gedanken dazu gemacht.« Oft wird es dann so verkauft, als ob es gesetzlich nicht möglich wäre. Aber das stimmt nicht. Ich fände es viel ehrlicher von den Schulen zu sagen: »Hör mal, wir haben uns da noch keine Gedanken drüber gemacht, wir können dir dieses Angebot jetzt gerade nicht machen. Es liegt aber nicht an dir, es liegt an uns.« Damit kann man umgehen, damit könnten, glaube ich, auch trans*Jugendliche gut umgehen, aber stattdessen wird strikt gesagt: »Nee, geht hier nicht, wegen gesetzlicher Vorgaben« – die aber so nicht sind. Und Jugendliche erleben das als kompletten Kontrollverlust. Ihr Schamgefühl wird mit Füßen getreten, und wir haben relativ viele Jugendliche, die dann auch so stark depressiv erkranken, dass sie die Schule vorerst nicht besuchen können.

JANKA: Zum Schluss möchte ich dich gerne noch fragen, was dein Wunsch für die Zukunft wäre und was dein Appell an Kinder und Jugendliche, die für sich merken, dass sie geschlechtlich nicht den Normvorstellungen einer binär geprägten Gesellschaft entsprechen.

HEIK: Mein Wunsch wäre natürlich für alle, dass sie einfach so sein können, wie sie sind. Ich würde mir wünschen, dass es mehr Angebote gibt, die so gestaltet sind, dass Kinder und Jugendliche sie gerne in Anspruch nehmen und sich Informationen und Unterstützung holen in ihrem Coming-out-Prozess, und dass diese Unterstützungsangebote die ganze Familie mitdenken. Alle in der Familie haben einen Coming-out-Prozess und eine Transition durchzumachen. Und dass die Strukturen und Vorgaben, die für Schule, Kita etc. da sind, genutzt werden, um inklusiv zu arbeiten. Das betrifft ja nicht nur trans*Jugendliche. Ich würde mir also wünschen, dass einfach mehr Inklusion stattfindet, mehr intersektionales Denken bei Pädagog*innen gefördert und gefordert wird. Und dass das, was da ist an Möglichkeiten, ausgeschöpft wird.

JANKA: Heik, ich danke dir für das Gespräch.

Susanne Lilian Gössl, Hannah Sophie Strewe

Rechtliche Situation von nichtbinären Personen und mögliche Reformen

Susanne Gössl ist Direktorin des Instituts für Internationales Privatrecht und Rechtsvergleichung an der Universität Bonn. Sie forscht zu Fragen von Geschlechtszuordnungen aus rechtlicher und insbesondere mit einer internationalen Perspektive.

Hannah Sophie Strewe ist Studentin der Rechtswissenschaft an der Christian-Albrechts-Universität zu Kiel. Als Mitarbeiterin am Lehrstuhl unterstützte sie Frau Prof.'in Gössl bei ihrer Tätigkeit als Diversitätsbeauftragte der Fakultät. 2021 hat sie die Ringvorlesung »Recht feministisch« organisiert, in dessen Rahmen queer-feministische Themen aus rechtlicher Perspektive diskutiert wurden.

Vom TSG zum nichtbinären Geschlecht: Die rechtliche Situation nichtbinärer Menschen in Deutschland

Im deutschen Recht ist das Geschlecht nicht definiert. Allerdings setzen verschiedene Regelungen eine Geschlechtszuordnung voraus, etwa – soweit nicht die angestrebte Reform durch die Koalition durchgeführt wird – die Begriffe »Vater« und »Mutter« gemäß §§ 1591 f. des Bürgerlichen Gesetzbuchs (BGB). »Mutter« ist nach § 1591 BGB beispielsweise die Frau, die das Kind geboren hat. Was genau allerdings einen Menschen zur Frau macht, bleibt ungeklärt. Ein weiteres Beispiel: Gemäß § 21 Abs. 1 Nr. 3 des Personenstandsgesetzes (PStG) muss nach der Geburt das Geschlecht des Kindes beim Standesamt registriert werden. Auch ist nach der Geburt eine Registrierung des Geschlechts bei den Standesämtern erforderlich (§ 21 Abs. 1 Nr. 3 PStG). Bei Schaffung des BGB wurde angenommen, dass keine Regelung zur Geschlechtsdefinition notwendig sei, und insbesondere, dass alle Menschen von Geburt an in »männlich« und »weiblich« eingeteilt werden könnten.[64]

In Bezug auf Personen, deren Geschlechtsidentität nicht mit der bei Geburt angegebenen Geschlechtszuordnung übereinstimmte, änderte sich diese Wahrnehmung in der zweiten Hälfte des 20. Jahrhunderts auf Veranlassung des Bundesverfassungsgerichts (BVerfG) – das »Transsexuellengesetz« (TSG) wurde geschaffen und in Folge durch stetige Anrufung des BVerfG modernisiert (hierzu I.). In der zweiten Dekade des 21. Jahrhunderts trat das Bewusstsein hinzu, dass die Geschlechtsidentität und die Geschlechtszuordnung allgemein nicht auf die beiden Geschlechter »männlich« und »weiblich« beschränkt sein müssen, sondern auch nichtbinäre Geschlechtsoptionen notwendig werden können. Auch hier half das BVerfG bei einer Modernisierung nach (II.). Nach zögerlichen Reformen treten

64 Motive zu dem Entwurfe eines Bürgerlichen Gesetzbuches für das Deutsche Reich, Bd. 1 (1888), 26: »Nach dem heutigen Stande der medizinischen Wissenschaft darf angenommen werden, daß es weder geschlechtslose noch beide Geschlechter in sich vereinigende Menschen gibt, daß jeder sog. Zwitter entweder ein geschlechtlich mißbildeter Mann oder ein geschlechtlich mißbildetes Weib ist.« Ausführlich hierzu Susanne Lilian Gössl, Intersexuelle Menschen im Internationalen Privatrecht, StAZ 2013, 301; Susanne Lilian Gössl, Das dritte Geschlecht, FF 2019, 298.

weiterhin Folgeprobleme bei der Anwendung des häufig noch binär ausgestalteten Rechts und der neu geschaffenen Normen selbst auf (III.). Diese Probleme könnten insbesondere durch eine Reform des Abstammungsrechts und die Einführung eines »Selbstbestimmungsgesetzes« beseitigt werden (IV.).

Entstehung und Entwicklung des TSG

Das BVerfG entschied 1978, dass trans*Menschen auch im deutschen Rechtssystem anerkannt werden müssen.[65] Daraufhin wurde das Transsexuellengesetz (TSG)[66] geschaffen, das am 01. Januar 1981 in Kraft trat und bis heute gültig ist. Es erlaubt den Wechsel zwischen den beiden Geschlechtern »männlich« und »weiblich« entsprechend der Geschlechtsidentität der betroffenen Person. Das TSG enthielt damals noch Regelungen, die für die Änderung eines Vornamens und Geschlechtseintrages von trans*Menschen z. B. eine Sterilisation oder Operationen voraussetzten (§ 8 Abs. 1 Nr. 3 und 4 TSG). Diese Bedingungen wurden vom BVerfG Schritt für Schritt für unvereinbar mit dem Grundgesetz (GG) erklärt. Sie verstießen gegen das Recht auf die freie Entfaltung der Persönlichkeit (Art. 2 Abs. 1 GG), die Menschenwürde (Art. 1 GG) und das Recht auf körperliche Unversehrtheit (Art. 2

65 Bundesverfassungsgericht, Beschluss vom 11. Oktober 1978, 1 BvR 16/72, BVerfGE 49, 286.

66 Gesetz über die Änderung der Vornamen und die Feststellung der Geschlechtszugehörigkeit in besonderen Fällen (Transsexuellengesetz – TSG) vom 10. September 1980, BGBl. I, S. 1654.

Abs. 2 GG). Trotzdem dauerte es bis 2011, bis das BVerfG die Zwangssterilisation für verfassungswidrig erklärte.[67] Eine Entschädigung für die betroffenen Personen gibt es nach wie vor nicht. Nach dem bis heute gültigen TSG ist für die Änderung des Geschlechtseintrags erforderlich, dass die betroffene Person zwei Sachverständigengutachten zum Geschlechtszugehörigkeitsempfinden vorweist. Damit hängt die Bewilligung des Antrags zur Geschlechtsänderung regelmäßig von den sachverständigen Personen und einem – von Betroffenen häufig als entwürdigend empfundenen – Begutachtungsverfahren ab.[68] Diese Praxis soll nun mit der Einführung eines Selbstbestimmungsgesetzes vereinfacht werden.

Öffnung des binären Geschlechtssystems

Der Deutsche Ethikrat kritisierte 2012 die Situation von neugeborenen nichtbinären Kindern,[69] die oftmals geschlechtsanpassenden oder -korrigierenden Operationen unterzogen wurden, um den zwei bis dahin bestehenden Kategorien »männlich« und »weiblich« zu entsprechen. 2013 trat daher § 22 Abs. 3 PStG in Kraft. Demzufolge konnte die Registrierung des Geschlechts vor den Stan-

67 Bundesverfassungsgericht, Beschluss vom 11. Januar 2011, 1 BvR 3295/07, BVerfGE 128, 109.

68 Laura Adamietz und Katharina Bager, Gutachten: Regelungs- und Reformbedarf für transgeschlechtliche Menschen. Begleitmaterial zur Interministeriellen Arbeitsgruppe Inter- & Transsexualität, Band 7, 2016, Anhang 3, Teil 2, S. 218 ff.

69 Deutscher Ethikrat, Stellungnahme zu »Intersexualität« vom 23. Februar 2012, abrufbar über https://www.ethikrat.org/fileadmin/Publikationen/Stellungnahmen/deutsch/DER_StnIntersex_Deu_Online.pdf (aufgerufen am 24.10.2023).

desämtern offenbleiben, wenn bei einem Kind eine eindeutige Bestimmung des biologischen Geschlechts als »männlich« oder »weiblich« nicht möglich war.[70] Hiermit sollte gerade keine weitere Geschlechtsoption geschaffen, sondern nur die Eintragung aufgeschoben werden. Die Gesetzesänderung sollte das binäre System somit nicht grundsätzlich infrage stellen, sondern lediglich eine Zwischenlösung bieten, bis das »richtige« binäre Geschlecht festgestellt werden konnte.[71] Die Beteiligten, insbesondere die Eltern von nichtbinären Kindern, sollten mehr Zeit haben, das Geschlecht als »weiblich« oder »männlich« zu bestimmen und erst später zu registrieren. Hauptziel der Regelung war es, eine »Anpassung« an das gewählte Geschlecht durch eine Operation des Neugeborenen zu vermeiden. Die positive Registrierung eines nichtbinären Geschlechts war indes nicht zulässig.

Dieser Zwischenlösung erteilte das BVerfG eine Absage. Das Gericht entschied im Herbst 2017,[72] dass der bestehende Rechtsrahmen in Bezug auf seine binäre Geschlechtsauffassung verfassungswidrig sei. Konkret stellte es fest, dass die Verpflichtung, das Geschlecht als »männlich« oder »weiblich« zu registrieren oder gänzlich auf eine Geschlechtsangabe zu verzichten, das Recht auf Achtung

70 Susanne Lilian Gössl, Die Anwendung der § 22 Abs. 3 PStG auf intersexuelle Personen – Rechtsvergleichender Hintergrund, Auslegung und Reformperspektiven, StAZ 2018, 40.

71 Susanne Lilian Gössl, Sophie Dannecker und Alix Schulz, Was sollte nach der Einführung des »dritten Geschlechts« weiter geregelt werden? Eine erste Bestandsaufnahme, NZFam 2020, 145.

72 Bundesverfassungsgericht, Beschluss vom 10. Oktober 2017, 1 BvR 2019/16, BVerfGE 147, 1; Anmerkungen dazu von Susanne Lilian Gössl in NJW 2017, 3643.

der Geschlechtsidentität (Art. 1 Abs. 1 i.V.m. Art. 2 Abs. 1 GG) der betroffenen Person verletze. Darüber hinaus erkannte das BVerfG eine geschlechtsspezifische Diskriminierung (Art. 3 Abs. 3 GG). Auch Personen mit einem nichtbinären Geschlecht muss ein positiver Geschlechtseintrag möglich sein. Es darf für sie nicht nur die Möglichkeit des Offenlassens geben.[73] Der deutsche Gesetzgeber war daher verpflichtet, bis Ende 2018 entweder eine dritte Geschlechtsoption einzuführen oder die gesetzliche Verpflichtung, das Geschlecht einer Person zu registrieren, vollständig aufzuheben.

Die Gesetzgebung führte zum 22. Dezember 2018 das »dritte Geschlecht« ein.[74] Nach § 22 Abs. 3 PStG kann nun das Geschlecht eines neugeborenen Kindes nicht nur als »männlich« oder »weiblich«, sondern auch als »divers« registriert werden. Ebenso kann das Eingabefeld weiterhin leer bleiben. Voraussetzung für die zwei letztgenannten Eintragungsmöglichkeiten ist, dass das Kind weder dem männlichen noch dem weiblichen Geschlecht zugeordnet werden kann. Damit hält der Gesetzgeber im Grundsatz doch am binären System fest, denn eine Eintragung als »divers« ist nur in Ausnahmefällen möglich.

73 So auch Susanne Lilian Gössl, Intersexuelle Menschen und ihre personenstandsrechtliche Erfassung, NZFam 2016, 1122.

74 Gesetz zur Änderung der in das Geburtenregister einzutragenden Angaben, Bundesgesetzblatt (BGBl.) 2018 I Nr. 48 (18.12.2018), S. 2635; siehe dazu Susanne Lilian Gössl, Das dritte Geschlecht. Personenstandsrechtliche Erfassung intersexueller Personen aus rechtsvergleichender Perspektive, Forum Familienrecht 2019, 298.

Darüber hinaus ermöglicht der neue § 45b PStG für Personen mit »Varianten der Geschlechtsentwicklung« eine Änderung des Geschlechtseintrags zu einem späteren Zeitpunkt. Eine solche Änderung erfordert eine Erklärung beim Standesamt und ein ärztliches Attest, das die »Varianten der Geschlechtsentwicklung« bestätigt (§ 45b Abs. 1 bis 3 PStG). Die Erklärung kann mit einer Namensänderung im Personenstandsregister kombiniert werden.

Dass es auch weiterhin möglich ist, die Geschlechtseintragung zunächst offenzulassen, hat den Vorteil, dass der Geschlechtseintrag ohne den Vorgang des § 45b PStG geändert werden kann: Gemäß § 27 PStG genügt insofern eine einfache Erklärung vor dem Standesamt. Ein ärztliches Attest muss indes nicht vorgelegt werden.

Um das Geschlecht nachträglich in »divers« zu ändern, kann alternativ zu § 45b PStG auch § 46 PStG verwendet werden.[75] Dort ist geregelt, dass eine ursprünglich fehlerhafte Eintragung durch das Standesamt korrigiert wird. Ein solcher Fall liegt vor, wenn ein Eintrag bei Geburt nach § 22 Abs. 3 PStG möglich gewesen wäre und nur daran scheiterte, dass es die Norm, also die Option, »divers« einzutragen, damals noch nicht gab. § 22 Abs. 3 PStG kennt keine zeitliche Grenze. Erfüllt eine Person die darin genannte Voraussetzung, dass sie weder dem männlichen noch dem weiblichen Geschlecht zugeordnet werden kann, ist es ihr möglich, sich auf die Fehlerhaftigkeit

75 Susanne Lilian Gössl, Sophie Dannecker und Alix Schulz, Was sollte nach der Einführung des »dritten Geschlechts« weiter geregelt werden? Eine erste Bestandsaufnahme, NZFam 2020, 145.

ihres Geschlechtseintrags zu berufen – auch wenn sie vor der Reform geboren wurde. Die Korrektur des Eintrags nach § 46 PStG hat den Vorteil, dass anders als nach § 45b Abs. 3 S. 1 PStG keine Vorlage eines ärztlichen Attests erforderlich ist. Aus diesem Grunde rät u.a. auch der Bundesverband Intergeschlechtliche Menschen e.V. betroffenen Personen dazu, den Weg des § 46 PStG anstelle von § 45b PStG zu nutzen.[76]

Folgeprobleme

Schieflage zur Situation von trans*Personen

Nach einem Urteil des Bundesgerichtshofes (BGH) aus dem Jahr 2020 steht § 45b PStG, also die Möglichkeit, den Geschlechtseintrag zu einem späteren Zeitpunkt zu ändern, allerdings nur Menschen offen, deren biologisches Geschlecht nicht eindeutig den binären Kategorien »männlich« und »weiblich« zugeordnet werden kann. Der BGH entschied: »Eine lediglich empfundene Intersexualität ist [für § 45b PStG] nicht ausreichend.«[77] Ausgangspunkt des BGH ist der Wortlaut des § 45b PStG: »Personen mit Varianten der Geschlechtsentwicklung können [...]«. Lange war unklar, ob »Varianten der Geschlechtsentwicklung« nur biologisch-medizinische Fälle der Interse-

76 Telefoninterview Susanne Lilian Gössl mit Lucie G. Veith, Intersexuelle Menschen e.V. | Bundesverband, 25.9.2019, zitiert nach Susanne Lilian Gössl, Sophie Dannecker und Alix Schulz, Was sollte nach der Einführung des »dritten Geschlechts« weitergeregelt werden? Eine erste Bestandsaufnahme, NZFam 2020, 145.

77 Bundesgerichtshof, Beschluss vom 22. April 2020, XII ZB 383/19; bestätigend Bundesgerichtshof, Beschluss vom 10. Juni 2020, XII ZB 451/19, FamRZ 2020, 1402. Anmerkungen dazu von Susanne Lilian Gössl in LMK 2021, 437149.

xualität erfasst oder ob auch psychosoziale Merkmale berücksichtigt werden können oder müssen.

Der Gerichtshof urteilte somit, dass § 45b PStG nur das medizinisch-biologische Geschlechtsverhältnis erfasse. Für Personen mit nichtbinärer Geschlechtsidentität sei stattdessen § 8 TSG anzuwenden.

Dieses Ergebnis ist zu hinterfragen, denn die Voraussetzungen für einen Geschlechtswechsel nach dem Transsexuellengesetz sind deutlich höher als für nichtbinäre Personen. Personen, deren Geschlechtsidentität nicht mit ihrem rechtlichen Geschlecht korrespondiert, sind somit benachteiligt. Sie müssen weiterhin mindestens zwei Sachverständigengutachten zum Geschlechtszugehörigkeitsempfinden vorweisen. Für die Änderung der Geschlechtseintragung nach § 45b PStG hingegen reichen eine ärztliche Bescheinigung und eine einfache Erklärung gegenüber dem Standesamt. Ausnahmsweise kann sogar auf eine ärztliche Bescheinigung verzichtet werden, wenn das Vorliegen der »Variante der Geschlechtsentwicklung« wegen einer Behandlung nicht mehr oder nur durch eine unzumutbare Untersuchung nachgewiesen werden kann und dies an Eides statt versichert wird (§ 45b Abs. 3 Satz 2 PStG). Es geht hierbei um Personen, die durch einen operativen Eingriff bestimmte medizinisch-biologische Merkmale nicht mehr oder nur schwierig nachweisbar aufweisen, aber sonst eine Variante der Geschlechtsentwicklung aufgewiesen haben oder hätten.

Diese Regelung ändert jedoch nichts an der Grundannahme, dass es sich bei »Varianten der Geschlechtsentwicklung« um biologisch-medizinische Faktoren handelt und somit dieser Weg zur Änderung des rechtlichen Geschlechts für trans*Menschen versperrt bleibt. Diese Differenzierung ist auch aus verfassungsrechtlicher Perspektive bedenklich, denn das BVerfG hatte in seiner Entscheidung 2017 das Geschlecht ausdrücklich über die biologisch-medizinische Dimension hinaus verstanden: »In den medizinischen und psycho-sozialen Wissenschaften besteht zudem weitgehend Einigkeit darüber, dass sich das Geschlecht nicht allein nach genetisch-anatomisch-chromosomalen Merkmalen bestimmen oder gar herstellen lässt, sondern von sozialen und psychischen Faktoren bestimmt wird [...].« Anders als der BGH versteht das Verfassungsgericht demnach »Geschlecht« als untrennbar mit der Geschlechtsidentität verbunden. Von der betroffenen Person wurde deswegen auch Verfassungsbeschwerde gegen das BGH-Urteil eingelegt.[78] Außerdem hat das Amtsgericht Münster das BVerfG 2021 im Wege der sogenannten Richtervorlage angerufen, da es die Regelung des § 45b PStG für mit dem Grundgesetz unvereinbar hält.[79]

78 Gemeinsame Presse-Erklärung von Deutsche Gesellschaft für Transidentität und Intersexualität (dgti), Bundesverband Trans*(BVT*), Lesben- und Schwulenverband in Deutschland (LSVD), Gesellschaft für Freiheitsrechte (GFF): »Dritte Option« erneut vor dem Bundesverfassungsgericht, 16. Juni 2020, abrufbar über https://www.bundesverband-trans.de/wp-content/uploads/2020/06/PE-Dritte-Option_Organisationen-2020-06-15_.pdf (aufgerufen am 24.10.2023).

79 Amtsgericht Münster, Beschluss vom 14. April 2021, 22 III 34/20, FamRZ 2021, 1547.

Praktisch ist die Entscheidung des BGH dadurch motiviert, dass er aktuellen Reformbestrebungen nicht vorgreifen wollte. Der enge Wortlaut des § 45b PStG geht auf den ursprünglichen Plan des Gesetzgebers zurück, parallel zur Neuregelung des Personenstandsrechts auch das TSG zu reformieren bzw. in einem neuen Gesetz aufgehen zu lassen. Der aktuelle Koalitionsvertrag sieht vor, die Pläne wieder aufzunehmen.[80] Am 08. Mai 2023 wurde ein Referentenentwurf eines Gesetzes über die Selbstbestimmung in Bezug auf den Geschlechtseintrag und zur Änderung weiterer Vorschriften (Selbstbestimmungsgesetz) veröffentlicht.[81] Hiernach soll es möglich sein, den Geschlechtseintrag nur durch Erklärung gegenüber dem Standesbeamten zu öffnen. Nach einer Wartefrist von drei Monaten ist der Geschlechtswechsel effektiv. Im Anschluss besteht eine Sperrfrist von einem Jahr.

Folgefragen insbesondere bezogen auf das Abstammungsrecht

Das eingetragene Geschlecht einer Person hat Auswirkungen auf ihre gesamte Stellung innerhalb der Rechtsordnung. Diese Rechtsordnung ist in Deutschland aber weiterhin binär formuliert und geprägt. Es fehlen etwa Regelungen im Familienrecht, im Sozial- und Krankenversicherungsrecht, im Arbeits- und Gesellschaftsrecht.

80 Koalitionsvertrag 2021–2025 zwischen der Sozialdemokratischen Partei Deutschlands (SPD), BÜNDNIS 90 / Die Grünen und den Freien Demokraten (FDP) vom 07. Dezember 2021, S. 95.

81 https://www.bmfsfj.de/resource/blob/224548/4d24ff0698216058eb758a-da5c84bd90/entwurf-selbstbestimmungsgesetz-data.pdf (aufgerufen am 24.10.2023).

Besonders im politischen Fokus – da sich die bisher fehlende Reform enorm auf die Situation der Betroffenen auswirkt – steht derzeit die Frage rund um Geschlecht und Abstammung. Daher soll im Folgenden ein näherer Blick auf das deutsche Abstammungsrecht im Hinblick auf die Elternschaft von trans* und inter*Menschen geworfen werden. Diese Frage ist für die betroffenen Personen sehr relevant, da einerseits die persönliche Beziehung zum (eigenen) Kind auf dem Spiel steht, andererseits von der Etablierung einer Eltern-Kind-Beziehung auch soziale Fragen wie Elterngeld/-zeit, Mutterschutz und Kindergeld abhängen.

Ausgangspunkt für Fragen der Abstammung und Geschlecht im deutschen Recht sind die Regelungen von § 1591 und § 1592 des BGB. Die beiden Normen ordnen Vater- und Mutterschaft aufgrund von bestimmten Kriterien Personen zu, die jeweils ein bestimmtes Geschlecht haben.[82] Mutter eines Kindes ist die »Frau«, die es geboren hat. Vater ist der »Mann«, der in einem bestimmten Verhältnis zur Mutter oder zum Kind steht. Während also, wie oben skizziert, das deutsche Rechtssystem mittlerweile auch Personen außerhalb der Kategorien »männlich« und »weiblich« anerkennt, folgt das Abstammungsrecht noch immer einem binären Geschlechtssystem.[83] Wie gestaltet sich also die Elternschaft für nichtbinäre Menschen?

82 Susanne Lilian Gössl, Abstammung und Geschlecht, ZRP 2018, 174.

83 So auch die Mehrzahl der nationalen Rechtssysteme, siehe dazu ein rechtsvergleichender Überblick von Susanne Lilian Gössl in StAZ 2018, 41.

Zur rechtlichen Position von trans*Menschen als Eltern gab es in den vergangenen Jahren mehrere Urteile des BGH. Die Frage war jeweils, ob eine Person Mutter im Sinne des § 1591 BGB oder Vater gemäß § 1592 BGB ist, wenn sie zunächst rechtlich einem Geschlecht zugeordnet war, dann nach dem TSG rechtlich das andere Geschlecht annahm und im Anschluss ein Kind gebar bzw. zeugte. Das TSG sieht für Elternschaft und rechtlichen Geschlechtswechsel eine Spezialregelung vor. Gemäß § 11 TSG berührt ein solcher Geschlechtswechsel das Verhältnis zwischen der betroffenen Person und ihrem Kind nicht. Dies gilt laut den Entscheidungen des BGH auch für den Fall, dass das Kind nach dem Wechsel gezeugt wird.

Geburt durch Mann

In der ersten Entscheidung beschäftigte sich der BGH mit dem Fall, dass eine ursprünglich rechtlich als Frau erfasste Person einen Wechsel zum Mann nach dem TSG vornahm und im Anschluss ein Kind gebar.[84] Der Gerichtshof entschied, dass dieser Mann als Mutter des Kindes anzusehen sei. Er berief sich dabei zum einen auf § 11 TSG, welcher besagt, dass der Geschlechtswechsel keine Auswirkungen auf die Rechtsstellung zu den Eltern und Kindern der Person hat. Zum anderen begründete er ausführlich, dass § 1591 BGB geschaffen wurde, um festzulegen, dass die Geburt konstitutiv für die Mutterschaft sei.[85] Auch wenn der Gesetzgeber davon ausginge, dass Mutter speziell eine

84 Bundesgerichtshof, Beschluss vom 06. September 2017, XII ZB 660/14, NJW 2017, 3379; Anmerkungen dazu von Susanne Lilian Gössl in LMK 2017, 398618.

85 Vgl. BT-Drucks. 13/4899, 82.

Frau sei, so käme es doch primär auf den biologischen Vorgang des Gebärens, nicht die genetische Herkunft der Eizelle oder die rechtliche Geschlechtszuordnung an.

Zeugung durch Frau

In der zweiten Entscheidung ging es um den umgekehrten Fall.[86] Ein ursprünglich rechtlich männlicher Mensch nahm einen Geschlechtswechsel nach TSG vor. Im Anschluss zeugte die Frau mit ihrem (konservierten) Samen ein Kind. Der BGH entschied, dass sie nicht Mutter im Sinne des BGB sein könne, da sie das Kind nicht geboren habe und die Geburt für die Mutterschaft konstitutiv sei. Begründet wurde diese Annahme damit, dass ein Kind ein Recht auf zwei Eltern habe, insbesondere auch ein Elternteil, das nicht die Geburtsmutter ist. Der Gerichtshof scheint außerdem anzunehmen, obwohl dies in dem konkreten Fall nicht entschieden werden musste, dass zwar keine Mutterschafts-, aber eine Vaterschaftsanerkennung durch die Frau möglich sein könnte: »Eine Mann-zu-Frau-Transsexuelle, mit deren konserviertem Spendersamen ein Kind gezeugt wurde, [...] kann abstammungsrechtlich nur die Vater- und nicht die Mutterstellung erlangen.«[87]

Die Rechtsprechung stellt also bei der Frage von Abstammung und Geschlecht weniger auf das Geschlecht ab als

86 Bundesgerichtshof, Beschluss vom 29. November 2017, XII ZB 459/16, NJW 2018, 471.

87 Bundesgerichtshof, Beschluss vom 29. November 2017, XII ZB 459/16, NJW 2018, 471; Fortführung des Beschlusses vom 6. September 2017, XII ZB 660/14, FamRZ 2017, 1855.

auf die anderen Voraussetzungen, die in § 1591 zur Mutter und in § 1592 BGB zum Vater genannt werden. Interessant ist auch, dass sich der BGH nicht nur auf § 11 TSG stützt, sondern auch auf die Funktionen der beiden Normen sowie das Recht des Kindes, Eltern zu haben – unabhängig von deren rechtlichem Geschlecht. Der genaue Wortlaut von »Mann« und »Frau« rückt dabei im Vergleich zu den anderen Merkmalen in den Hintergrund.

Abstammungsrecht für nichtbinäre Elternteile

Ähnliche Fragen stellen sich für nichtbinäre Elternteile. Besondere Regelungen für sie wurden bis jetzt noch nicht geschaffen. Das kann aber nicht bedeuten, dass eine Person, die weder männlich noch weiblich ist, nicht Mutter oder Vater werden kann. Denn dass ihr die Gelegenheit nicht durch eine strikte formale Anwendung der Regelungen zu Mutter (»Frau«) und Vater (»Mann«) verwehrt werden darf, ergibt sich aus dem Grundgesetz. Art. 6 Abs. 2 Satz 1 GG besagt: »Pflege und Erziehung der Kinder sind das natürliche Recht der Eltern und die zuvörderst ihnen obliegende Pflicht.« Auch wenn es sich aus dem Wortlaut auf den ersten Blick nicht ergibt, schützt dieses sogenannte »Elternrecht« das Interesse, die Rechtsstellung als Elternteil einnehmen zu können. Denn nur, wenn man die Eltern-Stellung innehat, genießt man auch das darin garantierte Recht – und die Pflicht –, die eigenen Kinder zu pflegen und zu erziehen. Das Recht muss demnach grundsätzlich jedem Menschen – unabhängig vom Geschlecht – die Möglichkeit gewähren, Eltern werden zu können. Würde aber eine Person von vorneherein durch ein Gesetz wie dem BGB die Möglichkeit genommen werden, jemals eine Elternstellung zu erlangen, obwohl sie leiblicher Elternteil ist, wäre das eine Beeinträchtigung in ihrem Recht darauf, Elternteil zu werden. Das wäre außerdem eine Ungleichbehandlung nach Art. 3 Abs. 3 GG, der besagt, dass niemand wegen seines *(sic!)* Geschlechtes benachteiligt werden darf. Daher sollte die deutsche Gesetzgebung hier bald tätig werden und eine Regelung schaffen, die auch nichtbinäre Menschen unter die gesetzliche Definition von Vater und Mutter stellt.[88]

Solange es an dieser Stelle jedoch noch keine Änderung gibt, können und sollten die gerade beschriebenen Feststellungen des BGH auch auf nichtbinäre Menschen angewandt werden. Dementsprechend wäre für die Mutterschaft weiterhin die Geburt Voraussetzung. Mutter ist also diejenige Person, die das Kind geboren hat, egal welches Geschlecht sie hat. Gleiches muss dann auch für die Vaterschaft gelten: Es kommt darauf an, ob die Vater-Person mit der gebärenden Person verheiratet ist, die Vaterschaft anerkannt hat oder als Vater gerichtlich festgestellt wurde. So würde auch hier der Wortlaut von »Mann« und »Frau« nicht wortwörtlich zu verstehen sein.[89]

Der Entwurf für ein Selbstbestimmungsgesetz (s. o.) möchte an dieser Rechtslage nichts ändern, da parallel eine Reform des Abstammungsrechts geplant ist. Er

88 Susanne Lilian Gössl, Abstammung und Geschlecht, ZRP 2018, 174 f.

89 Ebd.; Susanne Lilian Gössl, Das dritte Geschlecht, FF 2019, 298, 303 f.

schreibt daher die oben beschriebenen Entscheidungen auch für nichtbinäre Personen fest.

Reformbedarf und -vorschläge

Eine Reform des deutschen Abstammungsrechts ist dringend notwendig. Wünschenswert wäre es, wenn nicht mehr länger nach dem Geschlecht unterschieden wird, sondern vielmehr nach den übrigen Merkmalen, die eine Elternschaft begründen. Im Ausland gibt es Konzepte wie Co-Elternschaften bereits, die hier als Vorbild dienen könnten. Man könnte die Mutterschaft weiterhin an die Geburt knüpfen und die Vaterschaft an die Person, die mit dem Geburtselternteil verheiratet ist, die Elternschaft anerkannt hat oder gerichtlich als Elternteil festgestellt wurde. Hier wäre »(Co-)Elternschaft« eine mögliche neutrale Bezeichnung. Die Folge wäre nebenbei, dass so auch gleichgeschlechtlichen Paaren die rechtliche Stellung als Eltern ermöglicht würde. Zugleich ließe sich, um nicht der Gefahr ausgesetzt zu sein, dass politisch eine Abschaffung von »Mutter« und »Vater« vorgeworfen wird, in der Akte bei den Standesämtern vermerken, wer Geburtselternteil ist, um dann auf Wunsch der Beteiligten entsprechend Mutter und Vater oder neutral Elternteil in der Geburtsurkunde zu vermerken.

Darüber hinaus wäre es wünschenswert, eine gesetzliche Regelung zu schaffen, die einen Geschlechtswechsel mit Fokus auf die Geschlechtsidentität ermöglicht, ohne wie bisher zwischen biologisch nichtbinären Personen auf der einen und trans*Menschen auf der anderen Seite zu differenzieren. Stattdessen sollte ein einheitlicher Wechsel innerhalb des binären, aber auch außerhalb des binären Systems ermöglicht werden und die Selbstbestimmung und Geschlechtsidentität der betroffenen Person in den Fokus gerückt werden.

Das Eckpunktepapier für ein Selbstbestimmungsgesetz, welches im Juni 2022 vorgestellt wurde,[90] und das darauf vorgestellte Selbstbestimmungsgesetz, welches sich nun im Entwurfsstadium befindet, bieten gute Ausgangspunkte. Ein Geschlechtswechsel ist aufgrund einer Eigenversicherung durch Erklärung der betroffenen Personen möglich (Sonderregelungen für minderjährige Personen sind vorgesehen). Im Anschluss besteht eine Sperrfrist von einem Jahr. Darüber hinaus soll das Beratungsangebot ausgebaut werden.

Schließlich wird ein Fonds eingerichtet, der Entschädigungszahlungen für Personen ermöglicht, welche aufgrund der später als verfassungswidrig erklärten Regelungen im TSG zu Operationen oder Zwangsscheidungen gezwungen wurden.

Es bleibt zu hoffen, dass die Reformbemühungen sowohl im Abstammungsrecht als auch im Recht der Geschlechtszuordnung nicht erneut ins Stocken geraten, sondern bald eine adäquate Neuregelung gefunden wird.

90 Abrufbar u. a. unter https://www.bmfsfj.de/resource/blob/199382/1e751a6b-7f366eec396d146b3813eed2/20220630-selbstbestimmungsgesetz-eckpunkte-data.pdf

5. Historie und Ausblick

Lea Marie Uría

Der argentinische Weg

Lea Marie Uría ist eine in Argentinien geborene trans*Frau, die seit 2012 in Berlin lebt. Sie hat mehr als 25 Jahre als Journalistin gearbeitet, mit Schwerpunkt in Außenpolitik und Menschenrechte. Außerdem engagiert sie sich gegen Diskriminierung am Arbeitsplatz und ist aktiv in Treffen von trans*Personen mit Migrationsgeschichte. Sie ist auch Schriftstellerin, Musikerin und Tanzperformerin.

»Die Liebe, die uns verweigert wurde, ist unser Impuls, die Welt zu verändern«

Lohana Berkins

Es ist eine unbequeme Wahrheit, die aber nicht weniger offensichtlich ist: Was trans*Personen über sich selbst sagen, hatte in der Vergangenheit keinen Wert. Aus diesem Grund mussten viele von ihnen ihren Zustand jahrelang verheimlichen, und andere, die Zugang zu einer Behandlung und die Anpassung ihrer Identität wünschten, mussten akzeptieren, dass von Dritten über sie gesprochen wurde. Das heißt, dass zum Beispiel in meinem Fall ein Arzt oder ein Gutachter beurteilen soll, inwieweit es wirklich stimmt, dass ich eine Frau bin. Die Situation, nicht über unsere Identität und unseren Körper entscheiden zu können, ist nichts anderes als strukturelle Diskriminierung, die in der Welt an der Tagesordnung ist.

In Deutschland und in anderen Ländern der Welt muss ein Therapeut eine Diagnose schreiben, um eine medizinische Behandlung zu ermöglichen; für eine Ummeldung müssen »Experten« über uns sprechen; ein Richter muss in einem Urteil über uns sprechen. Aber das muss nicht so sein, es könnte auch anders sein, und es gibt immer mehr Länder in der Welt, die anfangen, dies in ihren Gesetzen widerzuspiegeln.

Ein wichtiges Zeichen war auf globaler Ebene die Verabschiedung des Gesetzes zur Geschlechtsidentität in Argentinien vor 11 Jahren.

Im Mai 2012 war Argentinien das erste Land der Welt, das die Änderung des Geschlechtseintrags und des Namens durch eine einfache Erklärung der betroffenen Person erlaubte. Man führte ein »Selbstbestimmungsgesetz« ein, was eine grundlegende Veränderung für die Rechte von trans*Menschen darstellte. Es war ein schwerer Schlag gegen die Pathologisierung, gegen die durch Vorurteile geprägte Annahme, dass trans*Menschen krank sein müssen, weil niemand trans* sein sollte und wer es doch war, eine Bedrohung für die Gesellschaft darstellte. Denn es scheint, dass es immer noch Leute gibt, die glauben, dass der Körper nur dazu da ist, das System zu produzieren und zu reproduzieren, dass der Körper der (patriarchalischen) Gesellschaft gehört und nicht den Menschen … Nun, vielleicht muss es auch für diejenigen, die es nicht verstehen wollen, wiederholt werden: Nein, das stimmt nicht.

Am 09. Mai 2012 verabschiedete der argentinische Senat das Gesetz zur Geschlechtsidentität, dass das Recht der trans*-Gemeinschaft auf Anerkennung ihrer selbst wahrgenommenen Identität garantiert.

In Deutschland im Jahr 2023 scheint es wichtig, darauf hinzuweisen, wie stark ein solches Gesetz unterstützt wurde: Es gab 55 Jastimmen, nur eine Enthaltung und keine Gegenstimmen. Heute, wo mehrere reaktionäre Kreise in diesem Land das Selbstbestimmungsgesetz ablehnen, das von trans-Gemeinschaften und der LGBT-Gemeinschaft im Allgemeinen weitgehend unterstützt wird, lohnt es sich, das argentinische Beispiel anzuführen und sich zu fragen, welche politischen und Klasseninteressen hinter denen stecken könnten, dass trans*Menschen in Deutschland weiterhin pathologisiert und marginalisiert werden sollen.

Das in Argentinien verabschiedete Gesetz legt fest, dass jeder Mensch das Recht hat, »seine geschlechtliche Identität anerkennen zu lassen, sich entsprechend seiner geschlechtlichen Identität frei zu entfalten und entsprechend seiner geschlechtlichen Identität behandelt zu werden«.

Für die Änderung der Registerdaten oder für den Zugang zu medizinischen Eingriffen sieht das Gesetz daher ausdrücklich vor, dass keine richterliche Genehmigung erforderlich ist, sondern dass die Zustimmung der Person ausreicht. Das heißt, die Person geht einfach zum Standesamt und erklärt, dass sie ihren Namen und ihr Geschlecht ändern möchte, woraufhin eine neue Geburtsurkunde ausgestellt wird und entsprechend ein Personalausweis und ein Reisepass mit dem selbst gewählten Namen und der selbst gewählten Geschlechtsidentität. Und diese werden von niemandem mehr bestritten.

In dem Gesetz ist auch das Recht auf eine menschenwürdige Behandlung verankert. Alle Personen haben das Recht, mit dem Namen und dem Pronomen ihrer Wahl angesprochen zu werden, auch wenn sie noch keinen formellen Antrag auf Änderung ihrer Geburtsurkunde und ihrer Dokumente gestellt haben. Das Gesetz lässt nur eine einzige Ummeldung zu. Für spätere Änderungen ist ein gerichtliches Verfahren erforderlich.

Ursprünglich war die Möglichkeit der Registrierung von nichtbinären Personen nicht vorgesehen. Es erlaubte nur denjenigen, die als Männer registriert waren, sich als Frauen zu registrieren und umgekehrt. Dieser Mangel wurde 2021 behoben, sodass es nun auch möglich ist, sich als nichtbinäre Person zu registrieren.

Auch der Zugang zu einer umfassenden Gesundheitsversorgung ist gewährleistet, einschließlich des Zugangs zu Hormonen und chirurgischen Eingriffen zur vollständigen oder teilweisen Geschlechtsangleichung.

Bei Personen unter 18 Jahren ist zusätzlich die Zustimmung gesetzlicher Vertreter*innen erforderlich. Im Falle der Verweigerung dieser Zustimmung oder der Unmöglichkeit, sie einzuholen, wird in einem beschleunigten Gerichtsverfahren entschieden, ob die Minderjährigen ihr durch das Gesetz zur Geschlechtsidentität festgelegtes Recht geltend machen können.

Wie kam es dazu? Wie kam es, dass vor zehn Jahren mit breiter Unterstützung des gesamten politischen Spektrums ein Gesetz verabschiedet wurde, um die Ausgrenzung von trans*Menschen zu beheben? Einerseits wegen des breiten Engagements argentinischer trans*-Organisationen, die Teil einer starken feministischen und LGBT-freundlichen Tradition ist, die bereits 2010 dafür gesorgt hatte, in Argentinien die Ehe für alle zu legalisieren. Damit war das Land das erste in Lateinamerika, das dieses Recht auf seinem gesamten Staatsgebiet anerkannte. Es war auch das zweite Land in Nord- und Südamerika (nach Kanada) und das zehnte weltweit, das diese Art von Vereinigung ermöglichte.

Dieses Engagement führte auch dazu, dass Argentinien im Dezember 2020 nach Kuba und Uruguay das dritte Land in Lateinamerika – einer in dieser Hinsicht sehr restriktiven Region – wurde, das Abtreibungen entkriminalisierte und legalisierte. Dieses Gesetz – das von den feministischen Organisationen des Landes weitgehend unterstützt wird – »regelt den Zugang zum freiwilligen Schwangerschaftsabbruch und zur Betreuung nach der Abtreibung (...) für Frauen und Menschen mit anderer Geschlechtsidentität, die schwangerschaftsfähig sind, um zur Reduzierung der vermeidbaren Morbidität und Mortalität beizutragen«. Mit anderen Worten: Das argentinische Recht in diesem Bereich macht Frauen, trans*Männer oder nichtbinäre Menschen nicht unsichtbar.

Es wird deutlich, wie die Sichtbarmachung der historischen Kämpfe des Feminismus auch die Sichtbarmachung von marginalisierten und ausgegrenzten Bereichen wie der Geschlechtervielfalt impliziert. Gleichberechtigung ist kein exklusives Thema. Eine historische Forderung der Frauen sichtbar zu machen, bedeutet nicht, andere historisch marginalisierte Gruppen unsichtbar zu machen – ganz im Gegenteil. Aus argentinischer Sicht wirkt der in Deutschland immer wieder zu beobachtende Versuch, eine Spaltung der feministischen Kämpfe und der Kämpfe für Geschlechtervielfalt zu bewirken, eher merkwürdig. Aber, wie gesagt, dieser argentinische Weg – der mit der Reform des Abtreibungsrechts im Jahr 2020 einen seiner Höhepunkte hatte – hatte sich bereits mit dem Gesetz zur Geschlechtsidentität von 2012 abgezeichnet.

Es ist wichtig, zu würdigen, was trans*-Organisationen und Führungspersönlichkeiten (um nur drei zu nennen: Lohana Berkins, Claudia Pía Baudracco und Diana Sacayán) getan haben, um die Gesellschaft an diesen Punkt zu bringen. Mitte der 1990er-Jahre begannen trans*Personen damit, sich Sichtbarkeit zu verschaffen, sich außerhalb der Strukturen zu organisieren, die damals für Homosexuellenrechte eintraten. Sie taten dies, um für die Aufhebung von speziellen repressiven Vorschriften zu kämpfen, die unter diktatorischen Regierungen erlassen worden waren und in der Demokratie immer noch in Kraft waren.

Streng genommen erlaubten diese die Verhaftung einer Person »zur Überprüfung des Hintergrunds« (d.h. die Polizei konnte Sie einfach anhalten, wenn Sie auf der Straße spazieren gingen, und Sie zu einer Polizeistation bringen, um zu überprüfen, ob Sie vielleicht schon einmal eine Straftat begangen haben) und sahen eine Verhaftung von bis zu 30 Tagen bei öffentlicher Prostitution oder bei einem »Skandal« vor. Konkret: »sich auf öffentlichen Straßen oder Plätzen in der Kleidung des anderen Geschlechts zu zeigen«.

Obwohl diese Vorschriften seit Ende der 1990er-Jahre geändert wurden, gab es bis 2012 Verordnungen und Artikel, die Verhaftungen aufgrund der Geschlechtsidentität, der sexuellen Ausrichtung oder nicht normativer sexueller Praktiken ermöglichten. Mit anderen Worten: Erst das Gesetz über die Ehe für alle im Jahr 2010 und das Gesetz über die Geschlechtsidentität im Jahr 2012 waren der Gnadenstoß für diese Diskriminierung – obwohl es auch heute noch regelmäßig zu Fällen von Polizeigewalt gegen trans*Personen kommt.

Ein entscheidendes Argument war der Hinweis der trans*-Organisationen, dass bestimmte repressive Praktiken der letzten argentinischen Diktatur – die für Zehntausende von Verschwundenen verantwortlich waren – weiterhin gegen trans*Personen bestanden. Es ermöglichte vielen Menschen, die Schuld des Staates gegenüber trans*Personen zu verstehen. »Das Gesetz zur Geschlechtsidentität muss als Beginn der Demokratie für trans*Menschen verstanden werden. Seit dem 10. Dezember 1983 haben die cis Bürger eine Demokratie. Für uns begann sie 2012 mit der Verabschiedung des Gesetzes, als das Land mir eine Identität gab«, sagt María Belén Correa, gemeinsam mit Claudia

Pía Baudracco Gründerin des Verbands der *travestis*[91] und trans*Personen Argentiniens (ATTTA, Asociación de Travestis, Transexuales Transgéneros de Argentina) und des Transgender Memory Archive (Archivo de la Memoria Trans).[92]

Correa prangert einen Völkermord an der Transgender-Bevölkerung in Argentinien an: »Nach dem 10. Dezember 1983, als die Demokratie kam, konnten die Einsatzgruppen [der Diktatur] keine Arbeiter*innen oder Student*innen mehr entführen, sie konnten nicht in Häuser eindringen. Diese Task Forces widmeten sich also der sozialen Säuberung, und in dieser Zeit fand das größte Massaker an *travestis* und trans*Personen statt.«

In einem repressiven Klima, das durch die Kontinuität der Praktiken der Diktatur hinsichtlich der Verletzung der grundlegendsten Menschenrechte gekennzeichnet ist, haben die trans*-Organisationen ihre Kämpfe intensiviert und einige Erfolge erzielt. Einer davon war die rechtliche Anerkennung des 1994 von Lohana Berkins gegründeten Vereins für den Kampf um die Identität von *travestis* und

91 Der Begriff »travesti«, oft in der Kurzform »trava«, wurde in Argentinien lange Zeit als abwertende Bezeichnung verwendet. Mittlerweile wurde er von Aktivist*innen angeeignet, dient als Selbstbezeichnung und wird somit auch in diesem Text verwendet. »Der Begriff *travesti* wurde und wird als Synonym verwendet für HIV, Diebstahl, Skandal und Marginalisierung. Wir haben beschlossen, dem Wort *travesti* neue Bedeutung zu geben: Kampf, Widerstand, Würde und Glück«, schrieb Lohana Berkins in ihrem Artikel »Travestis: eine politische Identität«; https://hemisphericinstitute.org/es/emisferica-42/4-2-review-essays/lohana-berkins.html (letzter Zugriff am 21.04.2023).

92 https://tn.com.ar/sociedad/2021/11/20/hubo-un-genocidio-de-la-poblacion-trans-en-la-argentina-y-buscamos-memoria-verdad-y-justicia-dice-la-fundadora-de-attta/ (letzter Zugriff am 21.04.2023).

trans*Personen (Asociación de Lucha por la Identidad Travesti-Transexual, ALITT) in einem Gerichtsverfahren, das 2003 begann und vier Jahre später durch die Vermittlung des Obersten Gerichtshofs beendet wurde. Ein weiteres Projekt war die Veröffentlichung von »La Gesta del Nombre Propio« (Die Epik des Eigennamens) im Jahr 2005, ein Bericht über die Situation der extremen Ausgrenzung *travestis* und trans*Personen in Buenos Aires und Umgebung sowie in Mar del Plata. Während der Arbeit »wurden 420 Namen von Verstorbenen gesammelt, wobei Aids die Haupttodesursache war (62 %). An zweiter Stelle, mit 17 %, steht Mord als Todesursache (…) Was das Alter der verstorbenen Freunde oder Bekannten angeht, so starben 35 % im Alter zwischen 22 und 31 Jahren und 34 % im Alter zwischen 32 und 41 Jahren.«

Berkins – die 2016 im Alter von 50 Jahren starb – wurde 1965 in Salta, im Norden des Landes, geboren. Nachdem sie von ihrem Vater aus dem Haus geworfen worden war, kam sie während der Militärdiktatur nach Buenos Aires, wo sie als Prostituierte arbeiten musste und im Zuge der repressiven Polizeiverordnungen verfolgt wurde. Bereits 2002 hatte sie eine grundlegende Forderung für die Sichtbarkeit von *travestis* und trans*Personen erhoben, als sie sich an einer Grundschule als Lehrerin einschrieb. Da es ihr nicht möglich war, dies unter ihrem Namen zu tun, reichte sie eine Beschwerde beim Ombudsmann der Stadt Buenos Aires ein, der in einem beispielhaften Beschluss die Schulbehörde aufforderte, Berkins' Geschlechtsidentität zu respektieren.

Claudia Pía Baudracco wurde 1970 in Córdoba, Zentralargentinien, geboren. Wegen ihrer geschlechtlichen Identität wurde sie verfolgt und misshandelt und musste für mehrere Jahre ins Exil gehen, zunächst nach Uruguay und dann nach Europa. Mit Unterstützung von ATTTA führte Claudia Pía die Bewegung an, die sich für die Aufhebung der Strafgesetze in 15 argentinischen Provinzen einsetzte, die trans*Identitäten kriminalisierten. Das Ergebnis war die Aufhebung dieser Gesetze in 14 dieser Provinzen.

Die 1975 in Tucumán geborene Diana Sacayán, die ebenfalls aufgrund ihrer trans*Identität inhaftiert wurde, als sie in die Provinz Buenos Aires umzog, erreichte 2007 einen Meilenstein: durch die Verabschiedung des Beschlusses Nr. 2359/07 des Gesundheitsministeriums der Provinz Buenos Aires, der die Achtung der Geschlechtsidentitätsbezeichnung von *travestis* und trans*Personen in allen Krankenhäusern und Gesundheitszentren der Provinz festschrieb.

Sacayán wurde im Oktober 2015 ermordet. Drei Jahre später verurteilte ein Gericht den Angreifer, es war das erste Mal, dass die argentinische Justiz den Mord an einem *travesti (»travestizid«)* als Verbrechen aus Hass auf die Geschlechtsidentität einstufte, ein Urteil, das als historisch gilt.

Berkins, Baudracco und Sacayán waren – neben anderen trans*und *travesti*-Aktivist*innen – treibende Kräfte des sozialen Bewusstseins, wenn es darum ging, grundlegende Rechte für diese marginalisierte Gruppe zu erkämpfen: Dies betrifft nicht nur die Durchsetzung des Gesetzes über die Geschlechteridentität: Durch die Gründung von Genossenschaften und die Vorlage von entsprechenden

Gesetzesentwürfen setzten sie sich auch dafür ein, Ausbildungs- und Beschäftigungsmöglichkeiten für trans*Personen zu schaffen, die es ihnen ermöglichen würden, der Marginalisierung zu entkommen.

Ein Vermächtnis dieses Kampfes ist heute ein Gesetz über Beschäftigungsquoten für trans*Personen, das festlegt, dass der Staat mindestens 1% seiner Stellen mit trans*Personen besetzen muss. Darüber hinaus muss der argentinische Staat eine Reihe von Verpflichtungen zur Nichtdiskriminierung beim Zugang zu Arbeitsplätzen einhalten und Kredite bereitstellen für die Einstellung von trans*Personen in der Privatwirtschaft sowie für die finanzielle Unterstützung entsprechender Projekte.

Das Gesetz über die Arbeitskräftequote – auch bekannt als Diana-Sacayán-Lohana-Berkins-Gesetz – wurde im Juni 2021 im argentinischen Senat mit 55 Jastimmen, einer Gegenstimme und sechs Enthaltungen verabschiedet. Bei dieser Gelegenheit erinnerte die Abgeordnete Norma Durango daran, dass die Lebenserwartung von Menschen dieser sozialen Gruppe in Argentinien zwischen 35 und 40 Jahren liegt, und fügte hinzu: »Wir machen einen historischen Schritt; wir legen den Grundstein, um die strukturelle Ungleichheit, die in der Gesellschaft gegenüber *travestis* und Transgendern besteht, zu beseitigen, damit sie unter gleichen Bedingungen, mit gleichen Chancen und gleicher Behandlung, frei von Gewalt und Diskriminierung, an der sozialen und wirtschaftlichen Entwicklung teilhaben können.«

In den zehn Jahren seit Inkrafttreten des Gesetzes über die Geschlechtsidentität konnten etwa 12700 Menschen ihr Geschlecht ändern. Laut Alba Rueda, einer trans*Frau und Sonderbeauftragten für sexuelle Orientierung und Geschlechtsidentität des argentinischen Außenministeriums, wurden nur drei Fälle registriert, in denen Personen versuchten, das Gesetz zu anderen Zwecken zu missbrauchen als zur Anpassung ihres Namens und ihres rechtlichen Geschlechts an ihre selbst empfundene Geschlechtsidentität.

»Viele Jahre lang waren *travestis* und trans*Frauen in der Lage, soziale Kämpfe mit grundlegenden Themen wie der Ablehnung institutioneller Gewalt, die sich gegen trans*Personen und travestis richtete, zu etablieren und auszutragen. Schon in der Demokratie prangerten wir diese institutionelle Gewalt an, aber wir wurden als Randfiguren, als Kriminelle angesehen«, sagt Rueda in einem Interview mit der Autorin dieses Artikels.

»*Compañeras* wie Claudia Pía, Lohana und Diana machten Fortschritte in einem Prozess des Empowerments und der zunehmenden Sichtbarkeit. Und dann, im Jahr 2012, mit dem Gesetz zur Geschlechtsidentität, wurde die trans*-*travesti*-Bewegung endlich als politisches Subjekt konstituiert, mit Rechten und mit der Fähigkeit, Änderungen zu fordern, die genehmigt wurden.«

»In diesen mehr als 10 Jahren haben wir bewiesen, dass die Verfahren zur Änderung des Namens und der Geschlechtsregistrierung einfach, unkompliziert und kostengünstig sind. Es ist verwaltungstechnisch möglich, die Verfahren sind unbürokratisch und können von Personen über 18 Jahren und unter 18 Jahren in Anspruch genommen werden«, so Rueda.

Als argentinisch-deutsche Frau muss ich sagen, dass mir das argentinische Recht sehr geholfen hat, als ich meine Transition in Berlin vollzog, wo ich seit 10 Jahren lebe. Die argentinischen Gesetze erlaubten es mir, meinen Namen und mein Geschlecht bei der Krankenkasse, bei der Sozialversicherung und am Arbeitsplatz zu ändern. Das wiederum war entscheidend dafür, dass ich die deutsche Staatsbürgerschaft als Frau beantragen konnte, ohne das umständliche, diskriminierende und kostspielige deutsche Transsexuellengesetz durchlaufen zu müssen. Es gibt mir die Möglichkeit, in diesem Land als trans*Frau alt zu werden, was für uns ein echtes »Privileg« ist, wie Rueda oft sagt, in Bezug auf die begrenzte Lebenserwartung, die wir in Argentinien und Lateinamerika im Allgemeinen haben.

Angesichts dieser besonderen Erfahrung bin ich besonders schockiert, wenn hier über das Thema trans* als »Mode« gesprochen wird, und zwar auch in Kreisen, die von sich behaupten, feministisch zu sein. Ich kann nicht umhin, das Leid der lateinamerikanischen *travestis* und trans*Frauen zu sehen, die ihre Identität trotz aller Widrigkeiten und in wirtschaftlichen Nöten behaupten, die man sich von hier aus manchmal nur schwer vorstellen kann. Ich kann nicht anders, als mir Lohana mit einem Plakat vorzustellen, auf dem steht: »Ohne Verzögerung, Identität jetzt«, während sie ruft, dass trans*Menschen und *travestis* umgehend als gleichberechtigt anerkannt werden müssen. Oder mich an die vom Archivo de la Memoria Trans gesammelten Bilder derjenigen zu erinnern, die, wie Claudia Pía, ins Exil gehen mussten, um ihr Leben zu retten. Oder an das glückliche Lachen von Diana vor 11 Jahren, während der Verabschiedung des lang erwarteten argentinischen Gesetzes.

Wie lange müssen wir noch auf die Selbstbestimmung in Deutschland warten? Warum ist es hier – in der wichtigsten Wirtschaftsmacht Europas und einem Land, das gegründet wurde in einer radikalen Ablehnung der Diskriminierung und der traumatischen Vergangenheit – so schwierig, solche grundlegenden Menschenrechte durchzusetzen?

Dorothea Zwölfer

Das Phänomen von trans*Menschen bzw. Menschen mit Variante der Geschlechtsentwicklung (VSD) in christlicher Perspektive

Dorothea Zwölfer ist verheiratet, evangelische Pfarrerin (mit trans*Biografie) in Erding, Gründungsmitglied von Kreuzweise-Miteinander e.V., Mitglied der Fachgruppe Gendergerechtigkeit der EKHN und Referentin zum Thema Trans* an Universitäten. Dadurch entstand in Kooperation mit Dr. Gerhard Schreiber die Idee zur internationalen interdisziplinären Konferenz »Transsexualität in Theologie und Neurowissenschaften«, die 2016 stattfand.

1. Hinführung

Ob und inwieweit sich ein *Einfluss christlicher Religionen auf das Geschlechterverständnis in der westlichen Welt* zeigt, ist ein Thema für eine monografische Abhandlung – diese Frage kurz zu behandeln, ist daher herausfordernd. Zentral dabei ist es, den Blick auf das gemeinsame Dokument aller Christen zu richten: die Bibel. Denn die biblischen Aussagen sind es, die eine entsprechende christliche Sicht in der jeweiligen Konfession prägten, auch wenn Einflüsse der antiken Philosophie – man denke an den Platonismus und die damit verbundene Abwertung von Leiblichkeit und Sexualität, die im antiken Judentum durchaus positiv gesehen werden konnte (vgl. Hohelied) – deutlich aufzeigbar sind. Das Christentum ist jedenfalls – im Zusammenspiel mit anderen weltanschaulichen/philosophischen Strömungen – de facto eine Religion, die sich über viele Jahrhunderte entwickelt und ausdifferenziert hat. Manche Bibelstellen spielten damals wie heute eine zentrale Rolle, anderen wurde bislang noch nicht die Bedeutung zuteil, die ihnen eigentlich gebühren würde. Ähnliches gilt für Begrifflichkeiten bei Glaubensfragen, aber natürlich auch bei den Begriffen, die es zum Thema trans*/Menschen mit VSD gibt, denn auch diese unterliegen einem geschichtlichen Wandel. So galt lange Zeit die Außenperspektive auf das Geschlecht eines Menschen als Maß aller Dinge (entweder im Blick auf das Genital oder seit der Entdeckung der Geschlechtschromosomen durch Bestimmung dieser Chromosomen[93]).

Inzwischen aber zeigt sich, wie problematisch diese Außenperspektive geworden ist.

2. Begrifflichkeiten

In der deutschsprachigen trans*Community gab und gibt es immer wieder Auseinandersetzungen über Begriffe und Begrifflichkeiten. Begriffskombinationen mit »trans*« enthalten immer eine, in früheren Jahren zunächst binäre, Außenperspektive, die wissenschaftliche Objektivität vorgaukelt. Diese Außenperspektive ist es auch, die im Blick

93 So ist diese Bestimmung zum Beispiel im Rahmen der Diagnostik von Transsexualität immer noch Thema – allerdings werden bislang weitergehende Gen-Analysen aus Kostengründen von den Krankenkassen nicht bezahlt.

auf Gutachterverfahren nach dem Transsexuellengesetz (TSG) und damit in der Rechtsprechung derzeit noch immer eine Rolle spielt bzw. hoffentlich bald nicht mehr spielen wird.

Sie lässt sich in aller Kürze so zusammenfassen: Ein Mann wird zu einer Frau oder umgekehrt, eine Frau wird zu einem Mann. Allerdings gibt es in neuerer Zeit eine Gegenbewegung. So hat deshalb schon 2014 in der sogenannten Waldschlösschen-Erklärung[94], die – bis auf einen Satz[95] – von vielen Vereinen und Betroffenen als Zielvorgabe anerkannt wurde, folgende Formulierung Eingang gefunden: »Menschen, die geschlechtliche Vielfalt leben«. Diese Gegenbewegung basiert auf Weiterentwicklungen der biologischen[96] und medizinischen Anthropo-

94 Hier zum Download zu finden: https://www.bundesverband-trans.de/wp-content/uploads/2021/08/Waldschloesschen-Erklaerung.pdf – ebenso auch bei ATME e.V.

95 Öffentliche Kritik gab es m. W. primär nur an folgender Formulierung der Waldschlösschen-Erklärung »Wir vertrauen den dort [in der AWMF] repräsentierten Vertreter_innen von Organisationen, die sich für geschlechtliche Vielfalt einsetzen, und unterstützen ihre Arbeit«, von ATME e.V., aber auch von anderen Organisationen, die die wissenschaftliche Arbeit der AWMF hinterfragen. Vgl.: https://atme-ev.de/index.php/archiviert/235-atme-unterstuetzt-die-sogenannte-waldschloesschen-erklaerung-nicht *oder konkrete Kritik an der S3-Leitlinie der AWMF, hier:* http://trans-evidence.com/wp-content/uploads/bsk-files-manager/52_Guideline_Statement.pdf

96 So hat z. B. der Neuroanatom Prof. Dr. Cordian Bayer in der Sendung »Quarks: Intersexualität: Warum es mehr als zwei Geschlechter gibt« (ab Minute 35) an Gehirnen gezeigt, wie sich diese am Balken zwischen Männern und Frauen einerseits unterscheiden, andererseits es aber neuroanatomisch fließende Übergänge gibt. Auch die Neuropsychologin Prof. Dr. Ute Habel kam in dieser Sendung zu Wort und demonstrierte am Beispiel einer trans*Frau, wie deren Akustikzentrum in der Aktivierung zwischen Männern und Frauen lag – also in gewisser Weise »neurointergeschlechtlich« ist. Die Sendung vom 18.05.2021 ist in der ARD-Mediathek bis 18.05.2026 einsehbar. Ähnliches zeigt auch eine Studie mit dem Titel »Brain Sex in Transgender

logie. So hat sich in der humanbiologischen Forschung[97], in der Medizin sowie insbesondere auch in der neurowissenschaftlichen Perspektive auf das Phänomen seit 1996 so viel verändert, dass man keineswegs mehr allein aufgrund der Geschlechtschromosomenkombination eine eindeutige und objektivierbare Aussage zum Thema Geschlecht machen kann. Deshalb spricht heutzutage beispielsweise die Uniklinik Ulm in ihrem Internetauftritt von **Varianten der Geschlechtsentwicklung** und meint damit auch diejenigen, die sich als trans*Menschen verstehen. Die Uniklinik Ulm verwendet in diesem Fall den Begriff »psychisches Geschlecht« und subsumiert auch trans*Menschen unter den Oberbegriff Varianten der Geschlechtsentwicklung: »Es wird davon ausgegangen, dass (neben der Genitalentwicklung) nahezu alle Gewebe und Organe einer geschlechtsspezifischen Entwicklung unterliegen, die durch unterschiedliche Genexpressionsmuster geprägt ist. So konnte auch gezeigt werden, dass sich das menschliche Gehirn ebenfalls geschlechtsspezifisch entwickelt. In diesem Zusammenhang kommt der Begriff des **psychischen Geschlechts** zum Tragen,

Women Is Shifted towards Gender Identity« (Hrsg. Dr. Florian Kurth, Prof. Dr. Christian Gaser, Prof. Dr. Francisco J. Sánchez, Prof. Dr. Eileen Luders), aus der ich im Blog hier ausführlicher zitiert habe: https://t1p.de/vssp9 (aufgerufen am 24.10.2023).

97 »Neue Techniken der DNA-Sequenzierung und Zellbiologie machten deutlich, dass fast jeder von uns zu einem gewissen Grad aus verschiedenen Zellen besteht, gleichsam wie ein Patchwork. Dabei haben manche unserer Zellen ein Geschlecht, das zum Rest des Körpers eigentlich nicht passt.« Quelle: Claire Ainsworth, Die Neudefinition des Geschlechts, in Spektrum, 05.03.2015, hier zu finden: https://t1p.de/spk15 (eingesehen am 27.06.2022). Ähnlich der Biologe und Genderexperte H.J. Voss in seinem Aufsatz im Tagesspiegel vom 31.03.2016, hier verlinkt: https://t1p.de/biologie-voss (aufgerufen am 24.10.2023).

das unter anderem das geschlechtsspezifische Verhalten […] und die Geschlechtsidentität beinhaltet.«[98] Ähnlich spricht auch Dr. Claudia Haupt, eine Neuropsychologin und Psychiaterin, in ihrem Aufsatz von Varianten der Geschlechtsentwicklung: So sei es »berechtigt, im klinischen Alltag und im Schriftverkehr mit Behörden[99] diesen Begriff zur Bezeichnung medizinrelevanter Sachverhalte im Kontext sowohl von Inter- als auch Transsexualität zu verwenden«.[100]

Medizinethische Fragen, aber auch die Beobachtung, wie sehr die Außenperspektive den Betroffenen schaden kann, sind auch in Dr. Kurt Seikowskis Publikationen zu finden – zum Beispiel schreibt er: »Geht es nach den MDS-Richtlinien, müssten Betroffene vor operativen Entscheidungen eineinhalb Jahre Psychotherapie absolvieren, egal, ob sie psychotherapiebedürftig sind oder nicht. Dass auch dies fachlich sehr problematisch ist, konnten wir in einer entsprechenden Studie bereits belegen.«[101]

Deshalb ist aus biologischer wie medizin-ethischer Sichtweise **die Selbstaussage** der betreffenden Personen in den Blick zu nehmen und damit die sogenannte Erste-Per-

98 https://www.uniklinik-ulm.de/kinder-und-jugendmedizin/sektionen-ambulanzen-und-arbeitsbereiche/sektion-paediatrische-endokrinologie-und-diabetologie/schwerpunkte-der-sektion/varianten-der-geschlechtsentwicklung-dsd.html (aufgerufen am 20.06.2022).

99 Das ist zum Beispiel im Blick auf Inanspruchnahme vom § 45b des Personenstandsgesetzes durch Menschen mit einer Variante des psychischen Geschlechts wichtig.

100 Quelle: https://t1p.de/ch-vsd (aufgerufen am 18.06.2022).

101 Kurt Seikowski, Zur Problematik der Psychopathologisierung von Transsexualität – Ein Update; S. 37, in: C. Maier-Höfer, G. Schreiber, Praktiken von Transdiskursen – Ein multidisziplinärer Zugang; Wiesbaden, 2022.

son-Perspektive[102]. Außerdem passt dazu die Beobachtung, dass sich »Personen mit uneindeutigem Geschlecht und Personen, die im Lauf des Lebens das ihnen bei der Geburt zugewiesene Geschlecht zurückweisen [...] quer durch alle Kulturen, deren Geschichten oder deren Geschichte«[103] finden. Denn wenn eine geschlechtliche Variante neuronal verankert ist, ist sie nicht primär in nur einer Kultur zu erwarten, sondern übergreifend und überzeitlich, weil sie biologisch geprägt und verankert ist.

3. Biblischer Befund

Auch wenn die Bibel in den verschiedenen Konfessionen unterschiedlich ausgelegt wird, ist sie doch der gemeinsame Bezugspunkt, um zu einer gemeinsamen ökumenischen Position bzw. Aussage zu einem Thema zu kommen. Was aber findet man hier zum Thema Geschlecht bzw. Varianten der Geschlechtsentwicklung?

102 Zur Erste-Person-Perspektive hat die Psychologin Cornelia Kunert mehr geschrieben. Ihr Aufsatz ist in G. Schreibers Buch »Transsexualität in Theologie und Neurowissenschaften« zu finden. Die geschlechtliche Selbstaussage ist auch Kernthema bei der »Stuttgarter Erklärung«, die von vielen Akademikern inzwischen unterschrieben wurde und die man weiterhin mitzeichnen kann. Sie wurde z. B. von dem Psychologieprofessor Dr. Martin Heil, Unterschrift 3116, Prof. Dr. Heiko Schrader (Unterschrift 2704), Prof. Dr. Uta Ruppert (Unterschrift 2705), Prof. Dr. Brigitta Schmidt-Lauber und vielen weiteren, die ich inkl. Link zur Stuttgarter Erklärung teilweise hier namentlich erwähnt habe: https://www.wo4y.de/2015/12/27/professoren-raetsel/ (aufgerufen am 24.10.2023), mitgezeichnet.

103 Regina Ammicht Quinn, (Un)Ordnungen und Konversionen – Trans*, Gender, Religion und Moral – in: G. Schreiber (Hrsg.), Das Geschlecht in mir, S. 232.

3.1 Altes Testament (AT)

Es gibt schon im AT Aussagen zur Geschlechtlichkeit. So findet man im Buch Genesis (1. Mose[104]) bereits zwei[105] Schöpfungserzählungen, in denen vom Menschen in seiner Gottebenbildlichkeit, aber auch Geschlechtlichkeit die Rede ist. So wird der hebräische Text von Genesis 1,27 meist übersetzt mit: »Und Gott schuf den Menschen zu seinem Bilde, zum Bilde Gottes schuf er ihn; und schuf sie als Mann und Frau« (Lutherbibel 2017). Diese binäre Lesart, die keineswegs zwingend ist, prägt bis heute viele christliche Konfessionen und damit auch die entsprechende Anthropologie. Doch in der Theologie hat sich in den letzten Jahren einiges bewegt: Wer sich wie Prof. Dr. Dirk Evers intensiver mit dem hebräischen Urtext von Gen 1,27 beschäftigt, stellt fest, »dass in 1. Mose 1,27 die Adjektive ›männlich‹ und ›weiblich‹ stehen«.[106] So übersetzt auch die Einheitsübersetzung der Bibel in der revidierten Ausgabe von 2016 »männlich und weiblich«. Ähnlich stellt die Professorin für Altes Testament, Ruth Scoralick, fest:

»So lässt sich Gen 1,27 auch als spannende Leerstelle lesen. Warum sollte die Formulierung [männlich – weiblich][107] nicht im Sinne eines Merismus verstanden werden,

104 Die Abkürzungen der biblischen Bücher richtet sich nach den Loccumer Richtlinien.

105 Ich gehe hier primär auf Gen 1,27 ein, gleichwohl ist der zweite Schöpfungsmythos auch zentral, wenn es um die Frage nach der Entstehung von Frauenfeindlichkeit und Abwertung von Weiblichkeit geht. Dazu sei nur kurz verwiesen auf Prof. Helen Schüngel-Straumann hier: https://t1p.de/3xs2y (aufgerufen am 19.07.2022).

106 Quelle: https://t1p.de/de-mw (aufgerufen am 18.06.2022).

107 Ergänzung von Dorothea Zwölfer.

also die Nennung der Pole dazu dienen, eine dazwischenliegende Ganzheit zu beschreiben? Ein Beispiel für einen Merismus ist das im Text zuvor genannte ›Himmel und Erde‹, das sich auf das Ganze der Welt bezieht. Mit der Bezeichnung der Pole wäre das Kontinuum dazwischen mitgemeint.«[108]

Das ist bereits ein erster Hinweis darauf, wie schon in der Bibel Vielfalt und Varianten beim Thema Geschlecht erahnt wurden. Zwar gab es bestimmte Rollenvorstellungen und Kleidungsnormen, wie man sie etwa in Deuteronomium 22,5 findet, und doch stellt sich die Frage, warum manche Christenmenschen, insbesondere aus dem konservativen Spektrum, ausgerechnet solche einzelnen Bibelstellen in sozialen Medien zitieren, während es für sie z. B. selbstverständlich zu sein scheint, Kleidung aus unterschiedlichen Stoffen zu tragen (trotz Verbots in Lev 19,19). Ebenso könnte man kritisch zurückfragen, warum Genesis 1,27 in anderer Weise bedeutsam sein sollte als beispielsweise Gen 1,6-8, in dem sehr deutlich ein anderes damaliges Weltbild aufscheint, in dem »die Welt nach dieser Vorstellung von Wasser umgeben ist. Dorthinein schafft Gott ein Himmelsgewölbe.«[109] Dazu kommt die Frage, wie die ersten Christen selbst mit der Bibel umgegangen sind – und auch hier zeigt sich eine geschichtliche Entwicklung, sodass keineswegs jeder Satz gleich wichtig war (z. B. wenn man sich mit der Frage beschäftigt, ob

108 Scoralick, Ruth, S. 74 f., in: Die Naturalisierung des Geschlechts: zur Beharrlichkeit der Zweigeschlechtlichkeit. Hrsg. von: Gero Bauer, Regina Ammicht Quinn und Ingrid Hotz-Davies, transcript Verlag 2018.

109 Scoralick, a. a. O., S. 63.

Christen sich zuerst beschneiden lassen und Juden werden müssen, bevor sie getauft werden können. Das Apostelkonzil entschied sich damals gegen die Beschneidung, die im AT als zentral für die Mitgliedschaft in Gottes Bund angesehen wurde).

In Hinsicht auf den innerchristlichen Dialog ist es an der Zeit, auch diejenigen Aspekte von Geschlechtlichkeit in der Bibel mitzureflektieren und sichtbar zu machen, die die Vielfalt von Geschlecht und entsprechende Varianten der Geschlechtsentwicklung in den Blick nehmen. Ein besonders deutliches Beispiel für Menschen, die »geschlechtliche Vielfalt« leben oder gelebt haben, sind Eunuchen. Daher nun ein Seitenblick auf einige Bibelstellen, in denen Eunuchen erwähnt werden.

Eunuchen im Alten Testament (AT)

Neben den Aussagen in Gen 1,27 ist die Frage nach den Eunuchen in Bezug auf Menschen mit einer Variante der Geschlechtsentwicklung auch deshalb interessant, weil die Abfrage internationaler englischsprachiger medizinischer Datenbanken neben den Schlagworten »transgender« und »transsexual« in allen Varianten auch bei »eunuch« entsprechende Treffer und Fundstellen von Fachartikeln zum Thema VSD anzeigen wird.

So gab und gibt es zum Beispiel etliche Fallstudien darüber, wie manche Betroffene nur durch Selbstkastration ihrem Leiden an einer Geschlechtskörper-Diskrepanz ein Ende setzen konnten, und ich selbst habe bei einem Besuch im Klinikum Erding ebenfalls eine trans*Frau kennengelernt, die sich selbst kastrierte, um den klinisch relevanten Leidensdruck[110] diagnostiziert zu bekommen.

Menschen, die kastriert wurden und damit Eunuchen waren, aber auch diejenigen, die aufgrund einer Verletzung der Hoden unfruchtbar waren, kommen im AT unter anderem in Lev 21,20 vor – dort werden sie vom Tempeldienst ausgeschlossen. In Dtn 23,2 heißt es sogar noch deutlicher: »Wenn die Gemeinde des HERRN sich zum Gottesdienst versammelt, darf keiner dabei sein, der kastriert oder dessen Zeugungsglied abgeschnitten worden ist.«[111]

Doch wenn man die Geschichte des Themenfelds »Eunuch« weiterverfolgt, entwickelt sich allerdings im Laufe der Zeit in den Bibeltexten eine andere Sichtweise als in Dtn 23,2.

Während Dtn 23,2 eine Gemeindemitgliedschaft von Eunuchen noch ausschließt, spricht Jes 56,3-4 eine Verheißung für Eunuchen aus, die an Gottes Bund festhalten, und Apg 8,27ff. spricht von einem Kämmerer, der Eunuch war (das kommt in der Lutherübersetzung 1984 und 2017 leider nicht zum Ausdruck, aber in der Neuen Genfer Übersetzung bzw. im griechischen Urtext). Ausgerechnet zu diesem Eunuchen führt der Geist Philippus, um ihn zu taufen – d.h. das Verdikt von Dtn 23,2 ist nicht nur aufgehoben, sondern durch Gottes Geist explizit infrage gestellt worden!

110 Ohne diese Bescheinigung gibt es derzeit keine Finanzierung von Operationen durch die Krankenkasse.

111 Gute Nachricht Bibel (GNB) digital, Ausgabe 2004, Deutsche Bibelgesellschaft Stuttgart.

Doch noch einmal zurück zu Genesis 1 und der Frage, wie verbindlich solche Bibeltexte sein sollen. »Manchmal wird ja so getan, als ob **Gen 1** als verbindliche Norm für alle Menschen im Sinne eines von Gott gewollten Gesetzes bzw. einer ›Schöpfungsordnung‹ zu verstehen sei. Und entsprechend hat Genesis 1 dann Eingang gefunden in liturgische Texte zur kirchlichen Trauung, die für all diejenigen, die sich nichtbinär definieren, Anstoß erregen können. Doch im Text von Gen 1 selbst gibt es keinerlei Anhaltspunkt dafür, dass er sich als ›Gesetz‹ versteht (anders etwa als bei den 10 Geboten oder anderen biblischen Texten, die in Form von Gesetzen/Ordnungen dargestellt werden). Vielmehr beschreibt Gen 1 das, was Menschen zur Zeit, als diese Schöpfungserzählung entstand, über Menschen wussten, und Gen 1 beschreibt ein *Ziel: Fruchtbarkeit* (Gen 1,22.28).«[112]

Karl Barth, ein Theologieprofessor, der sich in der Bekennenden Kirche gegen die Versuche einer Machtübernahme durch die Nationalsozialisten wehrte, schrieb zur Frage der Schöpfungsordnungen: »Wer oder was erhebt diese Konstanten [des sozialen Lebens] denn nun eigentlich zum Gebot, zur verpflichtenden und bindenden Forderung [...]? Trieb und Vernunft? [...] Sitzen wir denn als ›Glaubende‹ im Rate Gottes, um darüber Aufschlüsse zu haben und geben zu können? Kann der Anspruch, mit dem hier Einer und dort Einer auf Grund von Trieb und Vernunft mir nichts dir nichts ›Schöpfungsordnungen‹ proklamiert, wie es ihm nach seiner liberalen oder

112 Blogbeitrag Aufwind2012, »Begriffe der Theologie«, a.a.O.

konservativen oder revolutionären Gemütsverfassung gerade passt – kann dieser Anspruch etwas Anderes bedeuten als die tumultuarische Aufrichtung des Papsttums irgendeiner höchst privaten Weltanschauung?«[113]

Wenn man also nach der Verbindlichkeit biblischer Texte fragt, sollte man auch deren zuweilen unheilvolle Wirkungsgeschichte nicht zuletzt in den Zeiten der nationalsozialistischen Diktatur anschauen.

Eunuchen als Thema im Neuen Testament

Dass es auch Menschen gibt, die diese Kategorie [fruchtbar zu sein] nicht erfüllen können, weil sie von Geburt an oder durch einen Eingriff oder freiwillig dazu nicht in der Lage sind / darauf verzichten, wird in **Jesu Wort** zum Thema »Ehe« in Matthäus 19,12 deutlich. Die Neue Genfer Übersetzung übersetzt diese Bibelstelle am überzeugendsten:

»Manche sind nämlich von Geburt an zur Ehe unfähig[A)], manche werden durch den Eingriff von Menschen dazu unfähig gemacht, und manche verzichten von sich aus auf die Ehe, um ganz für das Himmelreich da zu sein[B)]. Wer es begreifen kann, der möge es begreifen!«

A) W vom Mutterleib an zeugungsunfähig.

B) W und manche haben sich selbst zeugungsunfähig gemacht wegen des Himmelreichs.

Das griechische Wort, das hier steht, ist *eunuchein*, von dem sich der Begriff »Eunuch« ableitet. Die Lutherbibel übersetzt »Eunuch« mit »Verschnittener«.

113 Lienemann, W., Mathwig, F.; Schweizer Ethiker im 20. Jahrhundert, Zürich, 2005, S. 98.

Neben der bereits erwähnten Bibelstelle aus der Apostelgeschichte 8,27ff ist besonders interessant, wie Jesus selbst hier das Thema geschlechtliche Vielfalt[114] erwähnt und so – für damalige Verhältnisse ungewohnt – sichtbar macht.

So ist es für Jesus anscheinend ganz selbstverständlich, dass es neben Männern und Frauen, die heiraten können, auch noch eine dritte geschlechtliche Gruppe gibt: die Eunuchen. Und es ist ihm anscheinend unwichtig, warum Eunuchen zu dem wurden, was sie sind, d.h. ob sie von Geburt an zeugungsunfähig und damit eheunfähig nach damaligem Verständnis sind oder aufgrund eines wie auch immer gearteten chirurgischen Eingriffs. Moisés Mayordomo beobachtet treffend: »Die Eunuchen-Metapher gehört zu einer ganzen Reihe von Bildern und Aussagen, die in unterschiedlicher Weise hierarchische Normen kritisch beleuchten [...] Mit dieser weit offenen Formulierung stellt Jesus – zumindest metaphorisch – eine Existenzform zur Wahl, die in den Kategorien binärer Geschlechternormierung nicht erfasst werden konnte. Selbstgewählte Niedrigkeit, Besitzverzicht, der Bruch mit der Familie und der

114 So auch: Moisés Mayordomo, der sich mit dem »sog. Eunuchenspruch in Mt 19,12, der in der Forschung als echtes Jesuswort bewertet wird, sowie mit dessen vielfältigen Übersetzungen und Deutungen« beschäftigt. »Zudem bietet er als sozialgeschichtlichen Kontext des Wortes eine Kulturgeschichte der Kastration in der Antike mit einigen Beispielen aus der christlichen Rezeptionsgeschichte.« In: Jahrbuch für Biblische Theologie (JBTh), Herausgegeben von Irmtraud Fischer, Jörg Frey, Ottmar Fuchs, Katharina Greschat, Alexandra Grund-Wittenberg, Bernd Janowski, Ralf Koerrenz, Volker Leppin, Tobias Nicklas, Gabrielle Oberhänsli-Widmer, Uta Poplutz, Dorothea Sattler, Konrad Schmid, Andreas Schüle, Günter Thomas, Samuel Vollenweider und Michael Welker, Band 33 (2018) Sexualität, Göttingen (2020), Vorwort, Seite VI.

Ausstieg aus dem Ordnungsgefüge von Haus und Besitz – das alles sind Aspekte, die im Bild des Eunuchen ihren Ausdruck finden.«[115] Ob und inwieweit diese Gedanken und Aussagen Jesu und andere biblische Aussagen allerdings in Rechtstexte Eingang fanden und finden, ist ein anderes Thema.[116]

Zusammen mit dem Bibeltext aus Apg 8,27ff. wird deutlich: Christen sollten sich beim Thema geschlechtliche Vielfalt auch aus biblischer Sicht keineswegs mit Genesis 1 oder Genesis 1-3 allein auseinandersetzen, sondern die gesamte Bandbreite des biblischen Befunds zum Thema Geschlecht in den Blick nehmen und sich dann selbstkritisch fragen, ob eine Ausgrenzung von Menschen, die sich nicht als Männer oder Frauen im Sinne eines binären Geschlechterverständnisses einsortieren lassen, in irgendeiner Weise dem neutestamentlichen Befund entspricht oder man sich dabei nicht vielmehr schwer an den Betroffenen und gegenüber Gottes Heiligem Geist versündigt, der ja offensichtlich laut Apg 8,27ff. für ein inklusives Gemeinde- und Kirchenverständnis gegenüber denen ist, die eine Variante der Geschlechtsentwicklung aufweisen.

Zumal Christen sich den Galaterbrief (Gal 3,26–28) anschauen sollten und danach fragen, ob die Existenz als Mann oder Frau nicht spätestens seit der Taufe weniger wichtig ist als das neue Sein in Christus, das mit der Taufe

115 Mayordomo, a.a.O., S. 106.

116 Mehr dazu in drei Aufsätzen von L. Adamietz, J.T. Theilen und Aaron H. Devor zu finden, in: G. Schreiber (Hrsg.), Transsexualität in Theologie und Neurowissenschaften, S. 357–410.

anfängt. Auch wenn Gal 3,26-28 teilweise erst viele Jahrhunderte später wirkmächtig wurde, als Christen diesen Text als Begründung für die Abschaffung der Sklaverei entdeckten – im Blick auf die Frage nach der Bedeutung von Männlichkeit/Weiblichkeit gibt es noch viel zu entdecken!

Längst nicht alle Konfessionen und Kirchen haben zum Beispiel Frauen den gleichen Zugang zu allen kirchlichen Berufen zuerkannt, wie es die evangelische Kirche 1943 im Blick auf die Frage der Frauenordination und jüngst auch die polnische evangelische Kirche[117] getan hat. Und so gibt es bei manchen christlichen Konfessionen (teilweise abgeleitet aus einer fragwürdigen Interpretation von Gen 2,18-23) eine frauenfeindliche Haltung (Misogynie) anstatt völlige Gleichberechtigung der Geschlechter. Das wirkt sich dann meist auch auf die Frage nach der gleichgeschlechtlichen Ehe und dem Umgang mit Menschen mit VSD aus.

4. Aussagen von katholischer und evangelischer Seite

Diese Frauenfeindlichkeit zeigt sich zum Beispiel, wenn in manchen katholischen Kreisen und in Gruppen, die im Vatikan entsprechende Schriften veröffentlichen, von »Genderideologie« gesprochen wird. Man hat den Eindruck,

117 Dazu mehr z. B. hier: https://religion.orf.at/stories/3213311/ eingesehen am 24.06.2022 mit der Beobachtung, dass die polnische-orthodoxe Kirche »gegen die Berufung von Frauen zu Pfarrerinnen durch die lutherische Kirche des Landes« protestiere. »Ihr Oberhaupt Metropolit Sawa teilte am Dienstag mit, seine Kirche werde ökumenischen Begegnungen fernbleiben, sollten Pfarrerinnen der evangelisch-augsburgischen Kirche teilnehmen.«

hier regiert mehr die Angst vor rasanten Veränderungsprozessen in der Biologie (wie auch in der Gesellschaft, oder der Einfluss von rechtspopulistischen Gruppen[118]) als ein nüchterner interdisziplinärer Blick auf wissenschaftliche Forschung zu Geschlechts- und Genderfragen.[119]

Doch seit einiger Zeit gibt es Bewegung bei katholischen und evangelischen Christen in der Frage, wie man zum Thema Geschlechtlichkeit steht. Womöglich hängt das auch mit den furchtbaren Missbrauchsfällen bzw. der sexualisierten Gewalt[120] zusammen, die es nicht nur in den vier Wänden, sondern auch in Institutionen wie den Volkskirchen gab und noch immer gibt.

Diese Bewegung im Hinblick auf Genderfragen und speziell beim Thema Menschen mit Varianten der Geschlechtsentwicklung spürt man zum Beispiel in Hessen-Nassau. Dort gründete die EKHN bereits im November 2015 eine Fachgruppe Gendergerechtigkeit, die die

118 So findet man auf der Internetseite der »Christen in der AfD« etwa eine Pressemitteilung, wonach Volker Münz, kirchenpolitischer Sprecher der AfD, die »Bollwerke der AfD« betonte. »Als Bollwerke dieser Position benannte Volker Münz die besondere Bedeutung von Ehe (zwischen Mann und Frau) und Familie, die vehemente Ablehnung der Abtreibung und der ›Gender- Ideologie‹, die Verurteilung einer *Geschlechtsumwandlung* (›dämonisch‹).« Quelle: https://www.chrafd.de/index.php/pressemitteilungen/chrafd-pressemitteilungen/274-letztes-bollwerk-des-abendlands-hansjoerg-schrade-afd-zu-christentum-und-kirche mit Zitaten aus dem Reutlinger Generalanzeiger vom 03. September 2021. Zur Sichtweise rechter Christen auf die »Genderideologie« findet man auch mehr in Liane Bednarz, Die Angstprediger, München 2018, mit einer Fülle an Zitaten.

119 Mehr dazu in: »Wer hat Angst vorm bösen Gender?«, Hrsg. G. Schreiber, C. Haupt und D. Zwölfer, online einsehbar hier: http://www.pfarrverein-ekkw.de/pfarrblatt/2019/191129_pfarrerblatt.pdf (eingesehen am 24.06.2022).

120 Vgl. dazu das neue Buch von Dr. Gerhard Schreiber, Im Dunkel der Sexualität – Sexualität und Gewalt aus sexualethischer Perspektive, Berlin, Boston 2022, S. 633ff.

Broschüre »Zum Bilde Gottes geschaffen – Transsexualität in der Kirche« herausgab (inzwischen in der 3. Auflage erschienen). Diese Fachgruppe entstand auf Wunsch der Kirchenleitung und ist bis in die Gegenwart aktiv. Der evangelische Theologe Gerhard Schreiber formulierte seine Sichtweise auf das Thema Geschlechtliche Vielfalt so: »Menschen mit Varianten der Geschlechtsentwicklung sind keine Ausnahme von einer Norm oder Regel […] sondern Ausdruck der Vielfältigkeit und Vielgestaltigkeit von Gottes Schöpfung.«[121] Und: »Jeder Versuch einer Normierung oder Regulierung von Geschlecht stellt deshalb nach meinem Dafürhalten eine menschliche Anmaßung dar, durch die Gottes autonomes Schöpferhandeln menschlicher Definitionsmacht unterworfen wird.«[122]

In der EKD erschien 2022 eine Studie[123] mit dem Titel »in a nutshell«, Anti-Gender – Antifeminismus, veröffentlicht vom Studienzentrum der EKD für Genderfragen.[124]

Ebenfalls 2022 trat die Bewegung OutInChurch in die Öffentlichkeit, als über 100 Mitarbeitende der katholischen Kirche sich als Teil der LGBT+ Community

121 G. Schreiber, Blinder Fleck, a. a. O., S. 160.

122 G. Schreiber, Blinder Fleck. Geschlechtliche Vielfalt aus kirchlich-theologischer Perspektive, in: Zwischen Annäherung und Abgrenzung: Religion und LSBTIQ* in gesellschaftlicher Debatte und persönlichem Erleben (Geschichte der Homosexuellen in Deutschland nach 1945, 8) (German Edition) (S. 159 ff. bzw. Zitat S. 161). Männerschwarm Verlag. Kindle-Version.

123 Hier downloadbar https://www.gender-ekd.de/download/In_a_nutshell_3_Anti_Gender_Antifeminismus.pdf (aufgerufen am 24.10.2023).

124 Neben einer übersichtlichen Darstellung der Begriffe und einem Abschnitt über die Frage, wie Gesellschaft und Kirche im Blick auf Geschlechterfragen zusammenhängen, werden Fragestellungen für die evangelische Kirche aufgezeigt und alte wie auch neue Konfliktfelder rund um »Gender« in einer Grafik übersichtlich beleuchtet.

outeten. Inzwischen gibt es katholische Generalvikare[125] in Deutschland, die das kirchliche Arbeitsrecht ändern wollen, damit queere Menschen nach einem Coming-out weiter in der Kirche arbeiten können (was bislang nicht der Fall war).

Es bleibt zu hoffen, dass alle diese neueren Perspektiven und Impulse in Sachen geschlechtlicher Vielfalt im Laufe der Zeit das bisherige binärgeschlechtlich geprägte Weltbild dahingehend verändern werden, dass die kritischen Impulse, die es sowohl in der Theologie als auch in der Humanbiologie und den Neurowissenschaften gab und gibt, im Laufe der nächsten Jahre breit diskutiert und aufgegriffen werden.

125 »Einen sofortigen Verzicht auf arbeitsrechtliche Konsequenzen für queere Mitarbeitende bei der katholischen Kirche fordern elf Generalvikare. Nach Würzburg gaben am Montag auch die Bistümer Osnabrück und Essen eine Selbstverpflichtungserklärung ab«, wird die kath. Nachrichtenagentur vom Westfalenblatt in der Ausgabe vom 14.02.2022 zitiert. https://www.westfalenblatt.de/owl/kreis-paderborn/katholische-kirche-generalvikare-fordern-neues-arbeitsrecht-2530239 (aufgerufen am 24.06.2022).

Julia Monro

Ein Selbstbestimmungsgesetz, das seinem Namen gerecht wird? – Ein Ausblick

Der queerpolitische Aufbruch – Fast wie versprochen …

»Wir lösen […] ein Versprechen unserer Verfassung ein, nämlich jedem Menschen die Würde und die gleiche Freiheit zu geben, die eben jeder Mensch kraft seiner Individualität verdient.«

Diese Worte sagte Justizminister Marco Buschmann, als er im Juni 2022 gemeinsam mit Familienministerin Lisa Paus in der Bundespressekonferenz ein Eckpunktepapier zu einem Selbstbestimmungsgesetz vorstellte. In den folgenden Monaten würde also unter hartem Ringen zwischen den Koalitionsparteien ein Gesetz erarbeitet werden, das an die Stelle des Transsexuellengesetzes treten sollte. Denn dass dieses seit seiner Verabschiedung im Jahr 1981 überholt, durch zahlreiche Korrekturen nur mehr eine Gesetzesruine war und etwa durch die fortbestehende Begutachtungspraxis für trans*Personen weiterhin entwürdigend war, darin waren sich Paus und Buschmann einig: Das TSG hatte »diese Menschen wie ›krank‹ behandelt, als ob etwas mit ihnen nicht stimme«, so formulierte es der Justizminister.

Als der Gesetzesentwurf dann schließlich im Mai 2023 nach mehrmaligen Verzögerungen präsentiert wurde, hatte die trans*Community nicht das Gefühl, dass man den durch das TSG vermittelten Eindruck hinter sich lassen wolle. Der Entwurf wurde nicht bejubelt, sondern Entrüstung machte sich breit. Natürlich freute man sich darüber, dass die langwierigen und kostenintensiven Gerichtsverfahren und die entwürdigenden Psycho-Begutachtungen wegfallen sollten. Doch das schien es dann auch schon gewesen zu sein.

Als Erstes fiel auf, dass der versprochene Entschädigungsfonds nicht im Gesetzesentwurf enthalten ist. Entschädigungen für erlittenes Unrecht durch Zwangsscheidungen und Zwangssterilisation würde es also offensichtlich erst einmal nicht geben, obwohl angekündigt. Außerdem fand sich im Text jede Menge TERF-Rhetorik, es wurde sehr deutlich, wie umfassend man versucht hatte, auf die immer wieder in den Medien propagierten Missbrauchsszenarien einzugehen. Herausgekommen war ein Entwurf, der vor Misstrauen gegenüber trans*Personen nur so strotzte. Und in einem Interview mit der Rheinischen Post betonte Buschmann schließlich, wo die Prioritäten bei der Erarbeitung des Entwurfes lagen. »Wir haben größten Wert darauf gelegt, alle Möglichkeiten des Missbrauchs – und seien sie noch so fernliegend – auszuschließen.«[126]

In diesem Sinne finden sich an vielen Stellen die Spu-

126 https://rp-online.de/politik/deutschland/selbstbestimmungsgesetz-die-wichtigsten-antworten-im-ueberblick_aid-93716203 (aufgerufen am 24.10.2023).

ren eines gründlichen Entgegenkommens: So findet sich im Gesetzesentwurf etwa ein sehr prominent ausgelegter Paragraf zum Hausrecht – jedoch immer wieder mit dem Verweis, dass die bisherige Rechtslage unangetastet bleibe. Der Hausrechtsparagraf habe lediglich klarstellenden Charakter. Es gelte das Allgemeine Gleichbehandlungsgesetz (AGG), demnach dürfe niemand aufgrund der Geschlechtsidentität ausgeschlossen werden. Im Anschluss steht dann eine Litanei darüber, welche Ausnahmen es geben könnte, um trans*Personen dennoch den Zutritt zu verweigern. Es liest sich wie eine Anleitung. Der Deutsche Juristinnenbund kritisierte: »Gesetzestechnisch sind solche rein klarstellenden Verweise unüblich, da für sie mangels eigenen Regelungsgehalts rechtssystematisch kein Bedürfnis besteht.«[127]

Was man im Gesetzesentwurf jedoch vergeblich sucht, das sind Regelungen, die einen Nachteilsausgleich schaffen. Hinweise auf die tatsächliche Lebensrealität von trans*Menschen. Dass viele von ihnen insbesondere Saunen und Schwimmbäder meiden, aus Angst, dort Diskriminierungen zu erfahren. Trotzdem war genau diese Thematik in den Medien ausgeschlachtet worden. Nicht zuletzt, nachdem der Justizminister den Diskurs gezielt in diese Richtung gelenkt hatte. In einem Interview mit *ZEIT ONLINE* am 06.01.2023 erklärte er, wieso der Gesetzesentwurf so lange auf sich warten ließ, und er stieß eine deutschlandweite Debatte um Frauensaunen an. Er beeinflusste damit

127 https://www.djb.de/presse/stellungnahmen/detail/st23-16 (aufgerufen am 24.10.2023).

bewusst das Verhandlungsklima und untermauerte geschickt die eigenen parteipolitischen Interessen.

Das bedeutet letztendlich: Beim Schreiben des Gesetzesentwurfs stand die Inklusion von trans*Personen bzw. ihrer Bedürfnisse und Rechte nie im Fokus. Stattdessen konzentrierte man sich überwiegend auf die absurden Fantasien der verschiedensten Kritiker*innen.

Der trans*Community präsentierte man schließlich eine Minimallösung, die in allererster Linie alle davon abhalten sollte, das Gesetz in irgendeiner Weise auszunutzen. Der Schutz einer Minderheit oder die Ermöglichung einer gesellschaftlichen Teilhabe für eine marginalisierte Gruppe war ganz offensichtlich nie Teil des Plans gewesen. Stattdessen musste die Mehrheitsgesellschaft geschützt werden.

Die Enttäuschung in der trans*Community war entsprechend groß, aber gleichzeitig stand man vor der Herausforderung, diesem Entwurf entweder zuzustimmen oder ihn zu verwerfen. Schnell bildeten sich zwei Lager. Die einen, die sich zum wiederholten Mal von einer Bundesregierung getäuscht fühlten und empört waren, und die anderen, die endlich auf eine Erleichterung des Prozederes hoffen konnten, obwohl sie sich der Tatsache bewusst waren, dass mit dem vorliegenden Gesetzesentwurf nur ein Minimalziel erreicht worden war.

Es lag nun in der Verantwortung der großen Interessenvertretungen und Verbände, die Kommunikation mit der Bundesregierung zu übernehmen und es möglichst vielen in der Community recht zu machen. Man positionierte sich insgesamt Pro-SBGG – mit einem großen »Aber« und einer ausführlichen Kritik am Hausrechtsparagrafen, am unzureichenden Offenbarungsverbot, den Fristen und anderen Dingen. Die Mehrheit der großen zivilgesellschaftlichen Organisationen schlossen sich diesen Forderungen an, vom Deutschen Frauenrat, der Frauenhauskoordinierung über die Bundesantidiskriminierungsstelle bis hin zu Organisationen aus dem Bereich der kirchlichen Vertretungen. Marco Buschmann ließ derweil durchblicken, dass er trotz der heftigen Kritik nicht vorhabe, Änderungen am Entwurf vorzunehmen. Danke für nichts, dachten sich die beteiligten Verbände: So fühlt sich die »Gelegenheit zur Stellungnahme« nicht sonderlich ernst gemeint an.

Auf dem Weg ins Kabinett musste dieser Referentenentwurf allerdings noch mit dem Bundesinnenministerium abgestimmt werden, in dessen Zuständigkeit etwa die Standesämter liegen. Das Bundesinnenministerium war über viele Jahre von der Union geführt worden, von der Hausleitung und den entsprechenden Abteilungen erwartete die trans*Community entsprechend wenig und befürchtete das Schlimmste.

Und so kam es dann auch. Der Entwurf wurde auf den letzten Metern vor der Verabschiedung im Kabinett noch einmal vom Bundesinnenministerium verschlimmbessert. Für den größten Unmut sorgte dabei die Neuerung, dass nun sämtliche Kriminalbehörden informiert werden müssen, wenn trans*Personen das SBGG nutzen. Diese Regelung rief schließlich den Bundesdatenschutzbeauftragten auf den Plan. [128]

128 https://www.bfdi.bund.de/SharedDocs/Downloads/DE/DokumenteBfDI/Stellungnahmen/2023/StgN_Selbstbestimmung-Geschlechtseintrag.pdf?__blob=publicationFile&v=2 (aufgerufen am 24.10.2023).

Der nächste Schritt im parlamentarischen Prozess war der Bundesrat. Hier sind es die Ausschüsse, die zunächst über den Gesetzesentwurf beraten. Zwar ist der Bundesrat in der Sache nicht zustimmungspflichtig, er kann aber durchaus Empfehlungen aussprechen. Diese kamen im Oktober 2023 und sie richteten sich ebenfalls (wie diejenigen des Datenschutzbeauftragten) gegen die Informationsweitergabe an Sicherheitsbehörden, außerdem verwies der Bundesrat etwa darauf, dass das Missbrauchspotenzial sehr gering sei. Des Weiteren plädierte man dafür, auf die Warte- und Sperrzeiten zu verzichten, und kritisierte den Hausrechtsparagrafen, da dieser »transphobe Einstellungen transportiert«. Da ganz verschiedene und ganz verschieden besetzte Ausschüsse Empfehlungen einbrachten, fanden sich darin auch Ideen, die die trans*Community erneut empörten: etwa, dass das Gesetz erst im November 2025 in Kraft treten solle, da die technische Umsetzung so lange bräuchte. Erstaunlich, dass das Gesetz zur sogenannten »Dritten Option« am 22.12.2018, nur neun Tage nach dem Beschluss des Bundestags, in Kraft trat, obwohl auch hier Einträge bei den Standesämtern geändert werden mussten. Warum sollte nun also (laut Innenausschuss im Bundesrat) das Inkrafttreten so lange hinausgezögert werden? Stand dahinter etwa die Hoffnung, dass eine konservative Regierung nach der Bundestagswahl im Herbst 2025 das Gesetz noch stoppen könnte?

To be continued –
Fazit eines andauernden Prozesses

Der vorgelegte Gesetzesentwurf untergräbt die Glaubwürdigkeit und Seriosität von trans*Personen, er relativiert ihr Leid und ignoriert ihre Lebensrealität. Beim Lesen des Entwurfs fühlt man als trans*Person das dahinterstehende Misstrauen. Es wurde im großen Stil versäumt, bestehende Benachteiligungen auch nur ansatzweise anzugehen: Das Offenbarungsverbot bleibt ein zahnloser Tiger, Angehörige, die die Transition nicht gutheißen, sollen weiterhin das Recht haben, zu misgendern und den alten Namen, den *deadname*, zu verwenden. Auch Entschädigungen für erlittenes Unrecht wird es vorerst nicht geben. Und trotz der Unterstützung aus der Zivilgesellschaft, die für ein echtes Selbstbestimmungsgesetz plädiert, welches seinen Namen auch verdient, sieht man keine Notwendigkeit, den Entwurf anzupassen. Selbst eine Untersuchung der Situation in anderen europäischen Ländern, wo es nach Einführung eines Selbstbestimmungsgesetzes nicht zu Missbrauchsfällen gekommen ist, lässt die Bundesregierung kalt.[129]

Um hier eine einigermaßen abschließende Bewertung des Gesetzesentwurfs vorzunehmen, müssen dessen Auswirkungen auf zwei Ebenen betrachtet werden:

- Auf der einen Seite ist das formale juristische Prozedere, das trans*Personen auf sich nehmen müssen, um den

129 https://tgeu.org/gender-self-determination-actually-works-tgeu-study-finds/ (aufgerufen am 24.10.2023).

Namen und Geschlechtseintrag zu ändern. Dieses wird enorm vereinfacht und es wird von sämtlichen Interessenvertretungen begrüßt und als Meilenstein und Paradigmenwechsel betitelt.
- Auf der anderen Seite steht die Signalwirkung des Gesetzesentwurfs und der ihn begleitenden Debatte in der Gesellschaft. Zu Zeiten des TSG, so scheint es, war lediglich das Verhältnis zwischen der betreffenden Person und dem Staat berührt, vor dem man sich als trans*Person quasi rechtfertigen musste. Nun findet jeder auch noch so spezielle gesellschaftliche Bereich – Frauenparkplätze, Quoten in Vorstandspositionen, der Kriegsfall, der Zugang zu Frauensauna, zum Sport uvm. – im Gesetz Erwähnung, und zwar stets in einer Weise, die einen Missbrauch oder eine Bedrohung befürchten lässt.

Die Entscheidungsträger*innen der trans*Community stehen in der Verantwortung: Wird der Entwurf abgelehnt, wann erhält man die nächste Chance, um das unsägliche TSG abzuschaffen? Also nimmt man das, was nicht perfekt ist, in der Hoffnung, noch etwas drehen zu können oder gar verfassungsrechtlich gegen einzelne Passagen vorzugehen? Stimmt man dem Entwurf zu, fühlt sich ein Großteil der trans*Community in seiner Kritik nicht ernst genommen und man bringt sie gegen sich auf. Denn der Entwurf enthält die fatale Botschaft an die Gesellschaft, weil die einzelnen Paragrafen suggerieren, man müsse trans*Personen genau unter die Lupe nehmen, bevor man ihnen Zutritt gewährt. Die Gesetzesbegründung liest sich wie eine Anleitung, um trans*Personen auszuschließen.

Worin liegt nun also das größere Übel? Das Gesetz ablehnen und weiterhin das entwürdigende TSG nutzen? Oder zustimmen und Gefahr laufen, überall kritisch beäugt zu werden? Wie auch immer: In dem Anspruch, trans*Personen als integren Teil der Gesellschaft zu inkludieren, sind Paus und Buschmann definitiv gescheitert.